LÉON
DUCOUDRAY

RECTEUR DE L'ÉCOLE SAINTE-GENEVIÈVE

MARTYR DE LA COMMUNE

(1827-1871)

PAR

Les PP. DANIEL et MERCIER, S. J.

PARIS

LIBRAIRIE RETAUX-BRAY

VICTOR RETAUX ET FILS, SUCCESSEURS

82, RUE BONAPARTE, 82

1893

LÉON

DUCOUDRAY

ÉMILE COLIN — IMPRIMERIE DE LAGNY

LÉON DUCOUDRAY

RECTEUR DE L'ÉCOLE SAINTE-GENEVIÈVE

MARTYR DE LA COMMUNE

(1827-1871)

PAR

Les PP. DANIEL et MERCIER, S. J.

PARIS

LIBRAIRIE RETAUX-BRAY

VICTOR RETAUX ET FILS, SUCCESSEURS

82, RUE BONAPARTE, 82

—

1893

AVERTISSEMENT

Le 1er janvier 1893, s'endormit doucement à
Paris, dans la paix du Seigneur, le P. Charles
Daniel, après une vie pleine de jours et de mé-
rites.

Né à Beauvais le 31 décembre 1818, et reçu
docteur en droit après de brillantes études, il
entra, le 9 février 1841, dans la Compagnie de
Jésus. On l'appliqua d'abord à la formation littéraire des jeunes *scolastiques*. En 1856, il
fonda avec le P. Jean Gargarin la revue qui
porte aujourd'hui le titre d'*Etudes religieuses*, et dont il demeura pendant près de quinze
ans le directeur ou l'un des principaux rédacteurs.

A l'élévation de l'intelligence et à l'affabilité
du caractère, il joignait une érudition vaste et
précise, un goût sûr et délicat. Ses connaissances variées et son style d'une pureté classique avec une allure toute moderne, le firent
regarder par de bons juges comme un polé-
miste éminent, comme un maître écrivain.
Outre de nombreux articles de théologie, de
philosophie, d'histoire et de littérature, il pu-
blia des biographies intéressantes et d'impor-
tants ouvrages de controverse qui sont encore
très appréciés (1).

(1) « Il serait bien regrettable, lisons-nous dans la *Revue des
Questions historiques*, que la modestie du R. P. Charles Daniel,
de la Compagnie de Jésus, fondateur avec le P. Jean Gagarin,
en 1856, des *Études religieuses, philosophiques, historiques et
littéraires*, ce recueil si justement estimé de tous les amis de
la religion et des lettres, il serait bien regrettable que la
modestie de ce docte religieux et la retraite à laquelle de
douloureuses infirmités condamnèrent ses dernières années,
fissent tomber dans un oubli immérité un nom et des écrits
dignes de conserver leur place, et une place très distinguée,
dans l'histoire littéraire de notre temps. Le P. Daniel était
un savant d'une solidité rare et un écrivain de premier mérite. Ses deux livres intitulés : *Des études classiques dans la
société chrétienne* (1853) et *Les Jésuites instituteurs de la jeunesse française au dix-septième siècle* (1880), sont — que l'on
partage ou non sur tous les points les opinions de l'auteur —
deux ouvrages aussi remarquables par la forme que par le
fond, et que certains réformateurs d'un zèle un peu trop

Vers 1880, Dieu lui imposa un grand sacrifice, en l'obligeant, par suite d'une surdité pénible, à rompre ses aimables relations avec le monde savant qui l'avait en haute estime. Bientôt affligé d'une cécité presque totale, il dut aussi renoncer au travail de la composition ; vrai religieux, il ne se plaignit jamais. Il acheva ainsi de se sanctifier par un détachement absolu des créatures et un abandon complet au bon plaisir de Dieu, répétant sans cesse de toute son âme et de tout son cœur cette sublime parole de résignation héroïque : *Dominus dedit, Dominus abstulit, sit nomen Domini benedictum.*

Le P. Daniel avait entrepris une dernière biographie, que ses infirmités ne lui permirent pas de terminer : la Vie du Père Ducoudray, recteur de l'école Sainte-Geneviève, l'un des martyrs de la Commune. Pressentant sa fin prochaine, il fit appel à notre amitié et nous pria de vouloir bien continuer l'œuvre com-

hâtif, soit dans un sens, soit dans l'autre, feraient bien de lire et de prendre en très sérieuse considération. (1er avril 1893, p. 572.)

mencée; il nous laissait, du reste, toute latitude pour modifier ce qu'il avait écrit et n'avait pu revoir. Nous n'avons usé qu'avec une grande réserve de la liberté qui nous était accordée. Comme le P. Daniel n'avait pas mis la dernière main à son ouvrage, nous avons cru devoir entrer dans sa pensée, mais pour faire seulement les corrections, additions ou retranchements qui nous ont paru nécessaires. Ce travail de revision nous a conduit jusqu'à la fin du chapitre douzième; les chapitres suivants ont été composés sur les documents recueillis avec soin par le pauvre infirme, qui avait longtemps conservé l'espoir de mener à bonne fin sa filiale entreprise.

Voici intégralement reproduit l'*avant-propos* que le P. Daniel avait préparé pour la *Vie du P. Ducoudray* et qui a été retrouvé écrit tout entier de sa propre main.

« La Providence avait choisi Léon Ducoudray pour faire de lui, dans une sphère digne de la grandeur de son zèle, un vrai éducateur selon le cœur de Dieu. Elle lui donna pour mère une femme forte, une vaillante chrétienne; pour

précepteur un homme de bien, aussi vigilant
que dévoué; pour maîtres, au collège de Château-Gontier comme au petit séminaire de
Paris, des ecclésiastiques éminents, ici l'illustre évêque d'Orléans, là Mgr Sauvé, qu'on
a vu depuis recteur de l'Université catholique
d'Angers. Ainsi s'écoula son enfance, à l'abri
de toute contagion, dans l'innocence et la
paix.

« Jeune homme, cette même Providence, qui
le conduisait au but pas à pas, le laissa dans
le siècle assez de temps pour qu'il en connût les
écueils, où jamais il ne se heurta. Puis, en dépit des ambitions maternelles et des douces
perspectives de l'avenir, elle le transplanta
dans la Compagnie de Jésus, où dix années de
sa vie, — dix années qui appartenaient déjà à
sa pleine maturité, — furent employées tour à
tour à la formation de l'homme intérieur et à
la culture des riches dons qu'il avait reçus du
ciel en partage.

« Il gouverna l'école Sainte-Geneviève l'espace de quatre ans, après en avoir passé autant
dans un emploi aussi laborieux que modeste, où

il fit son apprentissage. En tout, huit années de service actif, pas davantage.

« Mais il remplit d'un cœur magnanime tous les devoirs de sa charge, si pénibles, si douloureux qu'ils pussent être, comme il arriva en certaines occasions qui firent du bruit dans le temps et dont plusieurs se souviennent peut-être encore aujourd'hui.

« Homme de foi, il lui fut donné, selon la promesse de l'Evangile, de *transporter des montagnes*, c'est-à-dire de faire, pour le service de Dieu et pour l'honneur de son nom, de ces choses que la chair et le sang déclarent impossibles et qui ne cessent de l'être que par un puissant secours d'en haut. Par là, sa mémoire nous est infiniment précieuse, et pour dire toute notre pensée, n'eût-il pas obtenu cette gloire du martyre qui éclipse toutes les autres et qui brilla sur sa dernière heure, l'héroïsme chrétien de ses mâles vertus n'en resterait pas moins un grand exemple pour tous ceux qui l'ont vu à l'œuvre.

« Cet exemple du généreux soldat de Jésus-Christ, nous avons eu à cœur de le perpétuer,

autant qu'il était en nous, à l'aide de nos propres souvenirs complétés par les souvenirs intimes et précis de ses amis, de ses collaborateurs, de ses élèves. Plusieurs d'entre eux sont
venus à nous les mains pleines de documents,
de lettres surtout, où son âme s'était révélée à
la leur, et nous ont invité à puiser largement
au trésor de ces chères reliques. Comment
n'aurions-nous pas accepté ce qu'ils nous offraient de si bonne grâce? Notre tâche en est
devenue beaucoup plus facile, et, maintenant
qu'elle est terminée, nous leur offrons à notre
tour ce volume où nous avons mis tous nos
soins, mais qui leur doit encore ses meilleures
pages.

« Nous voulons parler des lettres où, tout en
ne s'occupant que des autres, celui dont il nous
appartient d'être l'historien, mais non le pané-
gyriste, s'est peint lui-même avec une vérité
que nous ne saurions égaler. Nous les avons
encadrées dans notre récit, dont elles relèvent
singulièrement la valeur, et si les fruits sont en
proportion, les pieux amis du P. Ducoudray
pourront s'en féliciter, car ils n'auront pas peu

contribué à les produire. Ce sera la douce et
pure récompense de leur zèle, et, nous-même,
— est-il besoin de le dire? — n'en voulons
point d'autre. »

LÉON DUCOUDRAY

CHAPITRE PREMIER

PREMIÈRES ANNÉES DE LÉON DUCOUDRAY. — SA FAMILLE
PETIT SÉMINAIRE DE SAINT-NICOLAS, A PARIS
COLLÉGE DE CHATEAU-GONTIER

« Mes enfants sont des saints », répétait souvent madame Ducoudray, parlant de son fils et de ses deux filles. Femme d'une vertu antique et même un peu austère, elle n'était pas suspecte de se laisser aveugler par la tendresse maternelle, et à supposer, ce qui n'est pas, qu'aucun autre témoignage ne fût venu s'ajouter au sien, elle mériterait d'être crue sur parole.

A leur tour, Léon et ses sœurs pouvaient rendre à leurs vertueux parents un hommage tout semblable et dire avec le jeune Tobie : « Nous sommes les enfants des saints » (1).

(1) *Filii quippe Sanctorum sumus.* Tobie, VIII, 5.

Famille vraiment privilégiée, où régnait sans rivale la foi des vieux âges, où Dieu était servi et honoré comme il veut l'être, en esprit et en vérité.

L'éducation de Léon, sur laquelle nous possédons des informations sûres, fut, pour tout dire en un mot, admirablement chrétienne, et l'on verra qu'elle exerça sur sa vie entière la plus heureuse comme la plus légitime influence. Ce fut l'œuvre, bénie entre toutes, de madame Ducoudray. Aussi la reconnaissance que son fils lui avait vouée était-elle sans mesure. Mais non content de payer à cette excellente mère un légitime tribut d'admiration et d'amour, il l'honora d'une manière encore plus digne d'elle et de lui, en la prenant pour modèle. Et quand une vocation plus forte que la chair et le sang lui eut donné un cœur de père pour des enfants qui n'étaient pas nés de lui, sous la double inspiration de ses souvenirs de famille et des saints engagements qu'il avait contractés au pied des autels, il n'eut qu'une pensée, qu'une ambition, celle de procurer à ces chers enfants de son âme, qu'il engendrait à Jésus-Christ, la mâle et vivifiante culture à laquelle il s'estimait redevable de ce qu'il y avait de meilleur en lui et dont, mieux que personne, il sentait tout le prix.

Léon Ducoudray naquit à Laval le 6 mai 1827 et le jour de sa naissance fut aussi celui de son baptême, tant on eut à cœur de lui assurer, dès son entrée dans la vie, les prérogatives attachées à la dignité d'enfant de Dieu et d'héritier de son royaume.

On lit sur les registres de la paroisse de la Très Sainte Trinité : « L'an mil huit cent vingt-sept, le six du mois de mai, je soussigné Aubry, vicaire de cette paroisse, ai baptisé Marie-Léon, né ce jour-ci à deux heures du matin, du légitime mariage de M. Léon Périer-Ducoudray, propriétaire, et de dame Marie Legeay de la Foretterie, demeurant en cette paroisse. »

Deux sœurs, qui devinrent l'une et l'autre mères de famille, avaient précédé Léon. Ses parents jouissaient d'une grande aisance et d'une considération plus grande encore. Rien ne manquait, semblait-il, au bonheur de leur union, embellie par des espérances qui reposaient désormais sur trois jeunes têtes. Mais cela dura peu : trois ans plus tard, en 1830, M. Ducoudray était ravi prématurément à l'affection des siens. Restée seule au foyer avec charge d'âmes, madame Ducoudray voulut être, selon le mot de l'apôtre, *vraiment veuve*, c'est-à-dire étrangère au monde et à ses plaisirs. Renfermée dans son intérieur, à l'exemple de ces illustres veuves du dix-septième siècle, madame de Lestonnac, madame Acarie, madame de Chantal, elle se voua tout entière à l'éducation de ses enfants et au soin de leur fortune.

Léon eut donc à peine le temps de connaître son père, mais il entendit beaucoup parler de lui. Il sut que, sous les dehors de l'homme du monde, c'était avant tout un courageux et fervent chrétien ; que dans une vie fort occupée (M. Ducoudray était banquier), en réglant l'emploi de ses moments, il faisait large part à la piété ; qu'il visitait tous les jours le Saint-Sacrement ; que, lorsqu'on avait fait après sa mort l'inventaire de sa chambre, on y avait découvert, au grand étonnement des personnes initiées à ses habitudes les plus intimes, des instruments de pénitence, etc., etc.

Ces souvenirs, commentés avec une foi vive, accoutumaient l'enfant à ne pas mettre dans les richesses, ou dans tels autres biens non moins fragiles, le but suprême de la vie. Tout ce qui entourait Léon, tout ce qui l'approchait lui tenait le même langage, et les vieux serviteurs, très attachés à leur jeune maître, n'étaient pas les derniers à le prêcher de paroles et d'exemples. Quand le carême arrivait, — il aimait à rappeler cette circonstance, — la maison entière, devenue silencieuse, grave et recueillie, s'associait visiblement au deuil de l'Église et portait avec elle les livrées de la pénitence. Avions-nous tort de dire que l'on voyait dans cette maison régner la foi des vieux âges et fleurir des vertus que notre siècle ne connaît plus ?

Malgré son caractère viril, madame Ducoudray se défiait d'elle-même, et lorsque son fils eut atteint l'âge de sept ans, elle voulut, sans se séparer de lui, le confier à des mains expérimentées qu'elle estimait devoir être plus fermes que les siennes. Elle jeta les yeux sur un homme fort respectable, M. Garnier, qui fut tour à tour précepteur de Léon et de son cousin Charles de Saint-Cyr, et passa ainsi de longues années dans la famille. Plus tard, accompagnant à Paris le jeune de Saint-Cyr, il y retrouva Léon faisant son droit.

Nul n'a mieux connu ni observé de plus près le jeune homme, l'enfant dont il eut à former le cœur et la raison dans un âge encore si tendre. C'est ce qui nous rend particulièrement précieux les souvenirs qu'il a consignés par écrit au lendemain des terribles événements de la Commune, pour répondre aux pieux désirs de la famille et des frères en religion du Père Ducoudray. Nous ne saurions puiser à meilleure source. Empruntons au digne précepteur le portrait qu'il a tracé de son élève, tel qu'il se rappelait l'avoir vu lorsqu'il avait été pour la première fois appelé à prendre soin de lui.

« C'était, dit-il, un gracieux enfant, d'une beauté parfaite, mais d'une complexion un peu molle. Son caractère docile et doux, son intelligence nette, aidée d'une heureuse mémoire, permettaient de compter sur des études fructueuses. Mais dépourvu d'élan et d'ardeur, et assez enclin à la paresse, il était loin de s'annoncer alors tel qu'il s'est révélé plus tard. »

C'est bien le cas de dire, mais dans un autre sens que le poète : *Quantum mutatus ab illo!* Qui donc, ayant vu à l'œuvre le recteur de l'école Sainte-Geneviève, en qui la passion du bien était si ardente et si contagieuse, le reconnaîtrait à ces traits? Mais c'est là visiblement un changement de la droite du Très-Haut : *Hæc mutatio dexteræ Excelsi.*

N'ayant que des sœurs et beaucoup plus jeune qu'elles, fils unique, Léon voyait se concentrer sur lui toute l'affection de la famille dont il était le cher Benjamin. L'extrême indulgence dont il était l'objet développait en lui le germe inquiétant de la personnalité et de l'amour du bien-être. De là une certaine pusillanimité, un manque de générosité et de franchise qui alarma plus d'une fois le sage précepteur, résolu d'ailleurs à ne pas transiger avec le mal. Le croirait-on? Léon était habile à se dérober aux corrections et aux réprimandes les mieux méritées, et cela même aux dépens de ses petits camarades, sur lesquels il faisait retomber sans scrupule la responsabilité de certains méfaits dont il était l'instigateur ou le complice.

On le voit, M. Garnier a été sincère, et à Dieu ne plaise que nous le soyons moins que lui. Ces pages en seraient moins instructives. Chacun peut se figurer ce qui fût advenu si Léon eût eu pour mère une mondaine, idolâtre de son fils, et pour précepteur un complaisant. Mais, Dieu merci, on ne s'épargna pas de part et d'autre à arracher l'ivraie mêlée au bon grain qui germait alors dans cette terre vierge et devait produire un jour une si riche moisson.

Léon était plein de foi, et s'il ne savait pas encore aimer Dieu d'un amour désintéressé, il possédait au plus haut point cette crainte salutaire qui est, d'après les livres saints, le commencement de la sagesse. L'âge du discernement venu, lorsqu'on le préparait à la confession en lui rappelant ses fautes et en insistant sur la nécessité d'avoir un ferme propos de n'y plus retomber, « il prenait, dit M. Garnier, un air sérieux et triste, sa figure s'allongeait ; on voyait chez l'enfant que *le vieil homme* était grandement contristé, mais aussi que la conscience revendiquait fortement ses droits. » Il souhaitait ardemment de faire son salut, mais, s'il était possible, sans trop de peine, et cette disposition se traduisait avec une naïveté assez divertissante. Un jour, il entend dire que les Juifs se convertiront à la fin du monde et seront sauvés. Comprenant sans doute qu'ils n'auront

rien à faire pour cela : « Oh ! s'écrie-t-il aussitôt,
que je voudrais donc être Juif à la fin du monde ! »

On remarquait en lui un goût prononcé pour les
cérémonies religieuses. « Jamais les offices de la
paroisse ne lui semblaient trop longs, et son bonheur était de les reproduire à la maison dans une
chapelle qu'il avait décorée avec soin et pourvue
de chandeliers, de cierges et même d'ornements
sacerdotaux. C'était avec une sorte de passion qu'il
entonnait les psaumes et les cantiques de l'Eglise
avec ses camarades qui, plus turbulents, auraient
préféré d'autres jeux, mais se laissaient bon gré
mal gré entraîner par lui. » L'enthousiasme en-
fantin dont il était alors possédé présageait déjà
ce grand zèle de la maison de Dieu qui fut plus
tard et resta jusqu'à la fin un des traits distinctifs
de son ardente et solide piété.

« Bientôt, poursuit M. Garnier, il annonça qu'il
voulait être prêtre. Arrivait-il à ses camarades de
vanter en sa présence une autre carrière, l'état
militaire par exemple, il protestait avec une énergie qu'on ne lui voyait pas en toute autre rencontre, que, pour lui, il serait fidèle à ce qu'il appelait déjà *sa sainte vocation*. »

Aux approches de sa première communion, l'enfant fut conduit au catéchisme de la paroisse, où
il se distingua par sa sagesse, son ardeur à s'instruire et sa promptitude à saisir les explications

qui mettaient à la portée de sa jeune intelligence les sublimes enseignements de la foi. Entouré des soins d'une famille chrétienne, il s'approcha de la Table sainte avec une grande innocence, et si la grâce du sacrement ne le transforma pas du premier coup, elle déposa bien avant dans son âme le germe fécond des vertus surnaturelles.

Quand il eut treize ans, madame Ducoudray prit une résolution qui dut singulièrement coûter à sa tendresse ; elle consentit enfin à l'éloigner du nid maternel et à lui faire continuer ses études à Paris, au petit séminaire de Saint-Nicolas.

Cet établissement était alors dirigé par l'abbé Dupanloup, dont la haute renommée y attirait, comme chacun sait, une jeunesse à laquelle ne manquait aucun des avantages de la naissance et de la fortune, et qui, sans aspirer à l'état ecclésiastique, s'estimait heureuse de partager avec les élèves du sanctuaire les leçons de leur éminent et illustre maître. Léon n'eut pas de peine à s'acclimater dans ce pieux asile, dont il garda, tant qu'il vécut, le meilleur souvenir. Au reste, son séjour n'y fut pas de longue durée, et il ne courut jamais le risque de perdre de vue la famille absente. Non seulement sa mère et ses sœurs, mais encore ses jeunes parents et amis de Laval n'avaient garde de l'oublier, et ils le lui témoignaient de la manière la plus touchante.

1.

Voici une lettre qui nous a été conservée, elle est de sa cousine Marie de Saint-Cyr. Nous croyons qu'on ne la lira pas sans intérêt.

« Laval 5 novembre, 1840.

« Moi aussi, mon cher Léon, je veux te féliciter des succès que tu as obtenus dans ta dernière composition, et te dire combien je prends intérêt à tout ce qui te touche. Tes lettres sont attendues avec impatience par toute la famille et, pour mon compte, je partage tous les sentiments qu'elles excitent dans le cœur de ma tante et de Léonie. Beaucoup de personnes qui t'étaient à peu près étrangères s'informent de toi depuis que tu es en pension. Tu es vraiment devenu un jeune homme sur qui reposent des espérances ; tâche, mon cher cousin, de ne pas les tromper et de travailler à devenir un homme utile et instruit.

« Charles va aussi, j'espère, travailler cet hiver pour se préparer à aller te rejoindre dans quelques années. Nous avons obtenu pour lui ce qu'on s'était procuré pour toi l'année dernière, nous aurons les compositions du collège, afin de tâcher d'exciter l'émulation de Charles. C'est avec la sixième qu'il composera. On lui a promis — vois comme cela est engageant ! — que s'il était dix fois dans l'année le premier ou le second, il irait te reconduire au séminaire après les vacances et passerait huit jours à Paris. Voilà les catéchismes qui recommencent : il y manquera un homme important. Charles aspire à prendre ta place, mais je doute qu'il y parvienne... »

Léon fit à Saint-Nicolas sa cinquième et sa quatrième, sans succès marqué, mais en élève diligent et docile, estimé, chéri de ses condisciples et de ses maîtres. Il grandit beaucoup pendant ces deux années, et cette croissance excessive ayant quelque peu compromis sa santé, après les vacances de 1842, madame Ducoudray, toujours prompte à s'alarmer, ne put se résoudre à le laisser retourner à Paris. Elle le retint donc auprès d'elle, où il fit sa troisième sous son ancien précepteur. Grâce aux soins maternels et à l'air natal, il traversa cette crise sans accident et son tempérament se raffermit au point de dissiper toute inquiétude. Il atteignit ainsi sa seizième année. « C'était alors, nous dit M. Garnier, un adolescent modèle, doux et heureux, que le souffle des passions n'avait pas même effleuré, et qui s'avançait dans la vie avec le calme et la joie d'une conscience pure. »

Tel il apparut au collège de Château-Gontier, où il termina ses études sous la conduite d'ecclésiastiques aussi pieux que distingués. L'un d'eux, qui fut depuis recteur de l'Université catholique d'Angers, Mgr Sauvé, lui a rendu après sa glorieuse mort ce bel hommage, que nous nous faisons un devoir de reproduire :

« Ce fut au collège de Château-Gontier, où j'étais alors régent, que j'eus le bonheur de connaître Léon Ducoudray, dont sa bonne et tendre mère me recommanda de prendre un soin particulier. Léon, à la fleur de son âge, était arrivé à cette époque critique où les passions s'éveillent et livrent à l'âme leurs premiers et ardents combats. Eh bien ! je puis le dire, au nom de ses maîtres et de ses camarades, notre jeune homme était de la race de ces âmes chastes dont l'innocence resplendit à travers l'éclat d'une chair virginale. Son front était pur, son regard limpide, son visage plein de candeur ; il aimait à parler des choses saintes, des cérémonies de l'Eglise, pour lesquelles il éprouvait un vif attrait. Il faisait bon autour de cet adolescent ; on y respirait les douces odeurs de la vertu... »

Ainsi parle Mgr Sauvé. A son tour, le vénérable M. Descars a bien voulu nous écrire pour rendre hommage à la mémoire de son ancien élève...
« Tout en lui, dit-il, annonçait une enfance, une jeunesse pures et innocentes, et sa piété fut toujours sincère et des plus édifiantes. Quand fut établie au collège la conférence de Saint-Vincent de Paul, les élèves appelés à en faire partie le

nommèrent président à la presque unanimité. Il laissa d'excellents exemples à ses successeurs. La charité qui l'animait, un air bon, une certaine gravité, je dirai même une certaine dignité dans toute sa personne, inspiraient la confiance et le respect aux enfants pauvres assistés par la conférence. De tant de jeunes gens que j'ai connus pendant mon long séjour au collège de Château-Gontier, sa mémoire est restée pour moi l'une des plus chères et des plus dignes d'être honorées... »

En se dévouant ainsi avec intelligence et cœur aux œuvres de la charité chrétienne, le jeune écolier préludait sans le savoir aux exercices de la vie plus parfaite qu'il devait embrasser un jour. Madame Ducoudray pouvait donc s'applaudir ; les soins que, de près ou de loin, elle s'était donnés pour l'éducation de son fils, étaient couronnés du plus beau, du plus consolant succès.

CHAPITRE II

ÉTUDES DE DROIT A PARIS ET A CAEN
RÉVOLUTION DE 1848
SALON DE MADAME DE LA BROISE

Une question se pose tout naturellement à la sortie de Léon du collège, où il s'est fait remarquer par une piété exemplaire : sera-t-il prêtre ? A s'en tenir aux apparences, il n'en sait rien encore. N'est-il pas bien jeune pour prendre une détermination qui deviendrait assez promptement irrévocable, et que peut-il d'ailleurs risquer à attendre ? Quant à sa mère, elle a d'autres idées. De longue main elle a tout combiné pour lui procurer, à son entrée dans le monde, une existence agréable et même brillante. Si l'on s'en rapporte à ses parents, à ses amis d'enfance, à tous ceux qui ont vécu dans son intimité, Léon est né pour la magistrature. Il sera donc magistrat, et c'est à Paris qu'il ira faire son droit. Voilà ce qui fut convenu entre la mère et le fils vers la fin de l'automne de 1847.

Dans cet éloignement nécessaire, la vigilance maternelle ne s'endormit pas, et toujours ce cher enfant put compter sur l'assistance de quelque bon ange prêt à écarter de sa route les pierres d'achoppement.

Au début de sa vie d'étudiant, il fut l'hôte et le commensal de son compatriote l'abbé Véron, ecclésiastique instruit et zélé qui partageait son temps entre le ministère paroissial et les œuvres de charité, et qui, jeune encore, mourut archidiacre de Sainte-Geneviève. Un peu plus tard, Charles de Saint-Cyr étant venu à son tour commencer son droit, Léon retrouva auprès de lui son ancien précepteur, l'indispensable et fidèle M. Garnier. Enfin, — et ce fut la meilleure fortune de ces heureuses années, — pendant toute la durée de son séjour à Paris, il eut pour centre de ses relations amicales un véritable cercle de famille aussi agréable que distingué, le salon de madame de la Broise.

Qu'était-ce que madame de la Broise? Un témoin des mieux informés, M. le comte de la Bassetière, a bien voulu nous l'apprendre et nous n'aurons, pour ainsi dire, qu'à écrire sous sa dictée.

Madame de la Broise était la veuve d'un ancien

magistrat, douce et sympathique figure, caractère dont la bonté formait le fond, mère entièrement dévouée à ses deux enfants et au petit nombre d'amis choisis dont elle avait su les entourer. Elle était devenue le centre et l'âme d'une société à part, composée de quelques familles appartenant comme la sienne à l'ouest de la France et venues à Paris pour suivre, jusqu'à la fin de leurs études, des enfants élevés la plupart à Brugelette, à Vaugirard (chez l'abbé Poiloup), ou dans quelque autre des rares maisons d'éducation chrétienne dont l'existence était plutôt tolérée qu'autorisée en ce temps de monopole.

Là se rencontraient, avec quelque différence dans la date d'agrégation à ce petit noyau de familles provinciales et chrétiennes, M. et madame de Valois, leurs deux filles et leur fils aîné, M. de Monfrand et ses deux filles, M. de la Charbonnerie et sa fille, M. et madame de la Lorière et leurs quatre enfants, la famille de la Rallaye, madame de la Perraudière avec sa fille et l'aîné de ses fils, Raoul ; puis des jeunes gens dont la famille ne résidait pas à Paris, MM. Jules Daudier, de la Bassetière, Ducoudray, de Puiberneau, de la Roche-Saint-André, heureux, dans leur isolement relatif, de trouver auprès de madame de la Broise, avec un accueil toujours bienveillant et cordial, un milieu parfaitement en harmonie avec celui qu'ils avaient laissé sur les bords de la Mayenne ou de la Vendée.

Plusieurs de ces familles offraient de temps à autre l'hospitalité de leurs salons, mais celui de madame de la Broise les unissait tous, et comme il avait été le premier, il resta aussi le dernier ouvert. Là, pendant six ou sept années, l'hiver, chaque dimanche soir, on trouvait la petite colonie plus ou moins au complet, mais toujours vive, gaie, enjouée. Après une semaine d'études, elle revenait avec bonheur puiser dans l'accueil si gracieux de madame de la Broise un encouragement à mieux faire, afin de mériter en quelque sorte, par un redoublement de zèle, les distractions encore plus joyeuses du dimanche suivant.

De ces jeunes gens, groupés spontanément autour d'un foyer patriarcal et chrétien, celui-ci se préparait à l'Ecole polytechnique, celui-là était élève de l'Ecole centrale, un troisième suivait les cours de l'Ecole des Chartes, tandis que d'autres, en plus grand nombre, joignaient à l'étude du droit celle de l'histoire et des belles-lettres.

Après avoir suivi à la Sorbonne les cours, trop tôt interrompus, de Charles Lenormant, avec quel enthousiasme sympathique n'assistaient-ils pas, chaque semaine, aux brillantes et brûlantes improvisations de Frédéric Ozanam, qui comptait Léon Ducoudray parmi ses plus chauds admira-

teurs ! Le goût élevé de l'étude, le sentiment profond du devoir, l'amour du bien et du beau sous
toutes les formes, voilà ce qui avait le don de les
passionner et de captiver toutes les puissances de
leur âme. Vie sérieuse, mais non dénuée d'honnêtes et innocentes distractions. L'hiver, c'étaient
les représentations, sévèrement choisies, de notre
grand théâtre, ou bien l'audition de quelque
œuvre magistrale de musique italienne, alle-
mande ou française ; l'été, les longues promenades
à travers les belles forêts des environs de Paris, à
Fontainebleau, à Montmorency, au lac d'Enghien ;
après quoi, dispos et rafraîchi, on se remettait
joyeusement à l'étude du droit et l'on allait, à
l'approche des examens, repasser son Code et ses
Instituts sous les ombrages alors intacts du
jardin du Luxembourg.

La religion offrait à nos jeunes catholiques des
délassements encore plus doux. Aucune fête n'a-
vait pour eux plus de charme qu'une conférence
de Notre-Dame, et ils comptaient parmi leurs
bonnes fortunes d'avoir pu, le même jour, à deux
heures d'intervalle, entendre le P. Ventura et le
P. Lacordaire, exposant l'un dans la chaire de
l'Assomption, l'autre dans celle de Notre-Dame,
les vérités fondamentales du christianisme. Les
conférences de Saint-Vincent de Paul, plus jeunes
alors, plus voisines de leur berceau, les attiraient

aussi puissamment. On nous assure que Léon Ducoudray, heureux de se retrouver à l'ombre du petit séminaire où son adolescence avait fleuri dans l'innocence et dans la paix, avait choisi entre toutes, pour point de ralliement, la conférence de Saint-Nicolas-du-Chardonnet.

Un doux souvenir de ce petit groupe d'amis (c'est toujours le même témoin qui parle) se rattache à la jolie chapelle des Sœurs de l'Espérance (garde-malades de la rue Notre-Dame-des-Champs). C'est là que, chaque année, la pieuse colonie allait entendre la messe de minuit et faire sa cour au divin Enfant de Bethléem.

Le réveillon traditionnel suivait naturellement et se faisait, au retour de la messe, tantôt chez l'un, tantôt chez l'autre; on entonnait à l'envi les naïfs et touchants noëls du pays, et Léon Découdray les chantait de sa douce voix avec un accent vrai et pathétique auquel on ne saurait songer sans émotion, à tant d'années de distance !

« Oui, ajoute l'ami, le compagnon d'études auquel nous devons ces détails intimes, de tous ces souvenirs de jeunesse, nous pouvons le dire aujourd'hui sans vulgaire amour-propre, mais pour rendre hommage à la vérité, faire honneur à notre saint ami et parler à l'âme et au cœur de nos fils; de tous ces souvenirs de notre jeunesse, aucun qui ne soit pour nous, dans l'âge mûr, une douce

jouissance, aucun surtout qui éveille un re-
mords. »

C'était trop de bonheur, trop d'innocente félicité.
La Révolution ne pouvait souffrir plus longtemps
que de jeunes Français vécussent pour ainsi dire à
la mode de leurs aïeux et goûtassent, dans un siècle
de lumière et de progrès, des plaisirs dignes du
cloître et renouvelés du moyen âge. Elle ne tarda
pas à leur faire voir qu'ils n'étaient pas de leur
temps. Le 24 février 1848, la monarchie de Juillet,
désarmée en quelques heures, laissait la France,
meurtrie et divisée, à la merci de la plus folle et
de la plus insolente démagogie. Force fut à la
petite colonie de se disperser. Tous ceux que le
devoir n'enchaînait pas à Paris regagnèrent promptement la province où les rappelaient les plus
chers intérêts. C'était à qui se déroberait au spectacle des saturnales tantôt lugubres, tantôt grotes-
ques qui aboutirent à ces cruelles journées de Juin,
où l'armée perdit sept généraux et où l'héroïque
archevêque de Paris tomba au pied des barricades.
Revenu à Laval, notre étudiant en droit vit l'agitation révolutionnaire se propager au sein d'une
population ordinairement paisible, et il dut, en
bon citoyen, endosser pour la première fois l'uniforme de garde national.

Enfin la tempête s'apaise et ceux qu'elle a séparés commencent à se reconnaître, à se compter.

Vers la fin de juillet, Edmond de la Broise, qui s'est hâté de retourner à Paris, apprend à Léon ce que sont devenus les amis qu'ils ont perdus de vue depuis cinq mois.

Dans la réponse de celui-ci, nous relèverons cette réflexion dont l'optimisme fut si mal justifié vingt-deux ans plus tard. « La victoire a dû rassurer les habitants de Paris et leur promettre qu'ils ne passeraient jamais sous le joug des cannibales. Car, il faut le croire, jamais une insurrection ne sera aussi bien préparée, sans être déjouée avant l'exécution. » — Excepté l'insurrection du 18 mars 1871, déjouée un peu trop tard par M. Thiers, homme de grande expérience pourtant !

La lettre se termine, avec beaucoup d'enjouement, par une allusion à certaine échauffourée tragi-comique dont l'École de droit avait été le théâtre : « Avec quelle admiration j'ai lu dans ta lettre le trait de courage de Ducaurroy (1), à la prise de notre école de droit. Il m'a montré tout ce que notre illustre professeur a de *romain* dans l'âme. Quel autre que lui serait plus digne d'enseigner les lois de ce peuple vainqueur du monde ? Sa réputation a grandi au milieu des orages. Qui oserait faire tumulte au cours de droit romain en

(1) Professeur de droit romain déjà sur l'âge et dont la bonhomie bourrue prêtait aux malins propos des étudiants.

présence de l'illustre guerrier? Quant à Bugnet (1),
il a joué un triste rôle. Quelle lâcheté de ne pas
ouvrir ses portes à son collègue harassé d'un long
combat! Mais ce vieux paysan se sera rappelé que
Ducaurroy faisait des jeux d'esprit à ses dépens,
et peut-être aura-t-il été heureux de lui faire payer
cher ses sarcasmes. »

Tout cela n'était qu'à moitié rassurant. On fut
d'avis à Laval qu'il était assez fâcheux qu'on
ne pût étudier la science des lois sans avoir les
armes à la main. En conséquence, on tourna
les yeux vers une autre faculté dont on pouvait
espérer que les professeurs ne seraient pas forcés,
pour avoir la vie sauve, de déployer les qualités
guerrières d'un Ducaurroy. Quand vint la fin des
vacances, Léon, avec son cousin Charles de Saint-
Cyr, toujours sous la conduite de M. Garnier, prit
la route de la Normandie et alla s'installer à Caen.

Ce fut l'époque d'une légère crise pour notre
étudiant désorienté. Introduit pour la première
fois dans un monde assurément honnête et distingué, mais beaucoup plus frivole que celui où il
avait toujours vécu, il subit une espèce de fascina-
tion qui lui fit perdre, dans une certaine mesure,
le goût de la piété et des bonnes œuvres. Etre de
tous les plaisirs, de toutes les fêtes, au sein d'une

(1) Professeur de Code civil dont le cours était très suivi,
mais vrai paysan du Danube.

société aimable, brillante et polie ; se voir, en tout
bien, tout honneur, l'objet des attentions les plus
flatteuses, grâce à sa bonne mine et à l'élégance
de ses manières, quelle tentation pour un jeune
homme de vingt-deux ans ! Il ne sut plus s'en défendre. Plus tard il se reprochait avec amertume cette infidélité, — son plus grand écart de
jeunesse, — et bénissait l'infinie miséricorde qui
l'avait retenu sur le bord de l'abîme.

De plus nobles préoccupations l'attendaient à
Paris, où, revenu avec son diplôme de licencié (1),
il se rallia au groupe d'amis chrétiens qu'il n'avait
quittés qu'à regret et retrouvait avec bonheur
presque tous parvenus, comme lui, au terme de
leurs études et déjà sur le seuil de la vie active et
militante.

La loi sur la liberté d'enseignement s'élaborait
alors, au milieu des discussions ardentes de la
tribune et de la presse. Thiers donnant la main à
Montalembert, tout ce que l'éloquence parlementaire avait de plus grand combattait sous le
même drapeau pour la plus juste des causes, et
leurs adversaires, animés d'un souffle moins gé-

____

(1) Par suite de son changement de faculté en 1848, Léon
passa tous ses examens à Caen ; il y fut reçu bachelier en
droit le 30 janvier 1849, licencié le 31 janvier 1850, docteur le
25 novembre 1851. Il se fit admettre au stage à Paris, le
8 juin 1850.

néreux, n'étaient pas eux-mêmes sans valeur. Heureux qui, à la faveur de ses relations de famille, pouvait pénétrer dans l'enceinte législative et assister à ces débats mémorables, dont tout n'est pas perdu, puisqu'ils ont valu à des milliers de jeunes Français le bienfait, refusé à leurs aînés, d'une éducation catholique !

Le soir, au café d'Orsay, où l'on se donnait rendez-vous, on se pressait autour d'un député royaliste et catholique qui faisait à ses jeunes amis le récit de la journée, décrivait, commentait chacun des incidents de la lutte, les victoires, les revers, les fautes ; après quoi la conversation, devenue générale, effleurait à vol d'oiseau mainte et mainte question à l'ordre du jour et atteignait parfois, sans qu'on y prît garde, les plus hauts sommets de la politique.

Chacun de ces jeunes gens ayant déjà des vues plus ou moins arrêtées sur son avenir, aucun d'eux ne doutait que Léon n'eût sa place marquée dans la magistrature. Lui, laissait dire, mais ce n'était pas son dernier mot. Si même dans sa famille on inclinait à croire qu'il ne songeait plus à ce que, tout enfant, il appelait gravement « sa vocation », le saint religieux qui recevait ses plus intimes confidences devait en juger autrement.

Ce religieux, à qui Léon portait l'affection la plus vraie, et découvrait avec candeur le fond de son âme, n'était autre que le P. de Ponlevoy, qu'il suffit d'avoir nommé et dont l'éloge serait superflu. Ils étaient dignes l'un de l'autre, et destinés à porter ensemble le joug du Seigneur, ils se sentaient mystérieusement attirés l'un vers l'autre. Le P. de Ponlevoy admirait dans son cher pénitent des dons singuliers, et il lui semblait que l'innocence de ses mœurs était le gage assuré de grâces plus grandes encore, par lesquelles, lorsqu'il en serait temps, Dieu lui manifesterait sa volonté.

Pendant tout un hiver (plus tard Léon en fit lui-même l'aveu à un de ses frères en religion), devenu l'esclave de la vanité, il n'avait pour ainsi dire en tête qu'une seule chose : la toilette. Mais tandis qu'il s'enivrait naïvement du plaisir de briller dans les salons, il était à cent lieues de penser à mal. Il se trouva cependant exposé à des périls de plus d'une sorte, mais la grâce le rendit toujours invulnérable. « Combien de fois, disait-il, Marie, ma bonne mère, ne m'a-t-elle pas préservé ! » Animé d'une foi vive, fidèle à toutes les pratiques de la piété chrétienne, il se confessait tous les quinze jours et communiait plus souvent encore. N'était-il pas évident que Dieu s'était réservé cette âme et la conduisait, par des voies à lui connues, là où il la voulait pour sa gloire?

Mais, telle qu'on la connaît, madame Ducoudray

était prompte à s'alarmer. Chaque année, elle faisait le voyage de Paris, non seulement pour satisfaire par des épanchements intimes sa vive et profonde tendresse, mais encore pour exercer de plus près sa maternelle vigilance et voir de ses yeux si tout était bien à sa place dans la vie et les habitudes de son fils. Le P. de Ponlevoy la voyait accourir au parloir de la rue de Sèvres, où, d'un ton moitié plaisant, moitié sérieux, elle ne manquait pas de lui dire : « Ah ! mon Père, vous ne connaissez pas ce garçon-là. Vous êtes trop bon pour lui. Vous ne le grondez pas assez. » L'aimable et saint religieux souriait. Précisément parce qu'il le connaissait mieux, il était plus rassuré. Elle eût tenu sans doute un autre langage, si elle avait pu prévoir alors quel sacrifice allait bientôt lui imposer la fidélité de cet excellent fils aux leçons qu'il avait reçues de sa pieuse mère.

De son côté, M. Garnier, passablement préoccupé et même un peu scandalisé des allures mondaines de son ancien élève, se demandait ce qu'il fallait penser d'une vocation, qui, après s'être annoncée de fort bonne heure avec une extrême vivacité, était devenue à la longue si accommodante, que toutes les apparences étaient contre elle. Comme il cherchait l'occasion de s'éclairer à ce sujet, Léon le prévint et lui dit un jour :

« Vous avez dû me trouver bien singulier, bien

étrange à Caen, l'an dernier. — Quelque peu; vous paraissiez lancé. — En vérité, j'étais fou; c'était comme un vertige. J'en suis honteux maintenant, mais cela ne recommencera plus. — C'est peut-être que vous n'avez point ici les mêmes occasions. — Oh! non. Tout est bien fini. C'est une illusion qui s'est brisée comme un verre. Au reste, je ne suis pas fâché d'avoir vu le monde assez pour le connaître; c'est une expérience que j'ai faite et dont j'espère tirer profit. — Est-ce que vous avez toujours vos idées d'autrefois? Pensez-vous encore à la prêtrise? — Plus que jamais, et j'espère bien que désormais rien ne me fera dévier. — Mais que comptez-vous faire maintenant? L'âge avance et vous avez vingt-trois ans. — J'ai l'intention de poursuivre mes études de droit et d'aller jusqu'au doctorat. Si l'on m'offrait alors une place de substitut à deux cents lieues de Laval, même dans un trou, j'accepterais : cela me broyerait. J'aimerais ensuite à tout quitter pour embrasser l'état ecclésiastique. »

Reçu docteur en novembre 1851, Léon apprend que le P. de Ponlevoy va partir pour Notre-Dame de Liesse, où il doit faire sa retraite annuelle. « Voulez-vous me prendre pour compagnon? lui dit-il. — A une condition, lui fut-il répondu, c'est que nous ferons notre retraite chacun de notre côté. Nous resterons là huit jours, sans nous voir, sans nous parler, uniquement occupés de nos intérêts éternels. » La condition fut acceptée. Ils partirent ensemble, mais une fois arrivés à Liesse, chacun d'eux y fut pour son compte. Au bout des huit jours Léon était décidé à se consacrer pour la vie au service de Dieu. Serait-il religieux ou prêtre séculier? Il attendait pour le savoir des touches plus puissantes de la grâce, des lumières plus décisives.

On ne sera donc pas surpris qu'il ait cru devoir, jusqu'à nouvel ordre, renfermer en lui-même le secret encore obscur de sa vocation. Il se proposait de mûrir sa résolution dans un voyage en Italie dont il avait formé le projet avec quelques amis, et que nous allons raconter.

CHAPITRE III

Encore une révolution! La victoire du peuple
en 1848 avait dispersé pour quelque temps les
nobles jeunes gens qui comptaient dans leurs
rangs Léon Ducoudray ; le Coup d'Etat du
2 décembre 1851, en rétablissant l'autorité sur
une base qui ne remplaçait que fort imparfaite-
ment à leurs yeux celle de notre antique droit
national, les arrêta presque tous au seuil de leur
carrière. Le régime impérial n'était pas leur fait,
et lorsqu'ils virent l'astre napoléonien se lever
sur la France, ils songèrent à faire de leur temps
et de leurs forces le meilleur emploi possible sans
avoir rien à démêler avec le pouvoir.

C'est dans ces conjonctures que Léon entreprit
de visiter l'Italie avec Edmond de la Broise et deux
autres amis, MM. de la Bassetière et de la Roche-

Saint-André. Tous les quatre, animés des mêmes sentiments, avaient également à cœur de prolonger les innocents plaisirs d'une amitié pleine de charme et de la rendre, s'il était possible, encore plus intime à la faveur des épanchements que comporte la vie de voyage. Mais, plus pèlerins encore que touristes, ils ne devaient se quitter qu'après s'être agenouillés au tombeau des saints Apôtres et avoir recueilli, pour eux-mêmes et pour leurs familles, les bénédictions de Pie IX.

A la demande de Léon, son ancien élève, l'illustre évêque d'Orléans voulut bien tracer lui-même le plan du voyage, et l'on n'eut plus tard qu'à s'applaudir d'avoir suivi ses conseils avec une entière fidélité.

On partit dans les premiers jours de mars, de telle sorte qu'en voyageant à petites journées, et même en faisant de nombreuses stations dans le midi de la France et le nord de l'Italie, on devait être à Rome pour la semaine sainte et recevoir de la main de Pie IX, le jour de Pâques (11 avril), la bénédiction *urbi et orbi*. Les lettres de Léon à sa famille attestent tout ensemble et la vivacité de sa foi, à laquelle s'offrait chaque jour un nouvel aliment, et la sincérité de son enthousiasme à la vue des merveilles de la nature et de l'art.

Passant par Nîmes, par Arles, et visitant les ruines de leurs antiques arènes, il n'oublie pas que la terre qu'il foule aux pieds a été arrosée du sang des martyrs; et comme il s'applaudit d'avoir pu, avant de quitter Marseille, mettre son voyage sous la protection de la Sainte Vierge en faisant ses dévotions à Notre-Dame de la Garde! Arrivé à Gênes par Toulon, Nice et la fameuse route de la Corniche, il n'a rien de plus pressé que d'écrire à sa mère, sous l'impression toute chaude encore de la nature enchanteresse avec laquelle il vient de faire connaissance :

« Dès avant notre arrivée à Nice nous traversions d'immenses forêts d'oliviers, et des bois d'orangers, dont les uns étaient en boutons, les autres tout dorés de fruits magnifiques. Vous ne sauriez croire quelle riche nature sous ce beau ciel du midi. Mais j'ai hâte d'arriver au plus intéressant de notre voyage.

« De Nice, où nous avons passé un jour, nous nous sommes acheminés vers Gênes par la route dite *de la Corniche*.

« Figurez-vous un chemin suspendu entre des montagnes souvent fort élevées et couvertes de neige, et la mer bordée de rochers. La variété incessante du paysage, tantôt riant, tantôt sévère, quantité de villes, ou de charmants villages, groupés à mi-côte ou sur le littoral ; ici des orangers et des citronniers venus à l'état d'arbres, là des aloès, des cactus et d'énormes palmiers, telles sont, en peu de mots, les merveilles qui attirent notre admiration depuis trois jours.

« Sur notre route, nous avons pu visiter quelques églises, car les moindres villes d'Italie ont des prodiges d'art dans leurs monuments religieux. Nous nous sommes arrêtés à Savone, si célèbre par la captivité de Pie VII, et nous avons visité les appartements où cet illustre et infortuné pontife fut détenu pendant deux années. On a eu le soin de ne pas toucher à l'ameublement bien modeste qui lui servit.

« Ravis de notre délicieux voyage, nous entrions avant hier soir à Gênes, si justement surnommée *la Superbe*. Cette belle cité s'offrait à nous, assise sur ce golfe enchanteur qui ne le cède en magnificence qu'à celui de Naples. Nous avons voulu séjourner au moins trois jours dans cette ville si riche en monuments, et hier notre première journée a été employée en partie à courir de palais en palais. Ces palais ne sont autres que de magnifiques hôtels appartenant aux personnages les plus considérables de la ville. Les étrangers sont admis à visiter les appartements, véritables galeries ornées des tableaux des plus grands maîtres et où le luxe des glaces, des marbres et des mosaïques dépasse tout ce que vous sauriez imaginer.

« J'avais une lettre de Mgr Dupanloup pour un

des possesseurs de ces riches palais, M. le marquis
de Brignole ; malheureusement il était absent.
Nous avons pu néanmoins visiter ses galeries.
Aujourd'hui, dimanche, nous allons employer la
moitié du jour à voir les églises, qui sont elles-
mêmes de vrais musées de tableaux et de statues,
et l'autre moitié à parcourir les quartiers les plus
remarquables. Nous devons quitter Gênes mardi,
prendre un *voiturin*, et nous serons à Rome le
mercredi ou, au plus tard, le jeudi de la semaine
de la Passion. »

Ce programme fut fidèlement rempli. Comme
nous le voyons par ses lettres à sa famille, Léon
n'était insensible à rien de beau et de grand, mais
les choses de l'ordre surnaturel et divin, qui sont
belles et grandes entre toutes, avaient au plus
haut point le don de l'émouvoir. Laissons-le nous
dire lui-même dans une lettre à sa mère les douces
émotions qui remplissaient son cœur :

« Rome, le 26 avril 1852.

« J'ai hâte, ma chère maman, de vous annoncer
que j'ai eu le bonheur d'avoir une audience du
Saint-Père vendredi dernier. Je n'étais pas seul
en sa présence, comme vous le pensez bien ; outre
mes trois compagnons de voyage, on nous avait
adjoint trois autres jeunes gens. Que vous dirai-je
de l'impression de bonté peinte sur son visage, de

son sourire aimable, des paroles pleines d'à-propos
qu'il adresse à chacun de ceux auxquels il fait
l'honneur de donner audience? Il a une présence
d'esprit admirable, une mémoire surprenante, et
suivant que vous appartenez à tel ou tel diocèse de
France, il vous énumère les personnages les plus
marquants du pays ou les œuvres importantes qui
y sont fondées. Je n'ai pas été un égoïste, et
j'ai demandé au Saint-Père sa bénédiction pour
toute ma famille, ce qu'il a eu la bonté de m'accorder, car dans l'invocation qu'il prononça à haute
voix avant de nous bénir, il appela les grâces de
Dieu spécialement sur nos familles. Il a signé de
sa main une demande que je lui ai faite pour obtenir l'indulgence plénière à l'article de la mort
pour moi et les personnes de ma famille. Ainsi,
ma chère maman, outre cette grâce précieuse de
l'indulgence plénière qui m'a été accordée, j'ai le
bonheur d'avoir quelques mots écrits de la main
du pape lui-même.

« A cette faveur insigne d'avoir été reçu par le
Saint-Père ces jours derniers, s'en est venu joindre
une autre dont je veux aussi vous parler aujour-
d'hui.

« Hier, ma chère maman, j'ai eu la consolation
d'assister à la messe célébrée sur l'autel de la Confession de Saint-Pierre, sous lequel reposent les
corps des saints Apôtres, et de faire la sainte com-

munion dans la chapelle souterraine, lieu si cher à tous les chrétiens. J'ai bien pensé à vous, croyez-le bien, ma chère mère. Vous avez une dévotion spéciale aux saints Apôtres. Que vous seriez donc heureuse de pouvoir ici visiter des lieux pleins de leur souvenir ! Dans tous les quartiers de Rome vous rencontrez des églises bâties en l'honneur de saint Pierre. C'est au prince des Apôtres qu'est dédiée la plus belle basilique du monde, Saint-Pierre du Vatican.

« Demain matin nous partons pour Naples, où nous emploierons quinze jours à visiter la ville et surtout les environs. Nous reviendrons le 13 mai passer à Rome quelques jours encore, et de Rome nous nous dirigerons vers Florence...

« J'ai fait bénir par le Saint-Père grand nombre de chapelets et de médailles. J'espère contenter tout le monde.

« Adieu, ma chère maman, croyez à l'affection respectueuse de

« Votre fils tout dévoué,
« LÉON DUCOUDRAY. »

On voit quelle foi, quel zèle, quelle tendre dévotion, et combien l'âme du fils était unie par tous ces sentiments à celle de son excellente et pieuse mère ! De Naples, il lui adresse encore cette page toute palpitante de la religieuse émotion dont il a été rempli à la vue d'un prodige, célèbre entre tous, qui vient de se renouveler à ses yeux :

« Par un hasard providentiel, figurez-vous que nous sommes arrivés à Naples justement la veille du jour où s'opère le miracle de saint Janvier. Vous savez que ce saint évêque de Naples (1) fut martyrisé dans les premiers siècles de l'Eglise, et que (ce qui ne peut s'expliquer que surnaturellement) chaque fois que la fiole du sang du saint martyr est approchée de ses os, le sang, qui auparavant était coagulé, se liquéfie. Le miracle arrive deux fois l'année, lors de la fête de saint Janvier, le 19 septembre, et pendant sa neuvaine qui commence le premier samedi de mai.

« C'était samedi dernier qu'avait lieu l'ouverture de la neuvaine. Après une procession superbe, remarquable surtout par son cachet de popularité, la fiole de sang a été approchée des reliques du saint martyr par le cardinal-archevêque de Naples, assisté de tous les chanoines de sa cathédrale et d'un grand nombre de prêtres. Aussitôt tout le peuple, dans l'église et même au dehors, s'est mis à prier à haute voix, et au bout d'une demi-heure le sang s'est liquéfié. Tout le peuple a remercié Dieu par des acclamations réitérées et avec des démonstrations toutes particulières au ca-

(1) Il aurait dû dire de Bénévent. Voyez sa légende au Bréviaire Romain, 19 septembre.

ractère des Italiens. J'ai pu alors m'approcher de la fiole, la baiser et voir parfaitement le sang liquide. Pendant la neuvaine, le miracle s'opère plusieurs fois, et la population de Naples, qui regarde saint Janvier comme son protecteur et pour qui ce miracle est un événement majeur, va souvent se prosterner devant la fiole de sang et y imprimer ses lèvres. »

Jusque-là, rien, dans les lettres de Léon à sa mère, n'annonce un changement, une résolution, une vue nouvelle sur son avenir et sur l'emploi de sa vie. Cependant il n'était pas aussi loin du but qu'il pouvait le paraître. Ayant sur ces entrefaites rencontré un vieil ami, depuis longtemps en possession de toute sa confiance, il lui ouvrit son cœur et lui fit connaître ses projets tels qu'ils étaient alors, c'est-à-dire à peine formés et encore indécis à certains égards.

« Figurez-vous, ma chère maman, lisons-nous en bas de cette même lettre du 22 mai, que je viens de rencontrer, il y a trois jours, dans les rues de Rome le bon abbé Sauvé, qui est ici depuis près de trois semaines et va rester au moins un mois encore. Je regrette beaucoup de ne pas me trouver avec lui plus longtemps. »

L'abbé Sauvé resta à Rome beaucoup plus d'un mois ; il n'en revint que docteur en théologie pour être ensuite théologal de l'église de Laval. Il n'a pas oublié l'entrevue qu'il eut alors avec son ancien élève, et voici en quels termes il la rappelle dans l'*allocution* que nous avons déjà citée plus haut (1).

« Quelques années plus tard, c'était en 1852, notre jeune élève, reçu docteur, et accompagné d'un de ses amis intimes, M. Edmond de la Broise, arrivait à Rome où j'habitais alors, et venait non seulement pour y admirer les magnificences de l'art qui éclatent de toutes parts dans la Ville Éternelle, mais pour y vénérer Pierre, Pierre dormant dans son sépulcre et vivant dans la personne de Pie IX. « O Rome, pouvait s'écrier notre ami, en « empruntant les paroles du Tasse, ce ne sont pas « les colonnes, les arcs de triomphe, les thermes, « que je recherche en toi, mais le sang répandu « pour le Christ et les os dispersés dans cette « terre maintenant consacrée ». Il ne soupçonnait pas alors qu'un jour, lui aussi, aurait la gloire de verser son sang pour Jésus-Christ.

« La vue de Léon Ducoudray me réjouit ; mon ancien élève m'apparaissait déjà dans la force resplendissante de la jeunesse et dans la douce maturité de l'âge mûr. Il me confia alors, avec sa simplicité enfantine et sa bonne grâce habituelle, le projet qu'il avait conçu et nourri depuis long-

____

(1) Chapitre premier, p. 12.

temps d'entrer dans l'état ecclésiastique. Cette nouvelle me causa plus d'émotion que de surprise ; je connaissais assez Léon pour savoir combien sa vocation était solide, et je tressaillais à la pensée de voir s'adjoindre à la milice sacrée un jeune homme riche non seulement d'espérances selon le monde, mais encore de science et de vertus, abandonnant tout pour servir la sainte Église, et donnant ainsi aux jeunes gens de sa condition un noble exemple qui malheureusement n'est pas assez suivi de nos jours. »

Monseigneur Sauvé ajoute : « Notre confrère devait retourner en France, puis revenir à Rome pour y suivre les cours célèbres du Collège Romain, en qualité de pensionnaire de l'Académie ecclésiastique, pépinière de prêtres distingués et instruits, destinés d'ordinaire aux charges et dignités de l'Église. »

Tels étaient donc les projets de Léon au moment où il quittait Rome, mais ils furent autres après son pèlerinage de Lorette, où l'œuvre mystérieuse de la grâce, qui avait fait tant de progrès au tombeau des saints Apôtres, s'acheva devant l'autel de la *Santa Casa*.

Chose étrange et qui surprenait fort ses pieux et charitables compagnons de voyage ! Sans cesse il parlait des Jésuites et ce n'était pas, en général, pour les louer. Son langage, tourné à la critique, contrastait avec toutes ses habitudes de réserve et de bienveillance. On se demandait quelle mouche le piquait et s'il avait vraiment quelque chose sur le cœur à l'endroit de ces religieux pour lesquels il avait toujours professé des sentiments bien différents. Plus tard on comprit qu'il regimbait alors contre l'aiguillon, et qu'en combattant ses préventions de fraîche date, on avait pris une peine inutile et prêché un converti.

Dans cette situation d'esprit, tout le forçait à réfléchir sur lui-même. Deux incidents qui se produisirent au cours du voyage, en lui montrant la nécessité de prendre un parti, le mirent pour ainsi dire en demeure de prêter une oreille plus attentive à des appels intérieurs qui ne pouvaient venir que du ciel.

D'abord ce fut une lettre de Benjamin de Puiberneau, lettre datée d'une maison de la Compagnie de Jésus.

C'était, on s'en souvient, un des habitués du salon de madame de la Broise, et qui avait, pouvons-nous ajouter, plus d'un trait de ressemblance avec Léon. Noble rejeton d'une vieille famille vendéenne aux mœurs patriarcales, le rang que sa naissance lui assignait à la suite de nombreux aînés lui avait fait donner au baptême le nom de Benjamin. Après de brillantes études faites au petit séminaire des Sables-d'Olonne, par pure

complaisance pour sa famille qui était fière de
lui, il s'était présenté aux examens de l'École
polytechnique, et n'avait pas réussi ; mais, reçu à
l'École centrale, il en avait suivi les cours avec
beaucoup d'assiduité, quoiqu'il ne songeât à rien
moins qu'à devenir ingénieur. Pendant cinq
années consécutives il revint à Paris sans but
déterminé, content du présent, ne s'inquiétant
nullement de l'avenir. Très réglé dans ses habi
tudes, il partageait son temps entre la prière,
l'étude, les bonnes œuvres et les devoirs de
société, où il excellait ; esclave de toutes les bienséances, toujours prêt à sacrifier son repos et ses
aises aux lois du bon goût et du savoir-vivre, non
par une puérile vanité, mais en quelque sorte par
conscience, avec une abnégation qui aurait fait
honneur à un religieux.

Cependant sa respectable mère, déjà avancée en
âge, le pressait de s'établir, et de venir bientôt
jouir, au sein d'une famille admirablement unie,
d'une brillante situation de fortune et de la tendresse d'êtres bien-aimés dont il pourrait s'entourer. Lui, sans enthousiasme comme sans répu-
gnance, accepta plus d'une fois les partis qui lui
furent proposés et l'on put croire alors son avenir
irrévocablement fixé ; mais toujours quelque
obstacle imprévu venait, au dernier moment, tra-
verser les projets les plus séduisants et les mieux

concertés. A la fin, Dieu, qui avait sur lui d'autres desseins, lui ouvrit les yeux par un coup terrible.

Il allait épouser une riche orpheline, et les choses en étaient à ce point que déjà l'on s'occupait de la corbeille de mariage. Venue à Paris pour présider à ces préliminaires indispensables, la jeune personne était descendue dans un couvent. Un soir, comme elle faisait sa prière le dos tourné au feu, ses vêtements s'enflammèrent ; si prompt qu'on pût être à la secourir, tout son corps n'étant plus qu'une plaie, elle expira le lendemain dans des souffrances inouïes. Ce tragique événement donna une direction nouvelle aux résolutions jusque-là flottantes du jeune Vendéen, et dès ce moment il ne fut plus question pour lui de mariage.

La lettre reçue au cours de son voyage d'Italie annonçait à Léon que son ami avait dit adieu au monde et qu'il venait d'entrer au noviciat d'Angers. Puiberneau Jésuite, quelle matière à réflexion ! Léon n'avait pas prévu que celui-ci le devancerait dans le choix d'un pareil genre de vie et lui montrerait le chemin.

Autre incident également imprévu.

Voilà que M. de la Bassetière déclare à ses compagnons de voyage qu'il doit renoncer à suivre l'itinéraire, beaucoup trop long à son gré, qu'ils ont adopté pour le retour. En même temps il leur fait part de son prochain mariage. C'est à Nantes qu'il doit contracter une alliance qui répond parfaitement aux vœux de deux nobles et chrétiennes familles.

Après ce départ inopiné, Léon, toujours aux prises avec ses réflexions, ne peut se défendre d'un nouveau retour sur lui-même.

Ainsi donc ses meilleurs amis prennent résolument leur parti et chacun d'eux entre dans la voie que lui marque la Providence, tandis que lui, trop pusillanime sans doute, reste là sans but, sans direction, sans emploi de sa vie. Évidemment cela ne peut durer. L'heure est venue des pensées sérieuses et des résolutions viriles. Avec l'aide de Dieu, connaissant son devoir, il le fera et n'épargnera rien pour le remplir jusqu'au bout.

Il arrive dans ces sentiments à Lorette. Sa confiance dans l'auguste Mère de Dieu est sans bornes ; il la supplie humblement de ne pas permettre qu'il oppose la moindre résistance aux volontés adorables de son divin Fils. Puis il se confesse et communie avec une grande ferveur. Nous croyons savoir que ce fut là, dans le sanctuaire vénéré de la *Santa Casa* et par l'entremise de Marie, qu'il reçut, pleine et entière, la grâce d'une vocation héroïque. Désormais il était prêt — pourvu que son choix fut ratifié par les supérieurs — à rejoindre au noviciat d'Angers Benjamin de Puiberneau.

Reprenant alors son bâton de pèlerin, la paix

dans l'âme et la joie au cœur, il se dirige, par Foligno, vers Assise. Il est puissamment attiré par le charme incomparable de la pauvreté volontaire, de l'humilité, de la chasteté angélique, de toutes ces royales vertus qui transfigurent les âmes à l'image de Jésus crucifié, et il court, à travers les Apennins, à l'odeur des parfums de saint François.

« Avec quel bonheur, écrit-il à sa mère, j'ai suivi pas à pas l'histoire du saint dans ces lieux où il passa sa vie merveilleuse. J'ai pu voir la maison où il est né, la prison où son père, riche marchand, très choqué de ses saintes prodigalités, le fit enfermer et lier comme fou. J'ai voulu gravir jusqu'au sommet d'une montagne, où se trouve un petit monastère, son lieu de retraite favori, caché au milieu des bois et des rochers. C'est là que le saint prêchait les oiseaux du ciel, les bénissait et les envoyait ensuite annoncer la parole de Dieu. Je descendis de là à l'oratoire où le saint avait presque perdu la vue par ses larmes; on y conserve le Christ qu'il portait en voyage pendant ses entraînantes prédications.

« Je venais de visiter l'humble berceau de la famille franciscaine; je me rendis au superbe et grandiose monastère qui n'annonce plus l'Ordre naissant, mais l'Ordre dans toute sa splendeur et à son apogée. Rien de plus beau que le couvent et ses trois magnifiques églises superposées, de telle sorte qu'à l'extérieur elles ne semblent former qu'un seul et même monument de belle architecture gothique, chose si rare en Italie. C'est dans l'un de ces trois sanctuaires, le plus près du sol, que l'on conserve le corps de saint François, auprès duquel vont se prosterner de nombreux pèlerins.

« Non seulement Assise, mais ses environs sont tout pleins de saint François. A peu de distance de la ville est la petite église de Notre-Dame des Anges, dite aussi de la Portioncule de ce que le saint avait reçu des Bénédictins un petit terrain pour y bâtir une chapelle où devaient se rendre les pèlerins, pour gagner l'indulgence qu'il avait obtenue de Jésus-Christ par l'intercession de la Sainte Vierge.

« Mon ardeur de suivre les vestiges du grand saint qui remplit, au treizième siècle, toute l'Europe de son nom, ne se bornait pas à Assise et à ses environs; je désirais entraîner mes compagnons, à travers les montagnes de l'Apennin, jusqu'au mont Alverne, l'un des plus hauts sommets de toute la chaîne. J'y réussis et ils accédèrent gracieusement à mon désir. Ce fut sur cette montagne, dans une grotte aujourd'hui transformée en chapelle, que le saint reçut les stigmates. On montre aussi une allée où Jésus-Christ lui apparut et vint plusieurs fois converser avec lui, et d'autres lieux célèbres par la présence du saint. Quel bonheur

3.

pour moi, ma chère maman, de passer quelques heures dans cette pieuse solitude si merveilleusement faite pour la vie monastique ! Les saints savaient admirablement trouver les lieux d'une nature sévère et grandiose, propres à la méditation, loin de tout contact avec le monde. »

La lettre que nous venons de citer est datée de Florence (4 juin 1852), elle se termine par quelques lignes relatives aux deux amis dont l'un par son mariage, l'autre par son entrée au noviciat, avaient provoqué les réflexions qui eurent une influence décisive sur la vocation de Léon. « Voilà, dit-il, deux de mes amis qui plantent leur tente, à peu de jours de distance. Quelque temps avant que la Basselière nous fit part de son mariage, un autre de mes bons amis, Benjamin de Puiberneau, nous écrivait qu'il était entré chez les Jésuites au noviciat d'Angers (1). Il avait une position magnifique dans le monde. Il a préféré quitter tout et se donner entièrement à Dieu, persuadé qu'il trouverait un bonheur plus pur après un sacrifice plus grand. Ainsi chacun a suivi sa voie ; l'un se marie, l'autre se fait religieux, tous deux pleins de foi et de piété, après avoir passé la jeunesse la plus innocente ; je ne doute pas que Dieu n'ait béni l'avenir de chacun d'eux. »

(1) L'entrée du P. de Puiberneau au noviciat est portée sur nos catalogues au 28 avril 1852.

Et son avenir à lui, Léon n'en parle pas, mais on sent que déjà il le connaît mieux. Quel qu'il puisse être, le ciel, dont il a entendu la voix, daignera aussi le bénir.

Il passa encore trois semaines en Italie, visitant Bologne, Padoue, Venise, Milan et la Lombardie; puis il rentra en France par Genève et fit son dernier pèlerinage à la Grande-Chartreuse. Si impatient qu'il fût d'embrasser sa mère, il s'arrêta à Paris une douzaine de jours qu'il consacra presque exclusivement aux exercices de la retraite. Il voulait, par un dernier examen, satisfaire à toutes les exigences d'une prudence humainement et chrétiennement irréprochable. Le résultat n'était guère douteux; plus il approfondissait son intérieur, plus la volonté de Dieu lui apparaissait manifeste. Cependant il ne précipita rien, et arrivé à Laval où sa présence était tant souhaitée, il garda le silence pendant trois semaines.

Enfin, le jour de l'Assomption, mettant sous la protection de la Reine du ciel une démarche pour laquelle il avait besoin de tout son courage, il s'ouvrit entièrement à sa mère et lui fit part de sa détermination désormais irrévocable. Ce fut un rude coup pour madame Ducoudray. Elle eût vu son fils sans regret et même avec joie prêtre à Laval ou à Paris. Mais le donner à la Compagnie de Jésus, qui l'enverrait peut-être en Amérique

ou en Chine, elle n'y était nullement préparée.
En ces dernières années, il faut bien le dire, n'entendant plus parler de vocation, elle avait eu
constamment en vue de tout autres perspectives.
Léon, pensait-elle, par suite de ces mille circonstances qui dominent la vie et qu'il est impossible
de prévoir, se fixerait peut-être partout ailleurs
qu'à Laval, mais, quoi qu'il pût arriver, il reviendrait chaque année passer la belle saison auprès
de sa mère. Persuadée qu'il n'en pouvait être
autrement, elle avait agi en conséquence.

Dans le domaine de Grenusse, agréablement
situé sur les bords pittoresques de la Mayenne,
elle avait bâti, planté pour lui ; et maintenant le
coteau boisé qui n'avait jamais porté que des
constructions où l'architecture n'avait rien à voir,
apparaissait couronné d'un château flanqué de
ses quatre tourelles. C'était le doux nid qu'elle
estinait à son fils, le berceau où elle espérait
voir grandir une génération nouvelle qui continuerait la famille. Ses pensées pouvaient-elles
avoir un autre cours lorsque tous les jours d'excellentes mères de famille, de celles qui avaient
le droit d'être difficiles, lui donnaient discrètement à entendre que volontiers elles accepteraient
Léon pour gendre? Sans qu'elle pût s'expliquer
pourquoi, Léon avait indistinctement repoussé
toutes ces avances. Lorsqu'il lui déclara qu'il

voulait se faire Jésuite, elle dut comprendre.
Mais cela renversait en un instant tous ses projets
et réduisait à néant ce dont elle avait fait depuis
longtemps le but de sa vie.

Aucune information particulière ne nous apprend ce qui se passa alors entre la mère et le
fils, mais on le devine aisément, et pour ne pas
surcharger notre récit d'inutiles conjectures,
nous dirons simplement que la foi était grande
de part et d'autre et qu'elle eut le dernier mot.
Assurément Léon ne pouvait s'immoler lui-même
sans que sa mère fût de moitié dans le sacrifice,
mais il la savait assez généreuse pour en accepter
sa part avec joie, et il avait d'ailleurs la consolation de songer qu'en s'éloignant d'elle il ne la
laisserait pas dans la solitude et l'abandon. Ses
deux sœurs, Emilie et Léonie, en épousant MM. de
Vaubernier et Letourneur, avaient donné à madame Ducoudray deux gendres ou plutôt deux
fils vraiment dignes de sa tendresse, et déjà les
petits enfants commençaient à se presser autour
de la table de l'heureuse grand'mère. La piété
filiale la plus prévoyante pouvait donc envisager
sans trop d'inquiétude les années plus ou moins
nombreuses que la Providence réservait sans
doute encore à cette vaillante et verte vieillesse.

Après avoir réglé ses affaires de famille, le
nouvel aspirant à la vie religieuse se mit en

devoir de faire ses adieux à des amis dignes de le comprendre et pour lesquels, en embrassant la voie du renoncement chrétien, son cœur ne s'était nullement refroidi.

A M. de la Basselière, dont le mariage récent avait sa date marquée dans l'histoire de sa propre vocation, il écrivait le 29 septembre :

« Mon cher Edouard,

« Cette année, ce semble, était marquée par la divine Providence comme terme de notre jeunesse à tous ; au moment où vous et Puiberneau fixiez à jamais votre route dans l'avenir, moi aussi, ou plutôt Dieu lui-même me traçait le pélerinage que j'aurais à suivre ici-bas. Depuis de longues années la Providence m'avait prévenu de grâces si spéciales, entouré de tant de soins, fait des appels si réitérés, que quelques semaines avant mon départ pour Rome j'avais pris la détermination inébranlable de me consacrer tout entier au service de Dieu. Le désir d'aller visiter en votre compagnie le berceau du monde catholique, le sol foulé par tant de saints, avait retardé de quelques mois l'exécution de mon dessein.

« Quand vous recevrez cette lettre, je serai au noviciat des Jésuites d'Angers. J'ai préféré au clergé séculier et à tout autre ordre religieux, comme plus propre à remplir les besoins de mon âme, cette Compagnie de Jésus qui s'est toujours conservée dans sa première ferveur et qui embrasse toutes les œuvres vraiment apostoliques.

« Ah ! mon cher Edouard, je suis tout effrayé moi-même de l'œuvre immense que je vais entreprendre. Pour faire un bon religieux, que de choses à démolir dans mon âme, que de choses à édifier ! Mes forces n'y pourraient suffire si je n'avais l'assurance que Dieu soutiendra ma faiblesse et, comme compensation d'un sacrifice si pénible à la nature, me comblera de ses faveurs...

« Au revoir, mon cher ami ! Si nous ne pouvons plus nous donner un rendez-vous assuré sur la terre, ne manquons pas de nous le donner là-haut. Priez pour celui qui espère encore que vous lui conservez toute votre amitié d'autrefois et qui vous offre son dévouement avec la plus vive affection de cœur.

« Léon Ducoudray. »

C'est ainsi qu'il se montrait plus que jamais digne du profond attachement qu'il inspirait à ses amis, au moment même où, en se séparant d'eux, il renonçait à la plus grande douceur de sa vie.

Il n'y avait plus à différer. Immolant les répugnances de la nature et comptant uniquement sur

la grâce de Dieu, après avoir soutenu sans faiblir
les derniers assauts de la tendresse maternelle, il
partit pour Angers et fut reçu au noviciat le
2 octobre 1852.

CHAPITRE IV

Le premier novice qui vint saluer Léon Ducoudray à son arrivée à la maison d'Angers, ce fut, on le devine, le seul qui était connu de lui, Benjamin de Puiberneau.

Quantum mutatus ab illo! Léon ne put s'empêcher de faire cette réflexion à la vue de son ami qui avait si complètement dépouillé le vieil homme. Cet élégant, ce raffiné, naguère encore si soigneux de sa personne, portait déjà avec une parfaite aisance et un contentement visible les livrées de la pauvreté. Il n'avait pas fait toilette pour la circonstance et il était affublé d'une soutane dont le moindre défaut était de ne pas aller à sa taille : elle avait fait de longs services sur d'autres épaules avant d'être tirée pour lui du fond d'un vestiaire où l'on n'aurait jamais été la prendre pour l'offrir au plus humble et au plus dénué des séminaristes.

Le Maître des novices était le P. Léon Gautier, de douce et pieuse mémoire, à qui Dieu avait donné, selon l'expression de saint François de Sales, un cœur *paternellement maternel et maternellement paternel* (1). Depuis longues années, de cruelles souffrances l'avaient cloué sur la croix, d'où il prêchait éloquemment l'immolation de soi-même. Sous l'ardente inspiration du zèle qui consumait ses forces et sa vie, le noviciat était un cénacle et une pépinière d'apôtres. La joie y régnait, compagne ordinaire de l'abnégation. C'était à qui se tiendrait au dernier rang, à qui se dépenserait généreusement au service de ses frères.

Ravi de se voir à si bonne école, le Frère Ducoudray se hâta de mettre le temps à profit. Tout ce que semblaient réclamer de lui l'obéissance ou la charité, il l'accomplissait de la meilleure grâce du monde et avec une ingénuité charmante. Lui aussi fit connaissance avec les vieilles soutanes et ne s'épargna pas dans la pratique des offices bas et humiliants. Ces solides vertus, qui sont le nerf de la vie religieuse, étaient rehaussées dans sa personne par deux qualités de premier ordre

(1) Voyez la *Vie du P. Léon Gautier, de la Compagnie de Jésus*, par le P. J. Noury, de la même Compagnie. 1 vol. in-12. Ch. Douniol, 1864.

qu'il possédait à un rare degré, la rectitude du jugement et l'élévation du caractère. En un mot, il se montrait dès le début tel qu'on l'a vu jusqu'à la fin, vrai et digne enfant de saint Ignace.

Quand il eut accompli à la pleine satisfaction des supérieurs les deux années de probation qu'exige l'Institut, plus affermi que jamais dans sa vocation dont il venait d'acquérir une connaissance intime, il eut la joie de s'enrôler définitivement sous l'étendard de Jésus-Christ, en prononçant ses premiers vœux dans la chapelle du noviciat, le 2 octobre 1854, fête des Saints Anges gardiens.

D'Angers, la sainte obéissance l'envoya étudier la philosophie à Laval où il eut pour professeur le P. Matignon. Le cours de philosophie dans la Compagnie de Jésus est de trois ans. Trois années à passer au pays natal, l'aimable et douce perspective ! Mais il n'osait s'en féliciter, tant il se défiait de lui-même et craignait de se reprendre à tout ce qu'il venait de quitter pour Dieu. Il fit preuve d'autant d'esprit religieux que de tact dans une situation délicate, où il avait à concilier des devoirs et des bienséances de plus d'une sorte. A sa mère et à ses sœurs il accorda largement tout ce qu'elles pouvaient raisonnablement attendre d'un fils et d'un frère aussi aimant ; à deux ou trois amis de choix il ouvrit ou plutôt entr'ouvrit discrètement sa porte ; mais il sut défendre assez bien sa cellule contre les invasions du dehors, pour mettre à l'abri de tous risques et son recueillement intérieur et son application à l'étude.

Quoiqu'il ne fut déjà plus d'âge à se rompre aisément à la rude gymnastique de l'argumentation et qu'il lui en coutât de parler latin, la seule langue en usage dans les exercices du scolasticat, il n'en fut pas moins, au témoignage de ses condisciples et de ses maîtres, un fort bon élève de philosophie, à vrai dire, plus judicieux que subtil et moins épris des hautes spéculations de la métaphysique que des démonstrations claires et des déductions pratiques. Ses préférences, en ceci comme en d'autres choses, étaient d'ailleurs en parfaite harmonie avec les qualités natives et dominantes de son esprit.

Cependant arrivent les vacances, et Dieu sait si le besoin s'en fait vivement sentir après ces laborieuses années de scolasticat. Madame Ducoudray — quoi de plus naturel ? — veut avoir son fils à Grenusse ; mais lui, fidèle à sa famille adoptive, ne veut pas se séparer de ses frères. Un dissentiment entre la mère et le fils ne pouvait se prolonger dès qu'il suffisait, pour y mettre fin, d'un élan généreux du cœur ; aussi celui-là ne fut-il pas de longue durée. Renonçant à solliciter des supérieurs une faveur personnelle à laquelle elle avait

les meilleurs titres, l'excellente mère étendit sa
demande ou plutôt son invitation à tous les jeunes
religieux dont son fils ne voulait pas être séparé;
et comme elle renouvela cette invitation d'année
en année, pendant dix ans les heureux philoso-
phes de Laval jouirent régulièrement chaque automne de cette douce et bienfaisante villégiature (1).

Que ne puis-je ici leur céder la plume! Sans
doute cela est déjà bien loin d'eux et depuis, — près
d'un demi-siècle ayant passé sur leurs têtes, — ils
ont blanchi dans les travaux de l'enseignement et
de l'apostolat, sans parler des épreuves de la persécution et de l'exil. Mais leur reconnaissance
n'ayant pas vieilli, ils diraient beaucoup mieux
que moi de quelles charitables prévenances ils se
voyaient entourés pendant leur séjour à Grenusse.
Ils diraient comment, sans qu'ils eussent la peine
d'y songer, chaque jour amenait pour eux quelque
distraction nouvelle : excursions aux sites les plus
pittoresques des environs, promenades en barque
sur la Jouanne qui traverse le parc, pêche à la
ligne et au filet, pêche aux écrevisses, etc. Ils ne
manqueraient pas d'ajouter qu'après avoir payé

(1) Depuis longtemps le scolasticat tout entier trouvait dans
une autre famille — à Langlotière, près de La Flèche — un
accueil non moins empressé, et cela a duré jusqu'à l'heure de
l'expulsion. ·

de sa personne pendant tout le jour, presque tous les soirs le Frère Ducoudray leur ménageait une agréable surprise, concert, récréation dramatique ou tout autre ingénieux divertissement, dont il faisait lui-même les principaux frais avec un entrain plein de bonne humeur et une amabilité charmante.

C'étaient là les fêtes de la charité fraternelle. Comme on le pense bien, la religion avait aussi les siennes ; témoin celle qui fut célébrée en l'honneur de saint Joseph, le jour où, à la demande du Frère Ducoudray, la maison et le domaine de Grenusse furent placés sous son patronage. Rien ne manquait à la cérémonie dont le caractère intime n'excluait ni les solennités de la liturgie, ni le décor emprunté à la verdure et aux fleurs. La procession, dont les rangs étaient formés par les Pères et les scolastiques de la Compagnie de Jésus, se déroula en bon ordre à travers les allées du parc ; elle était suivie par madame Ducoudray, venue tout exprès de Laval avec ses filles et ses gendres. Quand elle eut terminé son parcours, elle s'arrêta devant un reposoir où apparaissait sur son piédestal, comme sur un trône de gloire, la statue du saint Patriarche, qui fut installée et bénite suivant tous les rites de l'Eglise. En ce moment le pieux scolastique, organisateur et âme de la fête, vit avec une joie sans mélange, groupés autour du chef bien-aimé de la sainte Famille, tous ceux auxquels, enfant d'une double famille par la vocation et par le sang, il pouvait donner tour à tour les noms de père, de mère, de frère et de sœur.

D'ailleurs, toujours semblable à lui-même, quand la vie commune avait repris à Laval son train accoutumé, il épiait les occasions de satisfaire cette belle ardeur de dévouement à laquelle l'hospitalité de Grenusse, telle qu'il l'exerça constamment, donnait chaque année un nouvel essor, et nous savons de bonne source que nul n'était plus secourable aux affligés et aux malades. « Pendant ma fièvre typhoïde, nous écrit un de ses professeurs, au lieu de se contenter de me veiller à son tour comme les autres scolastiques, il prit spontanément les fonctions d'infirmier. Autant que l'obéissance le lui permettait, il me rendait ainsi les services les plus humiliants et les plus pénibles. J'ai senti tout de suite que j'avais affaire à un saint religieux et, en même temps, à un homme entendu. »

Tel nous l'avons connu nous-même à l'école Sainte-Geneviève, jusqu'à la veille des douloureux événements qui l'ont ravi à l'affection de ses frères dont il était la joie et l'orgueil.

Quand il eut passé son dernier examen de philosophie, il avait trente ans sonnés. Il était mûr

assurément pour la théologie et le sacerdoce, et
de toutes les décisions qui pouvaient être prises à
son égard, c'eût été, semblait il, la plus naturelle.
Mais autre fut la pensée des supérieurs. Par une
de ces heureuses inspirations qui sont de véritables grâces d'état, ils le mirent tout d'abord,
simple scolastique, à même de s'essayer dans un
poste inférieur aux difficiles fonctions où il devait
exceller un jour. Mandé à Paris quelques semaines
avant la rentrée des classes (octobre 1857), il dé-
buta à l'école Sainte-Geneviève en qualité de sous-
préfet (1).

Pendant quatre années consécutives, Léon Ducoudray remplit, à la satisfaction générale, ce laborieux et modeste emploi. C'était, selon l'heureuse expression d'un juge fort compétent, « un
surveillant à grande attitude. » L'on ne saurait
mieux caractériser l'espèce de dignité dont toute
sa personne était empreinte, dignité simple, qui
commandait le respect sans éloigner la confiance.
Avec ses frères, il était d'un naturel parfait et d'un
abandon plein de charme.

L'un d'eux me fait observer qu'on prendrait de
sa physionomie une idée peu exacte, à en juger
d'après une photographie pour laquelle il avait

(1) Dans les collèges de la Compagnie de Jésus, le sous-
préfet est chargé de veiller à la discipline générale de la
maison.

posé à contre-cœur, et dont s'est trop docilement inspiré l'artiste qui a moulé son buste après sa mort. En effet, on ne lui voyait pas, qu'il nous en souvienne, ce froncement de sourcils et cet air anxieux, si ce n'est peut-être le soir d'un jour de sortie, lorsqu'il présidait à la rentrée des élèves et songeait aux périls que leurs âmes avaient pu courir dans la grande ville où tout n'est pas, tant s'en faut, école de vertu.

Mais il fallait le voir dans l'intimité de la famille religieuse, à laquelle il tenait par toutes les fibres de son âme. Alors c'était un autre homme, ou plutôt c'était lui-même tout entier. « S'il était doué, nous dit un témoin de sa vie, qui, le voyant de près tous les jours, a su parfaitement l'apprécier (1), — s'il était doué du côté de l'intelligence d'une grande sagesse, d'un précieux bon sens et d'une prudence vraiment remarquable, du côté du cœur il avait des qualités qui contrastaient avec cette raison de magistrat, et ses amis prenaient plaisir à faire ressortir et à mettre en opposition les aspects si divers de cette riche nature. Cœur bon, affectueux, indulgent, très expansif et parfois même d'une gaîté d'enfant, prompt à l'enthousiasme de toutes les grandes et nobles choses. Alors sa physionomie s'illuminait, et, sans rien

______

(1) Le P. Théodore de Régnon.

perdre de leur dignité, ses traits respiraient la
franchise la plus cordiale, la joie d'une belle âme,
l'ardeur et la flamme du jeune homme. C'était
pour ses amis une récréation de lui parler beaux-
arts, musique, éloquence. Aussitôt il *partait*,
comme nous disions. Les souvenirs de son voyage
en Italie lui revenaient en foule, il parlait avec feu
des tableaux, des cathédrales, des sites pittoresques qu'il avait visités ; il se laissait aller à chanter quelques passages des plus beaux airs des
maîtres, ou bien il dépeignait les puissants effets
de la parole de Lacordaire à Notre-Dame, tout cela
avec une simplicité charmante, qui endurait de la
meilleure grâce du monde les plaisanteries dont
parfois on assaillait malicieusement son récit. »

Si ses rapports avec les élèves étaient empreints
d'une juste et nécessaire réserve, la cordialité
n'en était point bannie, et toute sa conduite était
faite pour leur inspirer une affection reconnaissante dont on a recueilli après sa mort les plus
touchants témoignages. Le dévouement, dont il
leur donnait tant de preuves, avait son principe
dans la charité. Animé de cette sainte passion, il
ne croyait pas avilir son autorité en se faisant
pour ainsi dire le serviteur des jeunes gens qui lui
étaient confiés, ayant l'œil à ce que rien ne leur
manquât, pourvoyant lui-même à leurs besoins et
prévenant leurs désirs, s'efforçant en un mot de

leur faire retrouver dans le régime de l'école, autant que le comportait une sage discipline, quelque chose de la famille ; tant il avait à cœur qu'auprès des maîtres choisis par leurs parents de préférence à tant d'autres, ils n'eussent pas trop à regretter la douceur des soins maternels ! Avec cela, comment n'eût-il pas gagné tous les cœurs ?

Sévère pour le maintien de la discipline, il voulait que l'obéissance fût élevée, noble, ainsi qu'il convient à des enfants bien nés, jamais servile. C'était une de ses maximes qu'il faut apprendre aux jeunes gens à se respecter eux-mêmes, le sentiment de l'honneur pouvant, à défaut d'autres, les préserver quelque jour des plus grands écarts.

Très observateur de son naturel, il l'était devenu plus encore depuis qu'il avait charge d'âmes. Il amassait ainsi des trésors d'expérience, et l'homme d'éducation, à la hauteur de tous les devoirs, se révélait chez lui chaque jour davantage. Il aurait pu tout comme un autre, et même avec plus de compétence que bien d'autres, composer un traité de pédagogie pratique, mais il n'avait ni le temps ni le goût d'écrire quoi que ce fût pour le public. Heureusement qu'il était le meilleur des amis, et ce qu'il n'eût pas fait pour le public, il le faisait à sa manière en faveur des amis qu'il avait laissés dans le monde. Comme ils étaient devenus pères de famille, il s'associait dans une large mesure à leur sollicitude pour les enfants que Dieu leur avait donnés. Ses lettres en font foi et elles vont nous initier, sous une forme familière et toute spontanée, aux principes qui dirigeaient sa conduite en matière d'éducation.

Voici d'abord une lettre à M. Raoul de la Perraudière, dont la petite famille se composait alors d'un fils nouveau-né et de deux autres enfants d'un âge encore bien tendre. Naturellement il n'est question, en pareille circonstance, que d'éducation maternelle. Cependant, le sous-préfet de l'école Sainte-Geneviève saura mettre à profit, dans les conseils qu'il donne, l'expérience qu'il acquiert tous les jours dans l'exercice de sa charge auprès de jeunes gens qui, presque tous, fort avancés dans leurs études, sont déjà sur le seuil de leur carrière militaire ou civile.

« 2 décembre 1859.

« Le bon Dieu te sert à merveille, mon cher ami ; il compose si paternellement et suivant tes désirs les membres de ta jeune famille ! Marthe, René, Xavier, ce sont là trois enfants qui feront ta joie sur la terre. Tout ce petit monde va grandir à vue d'œil. Heureusement que madame de la Perraudière est là pour commencer cette première éducation que nulle autre ne remplace jamais.

J'ai sous les yeux, chaque jour, deux cents jeunes
gens, et je t'assure qu'il n'est pas besoin d'un long
temps pour distinguer ceux qui ont joui du bienfait de l'éducation d'une vertueuse mère.

« Les uns nous apportent toute la délicatesse,
toute la fraîcheur, toute l'affection d'*une âme bien
élevée*, et de ceux-là on dit sans crainte : Voilà
l'œuvre de leurs mères! D'autres, au contraire,
arrivent au milieu de nous avec des dispositions
très différentes, et, bien qu'ils portent le plus souvent un beau nom, la noblesse de leurs sentiments
ne répond pas à celle de leur race. D'où cela
vient-il ? Ils ont été abandonnés à Paris ou dans
des châteaux à des mains mercenaires, pendant
que celles qui devaient veiller à leur éducation,
leurs mères, passaient leur temps, en toilette, soi-
rées... Tu sais le reste. »

L'importance décisive de l'éducation première,
dont il a sans cesse sous les yeux des preuves vi-
vantes et palpables, le P. Ducoudray la proclame,
avec peut-être encore plus d'insistance, dans une
lettre à M. de la Bassetière. Il l'engage à consacrer,
sans trop de regrets, aux enfants qui font la joie
de son foyer, les talents et les forces qu'en des
temps différents et sous un régime politique
autre que celui du second Empire, il aurait
pu déployer sur un plus vaste théâtre, en inter-
venant, pour le triomphe de ses plus chères con-

victions, dans la direction des affaires du pays (1).

« C'est avec bonheur, mon cher ami, que je vois qu'au milieu des tristes événements qui nous entourent, vous pouvez vous reposer avec joie au sein de votre famille. Là du moins rien n'est venu altérer la paix, ni assombrir l'horizon. C'est là notre camp retranché. Consolez-vous et faites l'œuvre de Dieu dans cette sphère, puisque les temps ne vous permettent pas de porter plus loin votre influence. Certes, le travail et l'action ne vous manqueront pas. Présider à l'éducation de vos quatre enfants, y présider sérieusement comme il convient à une œuvre de grande importance, suffira pour occuper vos journées.

« Il y a des enfants qui ne répondent pas aux soins si vigilants, si délicats, que leur donnent un père ou une mère, direction première qu'aucune autre ne remplacera jamais. Mais aussi il est des parents bien coupables, qui se déchargent, au mépris de leurs devoirs les plus sacrés, du soin d'élever leurs enfants. D'autres, peut-être, peuvent les instruire, mais non les élever. Ce devoir ne peut être véritablement accompli, selon les vues

(1) Nous n'apprendrons à personne quel honneur s'est acquis M. de la Bassetière, depuis son entrée dans la vie publique (1871), en remplissant, pendant plusieurs législatures successives, le mandat confié par ses compatriotes, les braves catholiques de la Vendée.

de la Providence, que par ceux qui ont été originairement institués pour s'en acquitter dignement. Nous, mon cher ami, nous pouvons vous venir en aide, non pas vous remplacer. Il faut que vous ayez jeté les premiers fondements, que vous ayez éveillé l'intelligence et ouvert le cœur aux sentiments nobles et pieux, pour qu'un jour nous puissions continuer votre œuvre, à la condition que vous nous souteniez. »

Le même sentiment lui dictait les conseils les plus judicieux pour son fidèle ami M. de la Broise, qui, pénétré de la grandeur de sa tâche, n'avait pas attendu pour les solliciter que le temps fût venu de les mettre en pratique. Il nous semble que tel qu'il est, c'est-à-dire écrit au courant de la plume avec beaucoup de simplicité, ce petit traité d'éducation domestique ne saurait être pour nos lecteurs ni sans intérêt, ni sans fruit.

« Paris, 6 août 1861.

« Tu me demandes des renseignements sur l'éducation, mon cher ami. Je voudrais être à même de répondre à tes désirs et de te satisfaire. J'ajouterais volontiers les noms de quelques auteurs classiques, si je ne croyais que tu précipites un peu les choses en me demandant une longue nomenclature.

« Il me semble, mon cher Edmond, que ton fils aîné est encore trop jeune pour que tu le soumettes au régime des auteurs classiques. Un enfant de six à huit ans ne doit avoir entre les mains qu'une histoire sainte, peut-être une grammaire française, les fables de La Fontaine, peu de livres en un mot. Tout le côté instructif de son éducation dépend, surtout à cet âge, du savoir-faire de son maître. Le savoir-faire, c'est beaucoup et presque tout pour assurer à l'enfant une instruction qui ne le fatigue ni par la monotonie, ni par l'abstraction. Tout dépend du maître, de son art, de son dévouement. Et puisque c'est toi qui es le maître, veux-tu que je te dise à quoi je réduis le savoir-faire du maître ?

« Il faut donc au maître un grand dévouement, un grand intérêt porté à son élève. Ni l'un ni l'autre ne te manqueront. Il faut de la constance ; s'enchaîner à son élève, faire de l'éducation une affaire de devoir sérieux, tâcher de piquer continuellement la curiosité ; éveiller de bonne heure le sentiment du beau, à l'aide de quelques lectures à la portée de l'élève dans les ouvrages classiques de Fénelon ou dans La Fontaine ; entremêler l'explication du catéchisme de faits d'histoire sainte, d'histoire de l'Eglise, et avoir même sous la main quelques traits de l'histoire profane, de l'histoire ancienne par exemple.

« En fait de grammaire, dissimuler au premier abord l'abstraction des principes, puis y revenir plus tard ; composer pour l'élève des phrases ou des analyses grammaticales, le broyer sur l'orthographe. Tu vois, mon cher ami, qu'un professeur de classe préparatoire ou élémentaire a presque autant à faire pour la préparation de sa classe qu'un professeur de rhétorique. Il faut tirer beaucoup de son propre fonds, en un mot je reviens à mes moutons, il faut du savoir-faire, ne pas se buter à présenter les choses sous tel jour si l'élève les comprend mieux sous un autre, donner, distribuer la science à mesure que l'élève peut se l'approprier. Voilà, mon cher ami, la théorie de la chose telle qu'elle se pratique autour de moi depuis l'enseignement le plus élémentaire jusqu'à l'enseignement supérieur : *savoir faire*, c'est-à-dire se proportionner à ses élèves.

« Pour un enfant de l'âge de ton fils les livres signifient donc peu. Prends une grammaire française du Père Pacaud ou du Père Juster, l'une ou l'autre faite pour les petits enfants, une édition de La Fontaine bien expurgée, une édition des fables de Fénelon ou de Télémaque. Choisis une petite histoire sainte, une histoire ancienne très abrégée. Voilà tout, pourvu que tu t'astreignes à être sérieusement précepteur ; là, moins que partout ailleurs, les choses peuvent être faites à moitié. Tu vois, mon cher ami, que je te trace un rôle de dévouement et de sacrifice. Il n'y a point d'éducation possible sans abnégation. Il faudra même t'abaisser jusqu'à apprendre les nombres, les premiers éléments d'un calcul tout brut, puis, à l'aide d'une carte, faire apprendre à ton enfant la forme de la terre, décrire les parties du monde, la mer, la terre et leurs divisions multipliées, peut-être même faire le cours de cosmographie le plus élémentaire possible. Voilà, ce me semble, à quoi se réduit ton rôle. A plus tard les livres et auteurs classiques.

« Il n'y a pas au monde de tâche plus difficile, j'allais dire plus ingrate que celle de l'éducation et, dans l'éducation elle-même, celle de l'instruction ; et je te l'avoue, à moins d'un dévouement presque religieux, il n'y a, selon moi, guère à espérer d'être un bon maître. Cette tâche t'est présentée tout naturellement par la Providence ; tu l'accompliras à merveille en puisant près du bon Dieu la patience et le dévouement. Un fils qui a reçu de son père les premières leçons s'en souvient toujours ; il lui est uni plus intimement ; le respect pour son maître se joint au respect et à l'affection pour son père. L'influence paternelle y gagne et l'éducation contribue à resserrer les liens de la famille. Ne néglige, mon cher ami, aucun moyen d'accroître cette influence et accepte

celui qui t'est si naturellement présenté. Il y a
dans le cœur de l'homme une gratitude innée
envers celui qui nous a donné la science, gratitude qui se fait attendre et qui n'accompagne
pas le bienfait. Elle n'en est pas moins véritable. »

Ceux qui ont connu le P. Ducoudray et qui l'ont
vu à l'œuvre, à la grande œuvre de l'éducation de
la jeunesse, le retrouveront lui-même dans ces
simples pages dont son cœur a fait tous les frais.
On l'a entendu : « Il n'y a point d'éducation possible sans abnégation. » C'était sa maxime favorite.
Comme il excellait à la mettre en pratique et à la
propager par son exemple ! Ses anciens collègues
se souviennent que, dans l'exercice de leurs communes fonctions, il était toujours sur la brèche,
s'étant fait une loi et une habitude invariable de
se réserver à lui-même, pour peu qu'on le laissât
faire, les plus laborieuses et les plus pénibles
corvées.

Après quatre années de cette vie d'abnégation
et de sacrifice, il allait quitter l'école Sainte-Geneviève, pour commencer à trente-quatre ans dans
une autre maison l'étude de la théologie. C'était
déjà, au témoignage de ceux qui l'ont intimement
connu, un religieux modèle ; mais lui, dans son
humilité, se croyait encore bien loin du but qu'il

poursuivait sans relâche. Aussi, dans sa retraite
annuelle, prit-il de nouveau la résolution de devenir enfin un Jésuite digne de ce nom, et de répondre, autant qu'il était en lui, à cet appel si
pressant du divin Maître : « Soyez parfaits comme
votre Père céleste est parfait (1). »

(1) Estote ergo vos perfecti sicut et pater vester cœlestis
perfectus est. MATTH, V, 48.

CHAPITRE V

SCOLASTICAT DE FOURVIÈRE
TROISIÈME ANNÉE DE PROBATION A SAINT-VINCENT
DE LAON

On se fait dans le monde une étrange idée de
notre obéissance soi-disant passive. Il ne manque
pas de gens pour répéter sur tous les tons : « Le
Jésuite n'a plus de volonté. » Il en a une et fort
arrêtée : celle de se sanctifier toujours davantage
et de s'immoler jusqu'au dernier soupir pour la
gloire de Dieu. La règle l'exhorte à chercher dans
le Seigneur la plus grande abnégation, *quærere in
Domino majorem sui abnegationem*; ce qui n'est
pas la même chose, on le conçoit, que d'attendre
dans une profonde inertie l'impulsion de celui
qui le gouverne. Pour atteindre à la perfection de
son état, il ne lui suffit donc pas de se laisser
faire; il faut qu'il aille au-devant du sacrifice et
qu'il l'embrasse avec joie.

En attendant de plus grands sacrifices, le P. Ducoudray en fit un, tout spontané, qui n'était pas sans mérite. Il allait entrer en théologie. A prendre les choses comme elles venaient, c'était encore quatre années de séjour à Laval, où il en avait déjà passé trois comme élève de philosophie. Toujours en garde contre lui-même, toujours prêt à répondre à la grâce de sa vocation par une abnégation plus entière et plus parfaite, il demanda et obtint de mettre cette fois une centaine de lieues entre lui et sa famille. Il fut envoyé au scolasticat de la province de Lyon, établi au sommet de la colline de Fourvière, à l'ombre même du célèbre sanctuaire qui protège de ces hauteurs la populeuse agglomération lyonnaise répandue au loin sur les rives de la Saône et du Rhône.

Là il se sentait dans une citadelle imprenable où il n'avait plus besoin, comme à Laval, d'être jour et nuit sur le qui-vive. S'il y reçut quelque visite de parent ou d'ami, ce fut sans grand danger pour sa solitude. De l'immense fourmilière humaine au-dessus de laquelle planait son regard, il ne voyait que ce qui pouvait être aperçu de sa cellule ou de la terrasse de Fourvière. Aucun contact avec le dehors. Seulement une fois l'année, à l'époque des vacances, pour la consolation de sa vieille mère et pour la plus grande joie de ses frères les scolastiques de Laval, beaucoup plus

que pour son repos, il revenait sur les bords de la
Jouanne faire, comme il le savait, les honneurs
de la campagne de Grenusse.

A Fourvière il retrouvait une Mère qu'il avait
tendrement aimée dès sa première enfance et il
était l'heureux témoin des hommages qu'elle
recevait de la foule des pèlerins. N'était-elle pas
plus que jamais la patronne de ses études, celle en
qui nous saluons le *Trône de la divine Sagesse*, et
qui, suivant le langage de l'Eglise, *a seule exter-
miné toutes les hérésies dans le monde entier?* Les
joies que réservait à sa piété un tel voisinage se
laissent entrevoir dans une lettre qu'il adressait,
peu de temps après son arrivée dans cet asile
privilégié de l'étude et de la prière, à l'un de ses
anciens collègues de l'école Sainte-Geneviève.

« C'est un vrai bonheur pour moi de reporter
mon souvenir vers vous, en présence de cette
bonne Mère si vénérée dans son sanctuaire de
Fourvière et si splendidement fêtée par les Lyonnais. Je ne sais si les journaux catholiques vous
ont parlé de la fête du 8 décembre. Je n'ai vu
nulle part en Italie une démonstration si grandiose
de toute une cité en l'honneur de la Mère de Dieu.
Figurez-vous donc que le jour de cette solennité
des milliers de pèlerins montent à Fourvière, à
pleines rues, comme dans les quartiers populeux
de Paris. Le soir (et nous avions cette année un

temps admirable), vers sept heures, toutes les cloches se mettaient en branle et toute la ville s'illuminait comme par enchantement.

« C'est d'abord le clocher de Fourvière qui se dessine tout en feu. La statue de la Sainte Vierge qui le couronne est éclairée par des feux de Bengale qui se succèdent sans interruption. Derrière l'abside, en lettres de six à huit pieds de haut, de telle sorte qu'elles apparaissent à toute la cité, vous lisez en traits de flamme : LYON A MARIE. Puis, toute la colline en feu; notre maison qui la domine, tout éclatante de lumière; toutes les maisons particulières, tous les monuments publics répondant aux illuminations de Fourvière. On se promène dans les rues, sans exception aucune étincelantes de verres de couleur et de bougies. Les quais du Rhône et de la Saône forment deux cordons lumineux qui se réfléchissent dans l'eau. Des orchestres échelonnés à divers points de la ville ; sur les degrés du palais de justice un chœur de cinq cents voix d'hommes chantant des cantiques ou le *Magnificat* ; des ballons qui s'élèvent, leurs nacelles chargées de feux d'artifices ou de feux de Bengale dont la clarté se répand sur toute la ville, etc., etc., voilà le spectacle dont nous avons été témoins le jour de la fête de l'Immaculée-Conception.

« Je n'ai jamais vu démonstration plus spontanée

et plus générale : maisons des pauvres, hôtels des riches, monuments publics, tout est splendidement illuminé. Il est bien vrai que la Sainte Vierge récompense dignement les Lyonnais d'une si grande piété; jamais le choléra n'est entré dans leur ville, ni en 1832, ni en 1849, alors qu'il dépeuplait tous les grands centres de la France. Vous seriez touché, mon bon Père, d'une foi si visible et en même temps si simple envers la Reine du ciel. N'allez pas mal parler de Notre-Dame de Fourvière aux Lyonnais. Actuellement que le spiritisme fait ici d'affreux ravages, il faut cependant que ceux qui propagent ces funestes doctrines s'y prennent de manière à ne pas heurter la vénération des Lyonnais pour Notre-Dame de Fourvière. Les protestants sont obligés d'user d'une pareille ruse dans leur prosélytisme. Un ministre endoctrinait une vieille femme qui allait consentir à apostasier; tout à coup elle se ravise : « Monsieur le ministre, je me fais protestante; « mais posons pour condition que vous ne vous « opposerez pas à ce que j'aille prier à Fourvière. »

« Tout dernièrement en entrant dans la chapelle, j'y rencontrai un général en grand uniforme. des officiers ; les soldats y viennent tout le long du jour : vous les voyez, à deux genoux, comme de bonnes vieilles personnes dévotes, réciter pieusement leur chapelet, mettre un cierge à la bonne Vierge. C'est tellement d'usage ici que les camarades n'oseraient y trouver à redire.

« Nous venons d'être témoins de la conversion presque miraculeuse d'un caporal du quatorzième bataillon aux chasseurs de Vincennes. Ce vieux grognard, déjà à son deuxième congé, menait une vie scandaleuse : ivrognerie, débauche et le reste. Sa sœur lui écrit, du fond des campagnes d'Alsace, d'aller, à son intention, faire une visite à Fourvière. Le chasseur, qui n'avait pas mis le pied dans une église depuis fort longtemps, y vient comme par manière de corvée, uniquement pour faire plaisir à sa sœur. Tout à coup, malgré lui, cinq minutes après son entrée dans la chapelle, le voilà qui fond en larmes, va se jeter dans le confessionnal d'un de nos Pères et fait en sanglotant la confession de sa vie au régiment. Depuis ce jour, dès qu'il est libre du service militaire, il ne quitte plus la chapelle de la Sainte Vierge, et il assure qu'à l'expiration de son second congé, il se fera religieux dans quelque Trappe ou Frère coadjuteur.

« On me fait parler de temps en temps à une réunion de militaires, qui se tient toutes les semaines dans l'église de Fourvière et qui est dirigée par nos Pères. Il y a un vrai bonheur à voir si recueillis et si attentifs deux à trois cents soldats, qui viennent chanter de tout leur cœur des cantiques à la Sainte Vierge, écoutent avec tant de bonne volonté les quelques mots qu'on leur adresse, et s'en retournent après avoir reçu la bénédiction du Saint-Sacrement. Pour moi, mon bon Père, je ne prétends point produire *de grands ébranlements*, mais je suis tout heureux de parler à ces braves militaires et d'exercer ces prémices de ministère dans un sanctuaire si vénérable, sous la protection visible de la Sainte Vierge. »

Ainsi, dans sa pieuse et paisible retraite de Fourvière, le P. Ducoudray n'avait garde d'oublier les amis, les compagnons d'armes pour ainsi dire, qu'il avait laissés sur la montagne Sainte-Geneviève, à leur poste de combat. De nombreuses lettres, écrites sous la dictée de la charité et du zèle, sont là pour attester qu'il leur restait étroitement uni et prenait, comme par le passé, une grande part aux succès comme aux épreuves de l'œuvre d'éducation à laquelle l'obéissance l'avait attaché pendant quatre ans, et qui devait un jour le réclamer tout entier.

A peine arrivé au scolasticat, il avait écrit au P. Billot, alors préfet des classes : « J'ai été accueilli ici avec une grande bonté et une charité toute fraternelle. Je ne tarderai pas à m'habituer parfaitement à ma nouvelle vie au milieu d'une communauté très édifiante. »

Comment n'eût-il pas été reçu à bras ouverts ?

On fit mieux encore, comme nous allons voir ; on rendit pleine justice aux rares qualités dont il était doué et qu'il semblait seul ignorer.

Il existe dans chacun de nos scolasticats un modeste fonctionnaire dont le nom, absent du dictionnaire de l'Académie, a été emprunté par nos anciens Pères à la vieille langue universitaire, telle qu'on la parlait à Paris du temps de saint Ignace : le *bidel*. Confiée par les supérieurs à un simple scolastique et s'exerçant entre égaux, la charge de bidel n'est pas une sinécure, tant s'en faut, — car elle comprend tout le détail de la vie intérieure du scolasticat, — et elle exige, par conséquent, beaucoup de tact, encore plus de dévouement, d'obligeance et de charité.

Tout étranger qu'il fût à la province de Lyon, où il n'avait eu jusque-là aucune occasion de se faire connaître, le P. Ducoudray n'en parut pas moins posséder tout ce qu'il fallait pour être un bon bidel. Quand on le vit à l'œuvre, tous tombèrent d'accord qu'il eût été difficile de faire un meilleur choix.

L'un de ses compagnons d'étude, — le R. P. Clairet, — qui se félicite à bon droit de l'avoir connu d'une manière intime, résume ainsi ses impressions personnelles : « Quatre points m'ont surtout frappé dans le caractère de sa vertu. 1° Une abnégation profonde de lui-même et une grande générosité. Il ne faisait pas plus de cas des sacrifices qu'il s'était imposés pour entrer dans la compagnie que des services que le mettaient à même de rendre les dons multiples et excellents dont le bon Dieu l'avait si richement pourvu. 2° Une admirable charité fraternelle qui le portait à rendre service à tout le monde avec tant d'aisance, de bonne grâce et de naturel qu'il semblait alors tout simplement remplir son office et qu'on n'avait pas à dire merci, car on eût dit qu'il était l'obligé. Il excellait à encourager les timides, à consoler les affligés, à relever, à faire ressortir le moindre bien et la plus mince qualité des autres. 3° Un amour tendre, dévoué, ardent, filial pour la Compagnie, qui était vraiment la mère de son cœur. Cet amour se traduisait dans toutes ses conversations, alors qu'il était question du noviciat, du scolasticat, des missions, de nos ouvriers en évidence, de nos divers ministères, et même d'un Père ou d'un Frère affligé d'une infirmité morale ou physique inclinant à la compassion ou à l'indulgence. 4° Un amour pour Notre-Seigneur très vif, très généreux, qui était à mes yeux le mobile visible et sensible de cette abnégation et de cette charité fraternelle si admirables dont je viens de parler. »

Une nouvelle preuve de son abnégation généreuse et vaillante nous est fournie par un de ses condisciples qui depuis a gouverné la province d'Allemagne ou plutôt de *Germanie*, comme parlent nos catalogues.

On argumente beaucoup au scolasticat : quatre fois au moins par semaine, une bonne heure d'horloge, sans préjudice de certaines circonstances solennelles où la journée entière y passe. C'est très sérieux. Ceux qui prennent part à ces luttes ont, pour la plupart, professé les sciences ou les lettres dans nos collèges, et il est tels d'entre eux, dialecticiens émérites, qui manient la langue latine comme s'ils n'en avaient jamais parlé d'autre. Sans doute on ne se mesure qu'à armes courtoises ; mais si l'un des combattants est un peu trop tôt forcé de lâcher prise ou de se rendre à discrétion, ce qu'il peut avoir d'amour-propre n'y trouve pas son compte.

Comme nous l'avons expliqué plus haut, le P. Ducoudray était médiocrement préparé à ces tournois scolastiques par ses antécédents d'élève des facultés de droit de Paris et de Caen. Or, en sa qualité de bidel, il était chargé d'afficher les thèses plusieurs jours à l'avance, avec les noms de ceux qui devaient les attaquer ou les défendre. L'un d'eux venait-il à manquer ? Au lieu de lui chercher un remplaçant qu'il aurait facilement trouvé, il le remplaçait lui-même, ajoutant ainsi à d'autres désavantages dont il se rendait parfaitement compte, celui d'une préparation plus ou moins hâtive. Mais plus il s'oubliait lui-même, faisant en toute rencontre bon marché de sa personne, plus il croissait dans l'estime et dans l'affection de ses frères.

Il était alors dans toute la vigueur de l'âge, dans tout l'épanouissement de sa noble et riche nature. Ses idées, qui n'avaient jamais manqué de largeur, devenaient de jour en jour plus nettes et plus précises. Il en avait de fort justes non seulement sur l'éducation et la famille, mais encore sur les questions sociales et sur les devoirs de la vie publique. C'est ce qui caractérise sa correspondance avec M. de la Broise, dont nous allons détacher quelques pages.

« Cher Edmond, as-tu pu voir le P. Demante et causer un peu avec lui? (1) C'est un esprit sérieux qui a toujours été appliqué aux études depuis dix-huit ans qu'il est Jésuite. Je crois qu'il a dû remuer un bon nombre d'idées et qu'il pourrait être pour toi d'un bon conseil. Les matières elles-mêmes qu'il traite à son cours ne doivent point t'être étrangères et sont assez du genre de celles qui sourient à ton esprit. Tous les deux vous êtes légistes, voilà déjà une première raison de rap-

____

(1) Professeur de droit canon au scolasticat de Laval, le P. Demante était docteur en droit civil et s'était d'abord préparé à enseigner cette science dans une faculté de l'Etat.

prochement. Ses études le mettent sur le terrain des questions que tu soulèves, celles qui touchent aux rapports de l'Église et de l'État, au tolérantisme. Il pourra certainement t'indiquer des sources et t'ouvrir des perspectives. L'important, je crois, c'est qu'avant de marcher tu veuilles bien asseoir dans ton esprit quelques principes. Non pas que tu doives, selon moi, les admettre sans preuves. Mais il m'a semblé, d'après nos conversations, qu'avant de te lancer dans les questions de ce genre et de juger quelle place tient la société religieuse dans la société civile et *vice versa*, il faudrait que tu fisses quelques études de philosophie, au moins de philosophie morale, et même que tu étudiasses le traité de la religion.

« Faute de ces études préliminaires, tu auras des opinions bien hasardées et des jugements qui peuvent être très près d'une erreur. Au reste, cette étude ne ferait qu'élargir ton esprit, te montrer que la *raison seule* prouve parfaitement que l'homme n'est pas aussi indépendant qu'il le croit dans le monde, et que s'il se sépare de son principe, de sa fin, de la règle première de toute vérité, il flotte ballotté, heurté par toutes sortes d'opinions sans consistance. La conclusion pour toi serait assez claire et tu t'expliquerais mieux comment dans le monde, faute de recourir aux vrais principes, tant d'esprits ont fait fausse route.

« Comment vont tes chers enfants? Es-tu content de leur précepteur? Que l'éducation est chose difficile! que de soins elle demande! Tu connais mes pensées sur ce sujet, tu sais comme je conçois l'éducation et l'instruction marchant d'accord et toujours ensemble. L'une sans l'autre ne formera jamais un homme. L'instruction enrichit l'esprit, développe les idées, donne le goût et le tact littéraire, voilà le but principal de l'instruction classique. L'éducation forme le cœur et trempe le caractère, elle fait naître l'énergie, elle donne cette bonne grâce, cette bienséance qui ne s'acquiert que dans le contact avec les hommes, ces sentiments élevés, ce bon ton, tout cet ensemble qui fait l'homme dévoué, énergique, vertueux et aimable. Il faut, à tout prix, que son point de départ soit dans la famille.

« Fais en sorte, mon cher Edmond, que tes deux garçons, même dès leur bas âge, aiment la famille, s'y trouvent à l'aise, de telle façon que, comme point central, rien ne remplace le bonheur qu'ils éprouvent au foyer domestique. Comme il importe que ce sentiment soit dans le cœur d'un enfant et ne le quitte jamais! Mon expérience est là pour t'assurer que les jeunes gens qui nous quittent à vingt ans pour aller respirer l'atmosphère dangereuse des écoles du gouvernement, se conservent d'autant mieux qu'ils ont davantage l'esprit de famille. Et pour cela, pour que l'enfant s'attache réellement à sa famille, il faut qu'il s'y trouve mieux que partout ailleurs; il faut que son cœur s'y sente vraiment à l'aise. Les parents ont donc là un rôle à remplir : diriger leurs enfants, les corriger s'il le faut, mais toujours avec calme et douceur, de telle sorte qu'ils s'en fassent aimer; éviter de tracasser et de taquiner, accorder ce qui peut leur faire plaisir sans jamais les gâter; être avec eux, autant que possible, d'une constance et d'une égalité parfaites. Voilà qui est difficile, mais bien nécessaire pour accomplir cette œuvre de l'éducation. Puisse Notre-Seigneur t'aider de ses conseils et te donner la force ! »

Une autre fois il adresse à son ami, qui *broie du noir*, et qui en a grand sujet, à n'envisager que le cours désordonné des choses humaines, ces paroles d'une haute et chrétienne sagesse, très propres à relever les courages abattus :

« Tu sembles broyer beaucoup de noir, mon cher ami; je dirais que tu as raison, si tu regardes toujours en bas. Si tu t'élèves plus haut et que tu sois bien convaincu qu'au milieu de toutes les contradictions, des injustices, du pêle-mêle des choses humaines, il n'est cependant pas le moindre des événements qui ne soit prévu par Dieu; que cet événement, important ou sans importance, tient sa place dans l'ensemble des plans de Dieu ; qu'il est permis même pour le salut des élus et dans ce but unique, — tu seras plus ferme au milieu de la bourrasque et tu regarderas d'un œil plus assuré les bouleversements et les ruines. Qui ne voit que Dieu laisse faire afin que les hommes se châtient eux-mêmes, et que ceux qui amoncèlent les nuages seront écrasés par l'orage ? »

Après avoir conseillé à son ami mainte lecture, qu'il fera *sérieusement*, « c'est-à-dire la plume à la main », il termine en disant : « Ce n'est pas tout encore, nous vieillissons, mon cher ami, et plus nous avançons, plus il faut nous attacher à Notre-Seigneur Jésus-Christ et à l'Eglise. Relis les conférences du P. Lacordaire. Mais, de crainte que l'éloquence ne t'emporte et ne te laisse passer trop vite sur la vérité, sais-tu quel est mon conseil d'ami? Je voudrais te voir redevenir enfant, étudier sérieusement pour toi et, pour t'en faire une nécessité, tu devrais ne pas confier à une autre direction que la tienne l'éducation religieuse de tes chers enfants. Tu leur expliquerais donc le catéchisme et l'histoire sainte. »

Ce qui suit a trait à la vie publique. On verra que l'abnégation, telle que la pratiquait et la conseillait le P. Ducoudray, n'était pas sœur de la pusillanimité et de l'inertie.

« Je ne suis pas de ceux qui désapprouvent ta

démarche. En soi elle est bonne et je fais sincèrement des vœux pour ta candidature... Je n'envisage le conseil général que comme un marchepied. Sa session est trop courte, son influence trop limitée pour que tu veuilles circonscrire ton action à voter un budget départemental, des centimes additionnels ou reviser des plans de grande voierie. Il faut donc prendre cette position, comme un poste qui pose en public, et, de là, chercher toute occasion de te *rendre utile* et de *faire du bien*. Ces deux mots sont larges et disent beaucoup dans leur acception générale. Ils seraient ambitieux et prétentieux s'ils n'étaient que la signification d'une pensée qui veut s'agiter et faire parler de soi. Ils auront leur valeur véritable et modeste tout à la fois, si tu te lances sans arrière-pensée et avec désintéressement là où un intérêt religieux ou social te présentera l'occasion d'agir.

« Tu comprends ma pensée, mon cher ami. Le conseil général, c'est déjà quelque chose, et c'est pourquoi je désire ta nomination ; mais c'est trop peu de chose, si tu t'arrêtes à ses discussions ou à faire de l'opposition. Il faut que tu agisses, que tu parles, là surtout où sous tes yeux, dans le département, le bon droit serait opprimé et la religion en cause. Plus tu vieillis, mon cher ami, plus tu dois voir que les principes que tu aimes et que tu défends n'ont point de base ni d'appui sans Dieu et sans la religion. De l'autorité, sans un principe supérieur à l'homme qui nous commande d'obéir, où en trouver? Le devoir, sans une loi divine qui le détermine et le définisse, qu'est-ce autre chose qu'un grand mot? La conscience, sans l'obligation divine qui la lie et qui la soutienne, disparaît dans notre âme. La liberté de conscience sans la religion ne sera que dérèglement. La tolérance et l'honnêteté humaine, d'autres théories encore nous conduisent à l'abîme, si nous ne revenons à des principes supérieurs à l'homme, et par conséquent divins, qui nous donnent droit de nous gouverner et de gouverner les autres.

« Des hommes même chrétiens ont peur d'être trop religieux, c'est-à-dire trop dépendants du bon Dieu. Ils ne voient pas que cette dépendance assure notre liberté. Je voudrais donc, mon cher Edmond, te voir hardi champion des bonnes causes. Pourquoi craindre, à l'occasion, de jeter à la publicité quinze ou vingt pages qui ramènent au bon sens d'abord, dont nous nous éloignons comme des insensés, puis aux vrais principes. Mes vœux sont donc sérieux pour que tu sortes largement de la retraite. »

Voilà des sentiments auxquels eût applaudi le magnanime et saint fondateur de la Compagnie de Jésus qui avait pour maxime que *le bien est*

d'autant plus divin qu'il est plus universel : QUO
UNIVERSALIUS, EO DIVINIUS.

Celui qui traçait à ses amis de tels programmes
cultivait avec une ardeur persévérante tous les
dons, grands et petits, qu'il avait reçus du Ciel en
partage. Même à l'école Sainte-Geneviève, au milieu des occupations absorbantes de sa charge de
sous-préfet, on l'avait vu consacrer ses rares loisirs
à de substantielles et fructueuses lectures qu'il
faisait la plume à la main, soit pour accroître le
capital intellectuel dont il devait un jour ou l'autre
trouver l'emploi dans les ministères si variés de
la Compagnie, soit spécialement en vue de la prédication pour laquelle il se sentait une inclination
très prononcée. Il faisait ses délices de nos orateurs sacrés et surtout du plus grand d'entre eux.

Assurément Lacordaire, dont la voix vibrait encore à son oreille, n'avait rien perdu de l'empire,
à la fois si doux et si puissant, qu'il avait exercé
sur lui comme sur toute l'élite de la jeunesse de
ce temps. Mais Bossuet, plus que Lacordaire, était
son maître; qui pourrait s'en étonner? Dès le collège et depuis, il l'avait beaucoup lu, avec une
admiration passionnée qui n'était un mystère pour
personne. Nous en avons rencontré, en feuilletant
sa correspondance, une preuve assez aimable, que
ses petits-neveux pourront ajouter à leurs souvenirs de famille.

Quand Léon revint d'Italie, il trouva sur sa table de travail un fort bel exemplaire des œuvres complètes de Bossuet. Qui l'avait mis là? Charles de Saint-Cyr, qui s'était marié pendant ce même voyage d'où Léon rapportait la résolution de se faire Jésuite. Charles, si parfaitement instruit des goûts de son cousin, avait cru lui faire fête en lui offrant ce souvenir de leurs jeunes années, passées dans la plus douce intimité, à l'heure qui en marquait le terme. Naturellement, une prédilection si bien placée n'avait pu que s'accroître et se fortifier avec les années et surtout avec les perspectives de plus en plus prochaines du saint ministère. Au scolasticat de Fourvière, on le devine, saint Thomas ne fit point de tort à Bossuet, bien au contraire. N'est-on pas d'autant plus apte à goûter le charme austère de cette noble et mâle éloquence, qu'on s'est mieux familiarisé avec les sources d'où lui viennent ses meilleures inspirations? Il ne fallait qu'une occasion pour mettre en évidence l'heureux talent qui mûrissait sous une si sage discipline ; elle se présenta dans le courant de l'année 1863.

Arrive la rénovation des vœux. Elle se célébrait le deuxième dimanche après l'Epiphanie, consacré au saint Nom de Jésus, fête de la Compagnie qui a l'insigne honneur de porter ce nom glorieux et béni entre tous. Le P. Ducoudray, alors théolo-

gien de seconde année, est désigné, selon l'usage,
pour prêcher au réfectoire, devant toute la communauté réunie. Auditoire bienveillant, mais difficile, car il ne se compose que de juges, ceux-ci
vos égaux, ceux-là vos supérieurs et vos maîtres.
Aussi cette épreuve est-elle généralement re-
doutée.

Le discours qu'on entendit ce jour-là, écrit de
verve et prononcé avec âme, fit une profonde sensa-
tion. Au témoignage d'un des auditeurs à qui nous
pouvons nous en rapporter, « l'accent filial de
reconnaissance, d'estime, de vénération du P. Ducoudray pour la Compagnie, sa mère, ne fut pas
moins émouvant que l'éloquence de sa parole. »
Sans doute on put faire et on fit assez libéralement
la part de la critique, mais la louange l'emporta de
beaucoup, et pendant quinze jours il ne fut question d'autre chose au scolasticat de Fourvière.

Charmé comme tout le monde et convaincu
qu'il y avait dans ce débutant hors ligne les promesses d'un excellent prédicateur, le R. P. Gail-
lard écrivit au provincial de Paris : « Vous me
permettrez de vous donner en passant des nouvelles du Frère Ducoudray. Il vient de prêcher à la
dernière rénovation un sermon qui a impressionné
son auditoire et fait à tous le plus grand plaisir.
Il y avait dans sa composition une manière ori-
ginale et neuve de présenter ses idées, de la verve,

un tour oratoire. Ce Frère possède un bel organe, une voix forte et en même temps agréable, enfin il y a en lui un ensemble de qualités qui donnent à croire que plus tard il pourrait réussir très bien dans la carrière de la chaire. Je ne vous parle pas de son bon esprit, vous le connaissez. Nous sommes tous très heureux de la présence de ce bon Frère. »

Tout se réunissait donc pour encourager un attrait qui s'était éveillé chez lui dès le jeune âge. L'heure était on ne peut plus propice au travail préparatoire dont son sérieux esprit avait mesuré toute l'étendue; il ne la laissa pas échapper. Sans négliger aucune partie de la théologie, il s'attacha de préférence aux points de doctrine sur lesquels allaient bientôt, pensait-il, se concentrer tous les efforts de son zèle.

Il aurait voulu ne rien ignorer de l'art oratoire; aussi se faisait-il volontiers le disciple de ceux qu'un long professorat avait mis à même d'en approfondir les secrets. Il allait entendre les prédicateurs en renom, heureux s'il retrouvait sur leurs lèvres un écho des grandes voix qui avaient enflammé son enthousiasme pendant sa vie d'étudiant. Assistant un jour dans la paroisse de Saint-Pothin aux débuts d'un jeune Carme, il fut ravi; et comme il n'avait pas coutume de marchander sa sympathie, de retour à la maison, il déclara net que cet inconnu, cessant bientôt de l'être, monterait avant deux ans dans la chaire de Notre-Dame. Tous ne furent pas de cet avis; il s'ensuivit une discussion courtoise où l'un des interlocuteurs alla jusqu'à dire que ce Carme, n'ayant ni boussole ni gouvernail, irait avant peu donner contre quelque écueil. Cette prédiction devait se réaliser un jour d'une manière terrible, et le P. Ducoudray fut des premiers à constater qu'elle n'était pas sans fondement.

Le Carme dont chacun a deviné le nom devenu tristement célèbre, prêchait un jour à Saint-Nizier et il y avait foule pour l'entendre. « Tout d'un coup — nous empruntons ces lignes à un témoin oculaire — dans l'enivrement de sa fougue oratoire, le prédicateur lance un trait qu'il accompagne d'un geste, l'un et l'autre indignes de la majesté et de la sainteté de la chaire chrétienne. Un frémissement d'inquiétude parcourt l'immense auditoire, et l'on voit quelqu'un se lever et sortir pour protester hautement contre cette suprême inconvenance. C'était le P. Ducoudray, éclairé désormais sur ce que ce talent recélait de mauvais germes et de passions funestes à l'Eglise. Ce trait, dont nous fûmes singulièrement frappé, montre à nu ce caractère si plein tout à la fois d'ardeur pour le bien et de fermeté froide et austère quand l'heure était venue de la faire paraître, accessible sans doute à l'enthousiasme, mais toujours maître d'étouffer ses élans à la voix de la raison et du devoir. »

Grande fut la joie du fervent scolastique quand il vit, après une si longue attente, approcher le jour où il allait recevoir l'onction sacerdotale et monter pour la première fois à l'autel du Dieu qui avait réjoui sa jeunesse. A l'entrée de sa troisième année de théologie (1863-1864), il écrivait à un de ses frères de l'école Sainte-Geneviève : « Je regarde ma course théologique comme bien avancée ; j'ai pu cette année me décharger de deux examens, celui de dogme et celui de morale ; je vous avoue que ma tête en a un peu souffert, mais enfin *factum est.* La troisième année de théologie est moins fatigante, il n'y a plus de morale, et puis c'est une préparation directe au sacerdoce. Après le sacerdoce, il me semble que je n'ai plus de désirs, pas même celui d'une quatrième année de théologie. Vous voudrez bien prier pour moi, mon cher Père, pendant le cours de cette année qui sera par excellence l'année des grâces et des bénédictions. Pour moi, dans mon petit coin de Fourvière, ma pensée s'envolera plus d'une fois au milieu de vos luttes et de vos combats. »

Afin de procurer à sa pieuse mère et à toute sa famille la consolation d'assister à sa première messe, les supérieurs décidèrent qu'il recevrait l'onction sacrée à Laval, à l'époque des vacances,

après avoir, comme les années précédentes, passé
une quinzaine de jours à Grenusse avec ses frères
du scolasticat de Saint-Michel. Que ne pouvait-il
rendre tous ses amis témoins de son bonheur et
leur distribuer de ses mains le pain des anges!
Il n'en oublia aucun, et à ceux qui étaient éloi-
gnés il adressa les lettres les plus touchantes, témoignages de son tendre amour pour Jésus-Christ
et de la bonté de son cœur si sensible à l'amitié!
Nous citerons celle que reçut M. de la Bassetière, d'autant plus volontiers qu'elle renferme
un bel hommage à la mémoire de Benjamin de
Puiberneau, qui venait, à trente-neuf ans, de terminer en Chine une vie toute d'immolation à la
gloire de Dieu.

En s'associant aux regrets de M. de la Bassetière,
parent du P. de Puiberneau, le P. Ducoudray savait qu'il pouvait les adoucir en y mêlant
les consolations de la foi. Sa lettre, datée sans
autre indication d'Argentré (c'est-à-dire de Grenusse), doit avoir été écrite une quinzaine de jours
avant l'ordination dont l'attente remplissait déjà
de la plus douce joie le cœur du saint religieux.

« Mon cher Edouard,

« Les grands événements de la vie relient les
vieilles amitiés. Me voici arrivé à une date solen-

nelle entre toutes. Le mois de septembre ne va
point se passer sans que je reçoive l'onction du
sacerdoce. Vous êtes des premiers auxquels je
veux faire part de cette insigne faveur. Religieux
et prêtre, quels trésors, quelles grâces! Vous en
appréciez la valeur, mon cher ami, et vous êtes de
ceux qui sentiront le poids que Notre-Seigneur
charge sur mes épaules et toute la dignité que
demande l'exercice de si hautes fonctions. S'approcher si près de Dieu, entrer avec lui en commerce intime par l'administration des sacrements,
surtout au saint autel, n'est-ce pas s'élever au-
dessus des anges, changer de nature en devenant
le ministre du Seigneur?

« Priez pour moi, mon cher Edouard. Que je se-
rais heureux de vous voir unir vos prières à la
première oblation que je ferai du saint sacrifice
de la messe! Je n'ose l'espérer, mais soyez sûr que
vous et votre famille vous aurez vos noms déposés sur ma patène; je ne tiendrai pas entre mes
mains le sang de Jésus-Christ sans lui demander qu'une goutte aille teindre vos âmes, les ra-
fraîchir, les embraser d'un amour qui surnatura-
lise les affections de la terre et nous réunisse tous
dans le Cœur sacré du Sauveur Jésus. Ainsi ren-
drai-je à votre amitié ce que mon affection réclame
et ce que je lui dois. Nous nous verrons si rarement
sur la terre! Ne devons-nous pas nous aider par

la communication de la prière à nous retrouver au ciel?

« Au ciel! c'est le rendez-vous..... Il nous y attend ce pieux et saint ami que pleure sa famille et que la mission de Chine, si cruellement éprouvée, vient de perdre sans avoir le temps d'apprécier sa sainteté et d'user de son zèle. Ah! mon cher Edouard, vous aviez un saint ami et moi j'avais de plus un saint frère dans la Compagnie de Jésus. Il nous laisse douze années de vie religieuse passées dans le dévouement, l'abnégation et l'accomplissement des plus solides vertus. Elles avaient été une préparation à la grande œuvre qui lui était confiée. Prendre entre ses mains le gouvernement de notre mission de la Chine, c'était la part qui avait été faite au P. de Puiberneau. Elle était digne de son zèle, de son énergie, des grandes ressources d'esprit et de savoir-faire que la Providence lui avait données. Il eût été un missionnaire accompli, employé dans l'œuvre la plus chère au bon Dieu, celle de la conversion des infidèles. A peine arrivé sur le théâtre où il devait déployer sa valeur d'apôtre, il est enlevé à ses frères, à une mission dont il eût été le soutien. Mais Dieu! que vos desseins sont impénétrables! que de regrets parmi nous!

« Je suis le dernier Jésuite de la province de France qu'il ait embrassé avant de faire voile vers a Chine. Il m'avait donné rendez-vous à la gare de Lyon, où je me trouvais alors. Le temps d'arrêt du train n'était que d'une demi-heure. Nous l'employâmes en conversant bien intimement la veille d'un si long voyage, que je ne croyais pas devoir précéder de si peu le grand voyage de l'éternité... Nous parlâmes de nos amis, de vous, du ciel... puis nous nous quittâmes. Moi, j'attends de la divine Providence qu'elle m'envoie, suivant son bon plaisir, travailler où elle voudra à sauver des âmes. Sera-ce entre les quatre murs d'un collège, en Chine, à Cayenne, au Canada? Je suis prêt à tout, j'ai toujours un pied levé, je n'attends que l'ordre de l'obéissance. C'est là notre vie, notre joie ; mourir au poste assigné, c'est bien mourir et s'assurer l'éternité. *Quid mihi est in cœlo, et a te quid volui super terram ?*

« Adieu, mon bien cher ami. Tout à vous de cœur.

« L. DUCOUDRAY. »

Donc, le samedi des Quatre-Temps, 24 septembre 1864, dans l'humble et pieuse petite église de la communauté de Saint-Michel, Marie-Léon Périer-Ducoudray, scolastique de la Compagnie de Jésus, se présentant (pour parler la langue de l'Église) « avec le titre de la sainte pauvreté »,

titulo paupertatis, reçut l'ordre sacré de prêtrise
des mains de Mgr Wicart, évêque de Laval. Et le
lendemain il ne manquait personne à l'appel de
celui qui, revêtu du sacerdoce éternel de Jésus-
Christ, offrait, pour les vivants et pour les morts,
la Victime immaculée. « Cette belle cérémonie,
écrivait six ans plus tard un témoin oculaire sans
doute et dans tous les cas bien informé, — cette
belle cérémonie, digne couronnement d'une jeunesse chaste et studieuse, fut accomplie dans la
chapelle de Saint-Michel en présence d'une nombreuse assistance, composée de parents et d'amis,
heureux du bonheur qui semblait comme rayonner de toute la personne du nouveau prêtre. Le
R. P. Ducoudray était alors âgé de trente-sept
ans (1). »

Un seul souvenir, digne d'être ici consigné, se
rattache à sa quatrième année de théologie, la
dernière de son séjour à Fourvière.

Quand parut l'Encyclique du 8 décembre 1864,
devenue bientôt un signe de contradiction et un
sujet de scandale pour plusieurs, le saint religieux
n'eut pas, on le pense bien, un seul moment
d'hésitation, et il dilata son cœur pour recevoir,

-----

(1) Notice sur le R. P. Ducoudray de la Compagnie de
Jésus dans la *Semaine du Fidèle*. Le Mans, 10 juin 1871. Cet
article signé A. G. D. a été écrit, comme on le voit, à la
première nouvelle de l'événement de la Roquette.

comme une rosée céleste, les salutaires enseignements du Saint-Siège. Mais il n'en fut point
ainsi de quelques-uns des amis qu'il avait
dans le monde. Les voyant chanceler, il ne put
s'empêcher d'en gémir, et il écrivait à l'un
d'eux :

« Cependant, mon cher ami, s'il y a un point
sur lequel devraient se réunir les catholiques,
c'est bien celui de l'autorité religieuse. Ils auront
beau faire, sans une autorité qui lie les consciences, signale les dogmes et donne une inter-
prétation aux questions douteuses, chacun aura
donc le droit de s'implanter dans un royaume et
d'y enseigner toutes sortes d'absurdités et d'im-
moralités!... Avec des principes exagérés de
liberté de conscience, de presse, de tribune, en
fait et en supposant l'humanité telle qu'elle est
actuellement, la part du diable est superbe, celle
de la vérité tendrait à la limite zéro. »

L'année suivante, à Laon, dans l'ancienne
abbaye de Saint-Vincent, — réclamée depuis par
le génie militaire pour servir à la défense de nos
nouvelles frontières, — il accomplit ce second
noviciat, ce Troisième an, comme nous l'appelons,
dernière formation religieuse qui achève, autant
que le comporte la fragilité humaine, le renou-
vellement intérieur commencé tant d'années au -
paravant. Il s'y montra égal à lui-même par sa

charité, par sa régularité exemplaire, et comme il avait été bidel à Fourvière, il fut à Laon préfet des Pères du Troisième an.

Docile à la voix de Dieu qui l'appelait à l'abnégation la plus entière, il résumait ainsi, pendant sa grande retraite, la matière de son élection : « Me faire ces quatre états d'âme, ce genre de vie, *per modum habitus* : 1° Dieu servi sérieusement ; 2° sens enchaînés efficacement ; 3° charité pratiquée négativement et positivement ; 4° abandon le plus complet au bon plaisir de Dieu, entre les mains de mes supérieurs, par vue surnaturelle. » Puis, traduisant ces courtes formules en résolutions pratiques, il se prescrivait pour chaque infraction de rudes disciplines ajoutées à ses pénitences habituelles.

Nous savons, par de sûrs témoignages, qu'au milieu de ses préoccupations absorbantes de la vie de collège, il fut admirablement fidèle à la résolution suivante : « Le matin, visite au Très Saint-Sacrement, oraison entière, plus quelques minutes, sainte Messe célébrée pendant une demi-heure au moins, action de grâces de vingt minutes, petites heures, chapelet, lecture spirituelle *quam primum*. Tout cela avant toute autre occupation librement choisie. Si une nécessité de charité ou de circonstance exige un déplacement de ces exercices, remplacer l'exercice au premier temps libre. En principe, être au bon Dieu jusqu'à sept heures du matin (1). »

Venait-on frapper à sa porte à ces heures matinales et lui parler affaires, il ne répondait que le strict nécessaire ; le recueillement empreint sur ses traits disait assez qu'il vaquait en ce moment à une occupation plus sainte, et voulait s'entretenir seul à seul avec Dieu avant de se livrer aux devoirs de sa charge.

Cette année fut bien remplie. Qui n'eût pensé, à s'en tenir au cours ordinaire des choses, que c'était le prélude d'une belle et féconde carrière dont le ministère de la prédication allait revendiquer la meilleure part ! Le saint religieux avançait dans la connaissance de lui-même et dans la pratique des vertus dont il avait jeté les solides fondements au noviciat d'Angers. L'orateur sacré achevait de se former. S'il montait en chaire, il s'emparait sans difficulté de son auditoire et se faisait écouter. Les encouragements les plus flatteurs lui arrivaient de tous côtés, même d'où il les attendait le moins. Écoutons encore un témoin qui l'a vu de près et qui savait le comprendre.

« Je l'avais connu, écrit le R. P. Clairet, assez particulièrement à Fourvière pendant ma dernière année de théologie. Mais au Troisième an,

(1) Le lever de la communauté était à quatre heures, il le devançait souvent.

il a eu pour moi des bontés, des *intimités* qui me confondaient et m'élevaient tout à la fois. Pendant nos courses de Saint-Vincent de Laon, d'où, chaque dimanche, nous allions faire le catéchisme, lui à la cathédrale et moi à Saint-Martin, il avait des candeurs enfantines qui me révélaient sa belle âme et sa nature si riche en grâces. »

Ici le Révérend Père passe en revue les souvenirs qui se sont plus profondément gravés dans sa mémoire. Telles sont les relations que le P. Ducoudray avait eues, soit dans le monde, soit depuis son entrée dans la Compagnie, avec certains personnages éminents, entre autres Mgr Dupanloup. Après quoi, revenant à cette dernière année qu'ils ont passée ensemble à Saint-Vincent de Laon, il poursuit en ces termes :

« J'ai dit qu'il faisait le catéchisme à la cathédrale. Il y apportait régulièrement son grand carton, qu'il étalait gravement sur la chaire, et où se trouvaient cinq ou six pages de développements. Il avait le rare et si méritoire courage d'écrire habituellement sa leçon du dimanche, mais il ne s'astreignait point à la redire comme il l'avait écrite. Il parlait pendant une demi-heure avec son grand air si noble, si distingué, si simple et si modeste pourtant, plein de bonne grâce, d'esprit, d'exquise urbanité, de conviction chaleureuse et surtout de foi vive. J'étais saisi, ému chaque fois que je le voyais et l'entendais.

« Il fut désigné pour prêcher le carême dans cette immense et déserte cathédrale de Laon. Il fit si bien et il eut un tel succès de vogue, — car, hélas ! les retours ne furent pas comme son zèle les eût désirés, — que la vaste nef de l'église fut plusieurs fois remplie, ce qui ne s'était peut-être pas vu de mémoire d'homme. Le journal de la localité, inspiré, disait-on, par M. Arsène Houssaye, natif d'un village voisin nommé Bruyère, s'occupa, à deux reprises, de la station du P. Ducoudray. Dans un article qui remplissait plusieurs colonnes, il appréciait en ennemi loyal le prédicateur du Carême et comme orateur et comme penseur. Il concluait que la Compagnie, si riche qu'elle fût en gens de mérite, ne pouvait pas en compter un grand nombre de la valeur de celui-là et qu'évidemment elle ne tarderait pas à le mettre sur le chandelier. »

CHAPITRE VI

COMMENCEMENTS DE L'ÉCOLE SAINTE-GENEVIÈVE
MAISON DE CAMPAGNE D'ATHIS-MONS
LE P. DUCOUDRAY, RECTEUR — SA FERMETÉ

La montagne Sainte-Geneviève, que la Compagnie de Jésus regarde à bon droit comme son berceau, n'a jamais cessé de lui être chère. Saint Ignace l'habita pendant sept ans, le temps nécessaire pour faire à l'université de Paris les études sans lesquelles il ne croyait pas pouvoir s'employer utilement à la conduite des âmes, et parcourir avec sécurité la carrière apostolique à laquelle il se sentait appelé.

Il y a quelques années, on voyait encore sur la montagne, entre le majestueux édifice construit par Soufflot et l'emplacement actuel de la bibliothèque Sainte-Geneviève, les restes massifs du collège de Montaigu, où, mêlé à la foule des jeunes écoliers, l'illustre fondateur assistait aux leçons de quelque professeur d'humanités. A la même époque, à deux pas de là, émergeait des combles du vieux Sainte-Barbe une tourelle où l'on montrait la chambre qu'il avait occupée pendant son cours de philosophie, et celle qu'habitaient en commun ses deux premiers compagnons, le bienheureux Pierre Lefèvre et saint François-Xavier.

Par les jardins, Sainte-Barbe confine au principal établissement scolaire des disciples d'Ignace, le célèbre collège de Clermont, qui s'appela plus tard collège Louis-le-Grand. Si, à la faveur des révolutions, l'université a recueilli l'héritage des Jésuites, le nom royal de *Louis-le-Grand* n'en est pas moins resté inscrit en lettres d'or au-dessus de la grande porte du lycée, ouverte, comme aux beaux jours de Louis XIV, sur la rue Saint-Jacques.

Tournez le dos à Sainte-Barbe et contournez la basilique, tant de fois profanée, que l'on nomme le Panthéon, pour entrer dans la rue d'Ulm, puis prenez la *deuxième à gauche*. Vous êtes dans la rue des Postes, aujourd'hui rue Lhomond. Au numéro 18 est l'entrée de la maison qui deviendra l'école Sainte-Geneviève.

La cour, petite et resserrée entre de hauts bâtiments, ne promet pas merveilles. Mais si, traversant le rez-de-chaussée, vous vous arrêtez de l'autre côté sur le perron, votre œil se repose avec plaisir sur un vaste et beau jardin autour duquel se déroulent des allées de marronniers et de tilleuls. Tout au fond, la propriété est bornée par un chantier qui la sépare de l'École normale. Des étages supérieurs on aperçoit la tour Saint-Jacques du Haut-Pas et le dôme du Val-de-Grâce, dont le profil se détache vivement sur la masse irrégulière et confuse des maisons qui forment le quartier du Luxembourg. Tel est le voisinage dont jouit le principal corps de logis par celle de ses façades qui regarde le midi et qui, tournée aussi vers la campagne et les boulevards extérieurs, reçoit de première main les flots d'un air salubre et vivifiant.

Revenez maintenant sur vos pas, pour achever de faire connaissance avec la rue. En face, voici le collège des Irlandais, dont les hautes murailles se dressent devant vous. Longez les maisons qui font suite au numéro 18. Celle qui se distingue par ses hautes proportions et qu'accompagne une chapelle, spécimen peu gracieux de l'architecture religieuse du dix-huitième siècle, c'est le séminaire du Saint-Esprit. Plus loin était le collège Rollin, qui depuis, établi à nouveaux frais dans le voisinage de Montmartre, a été remplacé par une Faculté de théologie protestante.

Tout cela est calme, silencieux, presque désert et, pour tout dire, d'une physionomie passablement cléricale. Il y a aux alentours des pensions bourgeoises, des communautés religieuses, des établissements charitables de toute espèce, patronages, ouvroirs, refuges, crèches, orphelinats, salles d'asile; enfin des pensionnats pour la jeunesse de l'un et de l'autre sexe, et par-dessus tout des écoles préparatoires. Aux collèges que nous avons nommés il faut ajouter le lycée Henri IV, largement installé dans les bâtiments de l'abbaye Sainte-Geneviève. Le lycée Saint-Louis est à cinq minutes de la place du Panthéon; l'École polytechnique à même distance.

Située sur ces hauteurs paisibles et protégée par tant de chers souvenirs, la résidence de la rue des Postes avait été plusieurs fois, dans la première moitié du siècle, maison d'études et même maison de hautes études. A ses hôtes laborieux elle offrait, avec la solitude et le silence, le secours d'une grande et belle bibliothèque qui s'enrichissait tous les jours. On était en 1854. Alors comme les années précédentes, à côté des vétérans de l'érudition et de la science, il y avait là de jeunes religieux, Français, Italiens, Belges, qui se préparaient à l'enseignement des mathématiques, sous la direction de maîtres éprouvés dont les leçons avaient pour complément les cours de la Sorbonne et du Collège de France.

Jamais nous n'avions eu plus besoin de professeurs. Depuis quatre ans le monopole universitaire était aboli et les catholiques jouissaient, non pas sans restriction, mais dans une mesure fort large comparativement au passé, d'une liberté qui leur était précieuse entre toutes et qui leur avait été trop longtemps refusée contre toute justice. Sous la seule garantie du droit commun, les Jésuites français avaient pu — chose étonnante! — ouvrir des collèges en France. Les pères de famille chrétiens, qui n'avaient rien tant souhaité, s'empressaient d'y envoyer leurs enfants et il s'y faisait un grand bien. Mais ces *écoles libres*, comme on les appelait, payaient encore à l'Université un tribut dont, fort heureusement, elles pouvaient s'affranchir.

Chaque année, sans attendre le terme de leurs études, un certain nombre d'élèves les quittaient. Où allaient-ils? Dans les lycées ou bien dans d'autres établissements dont la discipline était moins inflexible, sans que la religion y fût davantage en honneur. Certes, ces jeunes gens n'étaient pas des transfuges; ils ne valaient pas moins que les autres et on ne les voyait point partir sans regret. Ils obéissaient bon gré mal gré aux exigences de la carrière qu'ils avaient choisie. Ayant pour objectif Saint-Cyr, l'École polytechnique, l'École centrale, etc., ils devaient passer par l'école préparatoire. Mais telle est l'instabilité du cœur humain, surtout à cet âge; au bout de quelque temps, à très peu d'exceptions près, on ne les revoyait plus, on n'entendait plus parler d'eux. Qu'étaient devenus les fruits d'une éducation jusque-là toute chrétienne? On n'y pouvait songer sans anxiété. Avec leurs anciens maîtres et les pères de leurs âmes, n'était-il pas à craindre qu'ils eussent oublié leur Dieu?

La fondation d'une école préparatoire s'imposait, elle fut résolue, et la maison de la rue des Postes reçut cette nouvelle destination sans perdre aucun de ses anciens hôtes, qui d'ailleurs n'auraient jamais suffi à la remplir. C'était peu d'avoir un local, il fallait des professeurs. Heureusement que la province de France possédait plusieurs sujets qui pouvaient faire face aux premiers besoins de l'enseignement, entre autres le P. Billot et le P. Danet, tous les deux licenciés ès sciences. Soit comme professeurs, soit comme préfets des études, ceux que je viens de nommer — et je ne nommerai guère que les morts — rendirent les plus grands services à l'établissement naissant, lui appartinrent tant qu'ils vécurent et moururent, on peut le dire, à la peine, sans avoir jamais connu le repos (1).

(1) Tous les deux furent très éprouvés au moral et au physique pendant le siège de Paris. Le P. Danet succomba le premier, avant l'armistice, le 25 janvier 1871. Le P. Billot survécut et reprit son cours de spéciales avec une santé fort ébranlée. Atteint d'une fluxion de poitrine qui prit tout d'abord un caractère alarmant, il rendit le dernier soupir le

Le P. Billot était un mathématicien de haute
volée. L'illustre Cauchy, son maître, avait songé à
lui léguer ses travaux inédits, le jugeant fort capable de les mettre en état de paraître et même de
terminer, si bon lui semblait, ceux qui n'étaient
encore qu'ébauchés. Au scolasticat de Laval, où il
avait révélé d'autres aptitudes, on pensait que la
place du P. Billot était plutôt dans une chaire de
théologie. Il n'eut été médiocre nulle part ni en
rien, car il était doué d'un sens littéraire exquis
et les qualités de sa belle âme répondaient à celles
de son esprit.

Moins richement doué, mais possédant au suprême degré le don de se faire comprendre, le
P. Danet fut un excellent professeur de physique.
Passionné pour l'exactitude en toutes choses, trop
exigeant peut-être et pour lui-même et pour les
autres, il ne fut préfet que peu de temps, assez
néanmoins pour imprimer aux études une vigoureuse impulsion qu'on nous dit avoir été des plus
salutaires.

Mais l'homme essentiel, celui qui allait porter à
peu près seul le poids de la nouvelle fondation,
où il y avait encore tant d'inconnu, celui-là n'était
pas facile à trouver à un moment où les écoles
libres de formation récente, croissant chaque

25 avril 1875, entre les bras du R. P. Du Lac, devenu son supérieur après avoir été son élève au collège de Brugelette.

année en nombre et en importance, semblaient avoir épuisé les forces vives du personnel trop restreint dont on pouvait disposer en leur faveur. On le trouva pourtant et jamais choix ne fut mieux justifié.

Après avoir été deux fois recteur de Brugelette, le P. Philippe Delvaux était depuis un an à la rue de Sèvres, où il occupait un poste beaucoup moins laborieux et surtout moins en vue, celui de ministre de cette maison. Il avait alors soixante-sept ans. A n'envisager que son âge, ses longs services, sa vie dépensée en grande partie dans le gouvernement des maisons et collèges de la Compagnie, on aurait pu croire que l'heure de la retraite avait sonné pour lui. Cependant, quand on voulut passer du projet à l'exécution, ce fut à lui qu'on s'adressa. Il n'était pas homme à se dérober à une responsabilité dont, mieux que personne, il connaissait l'étendue; il accepta, comme il l'avait toujours fait, avec une abnégation et un dévouement sans mesure. Le 23 septembre 1854, il fut nommé recteur de la future école préparatoire, qui prit dès lors le nom d'école Sainte-Geneviève. L'œuvre qu'on lui confiait ne réclamait rien moins que sa vertu, ses lumières et son expérience consommée.

Dès la première année l'école comptait une cinquantaine d'élèves : c'était assez pour commencer. La seconde, il y en eut quatre-vingts et les demandes étaient nombreuses pour l'année suivante. Encore deux ou trois années comme cela et l'on allait être à court de logis. Évidemment il fallait bâtir. Depuis longtemps le P. Delvaux n'en était plus à son coup d'essai et s'y entendait comme pas un. Mais nul ne le savait mieux que lui : *Si le Seigneur ne bâtit une maison, c'est en vain que travaillent ceux qui la bâtissent* (Ps. 160). Aussi ne manquait-il jamais de faire la part de Dieu très large en pareilles occasions. Il n'eut garde de se départir d'une méthode qui lui avait toujours admirablement réussi.

Son programme, inspiré par un grand amour de la jeunesse et une rare intelligence de ses besoins, comprenait, outre les bâtiments d'utilité scolaire, la construction d'une chapelle ou plutôt d'une église qui devait — la première en France, pensait-il — être dédiée à saint Ignace, et où rien ne serait épargné pour faire resplendir du plus pur éclat l'auguste majesté du culte catholique. Précisément le 31 juillet de l'année courante (1856) était tout ensemble le jour de la fête du bienheureux fondateur et le trois-centième anniversaire de sa glorieuse mort. Comment n'eût-on pas choisi ce jour pour la pose et la bénédiction de la première pierre? Ce fut une vraie fête de famille. Aux prières de l'Église, récitées dans un grand esprit de foi par le vénéré supérieur, répondait la communauté tout entière, à laquelle s'était joint le petit nombre d'élèves que les vacances n'avaient point encore dispersés.

Avec la pierre bénite, image de celle sur laquelle repose tout l'édifice de notre salut — *Petra autem erat Christus*, une inscription gravée sur bronze fut scellée dans la maçonnerie qui commençait à peine à sortir de terre. Elle était ainsi conçue :

ANNO MDCCCLVI

PR. KAL. AUG.

QUA DIE ANTE ANNOS CCC.

S. IGNATIUS PATER

* FUNCTUS EST *

COLLEGIUM PARISIACUM SOC. JESU

A SANCTA GENOVEFA

IN FUNDAMENTIS PARIETIS

COMMUNIS INTER ECCLESIAM

NOMINI PATRIS SUI DICANDAM

LAPIDEM PRIMUM PONENDUM

DEDIT (1)

Ainsi l'église devait être contiguë à l'école. Naturellement les travaux de construction suivirent

(1) Nous croyons reconnaître dans cette inscription la main du P. Raphaël Garrucci. L'éminent antiquaire passa une partie de cette année à la rue des Postes, et ce fut alors qu'il commença la publication de ses *Mélanges d'Épigraphie ancienne* (Paris, Londres et Leipzig).

tout d'abord la direction la plus conforme aux nécessités du lendemain. Mais il ne faut pas qu'on l'oublie : la pierre qui fut posée à l'angle d'un de ces grands bâtiments sur lesquels tant d'années ont déjà passé, le 31 juillet 1856, — cette pierre était alors et elle est aujourd'hui encore — nous persistons à le croire — une pierre d'attente (1).

Son triennat terminé, le P. Delvaux fut déchargé des fonctions qui n'avaient pas trop pesé, semblait-il, à sa vaillante et verte vieillesse. Assurément il laissait beaucoup à faire à ses successeurs; en pouvait-il être autrement ? Mais l'école était fondée, et solidement fondée. À la rue des Postes comme à Brugelette, on vit qu'il n'avait pas bâti sur le sable.

Au P. Delvaux succéda le P. Turquand. Il avait débuté par le métier des armes. Elève de l'Ecole polytechnique et de l'Ecole d'application de Metz, puis capitaine d'artillerie en Espagne, sous les drapeaux de don Carlos, voilà ce qu'il avait été depuis sa sortie du collège jusqu'à son entrée au noviciat de Saint-Acheul à l'âge de vingt-cinq ans.

Ces antécédents, on le pense bien, n'étaient pas sans prestige à l'école Sainte-Geneviève. Pour les polytechniciens en particulier, quelle bonne for-

(1) Elle regarde d'un côté l'ancienne cour de troisième division, de l'autre la porte charretière donnant sur la rue Lhomond. — On a commencé cette année la construction de l'église.

tune de rencontrer sous la soutane du Jésuite non seulement un père, mais encore un frère aîné ! Aussi lui fit-on bon accueil. Avant d'être appelé à remplacer le P. Delvaux, le P. Turquand était recteur du collège Saint-Clément, de Metz, et là, ayant à transformer une antique abbaye en maison d'éducation, il avait mis pour la première fois la main à la truelle. Dieu sait si cet apprentissage lui fut utile dans son nouveau poste. Il poussa vivement les travaux commencés par son prévoyant prédécesseur, et le dimanche 3 octobre 1858, jour de la fête du Saint Rosaire, il eut la consolation de répandre les bénédictions de l'Eglise sur les vastes locaux que la rentrée prochaine allait bientôt remplir et que réclamait impérieusement le nombre toujours croissant des élèves.

Le P. Tournesac, l'habile architecte, avait réussi à souhait, autant du moins que le permettait l'irrégularité du terrain. En somme, c'était grand, solide, largement aéré, d'une architecture dont l'austérité n'avait rien de mesquin ni de vulgaire ; que fallait-il de plus ? Par suite de l'alignement de la rue d'Ulm, qui cadrait mal avec les dispositions intérieures, deux bâtiments allaient se rencontrer sous un angle fort désagréable ; au point de jonction s'éleva une haute tour, qui servit de cage à un escalier monumental. De la plate-forme établie au sommet, le regard, auquel le dôme du

Panthéon faisait seul obstacle, embrassait l'immense panorama de Paris et de sa banlieue.

Les élèves de l'École normale, voyant se dresser tout près d'eux cette citadelle, hochaient la tête. « Que dit-on de cela chez vous? » demandions-nous à l'un d'eux. « On dit que cela est bien grand », nous fut-il répondu. Et pourtant ce n'était pas démesuré. On avait bâti pour deux cents; avant la fin du rectorat du P. Turquand, la maison comptait plus de trois cents élèves. Heureusement que chaque dortoir était doublé d'un large corridor. Un jour vint où tous ces corridors se trouvèrent transformés en dortoirs.

Au P. Turquand succéda le P. Pillon, homme d'un cœur excellent et qui, pendant le cours d'une longue vie, toute de dévouement, s'est acquis les meilleurs titres à la reconnaissance de la jeunesse française et au respect de tous les gens de bien.

Ceux qui ont appartenu à l'école Sainte-Geneviève de 1861 à 1866 s'en souviendront : ce furent autant d'années d'expansion dans tous les sens et de prospérité croissante. Ce qu'on avait semé depuis dix ou douze ans on le moissonnait alors, non sans labeur, mais avec grande joie et consolation. L'année même où le P. Pillon quitta la rue des Postes pour aller se dépenser ailleurs, — dix-neuf élèves étaient reçus à l'École polytechnique et cinquante-cinq à Saint-Cyr. Moins nombreux, les aspirants aux autres écoles (centrale, forestière, navale) n'étaient pas moins bien partagés. On était donc, pour les études, en bonne, en excellente voie. Autre sujet de satisfaction légitime : les dettes étaient payées ; on était soulagé des charges énormes qu'il avait fallu s'imposer pour s'agrandir et pour bâtir.

En bon père de famille, le P. Pillon acheta le château d'Athis, à vingt kilomètres de Paris, sur la ligne d'Orléans. C'était tout profit pour le bon esprit et la santé des élèves. Ils y venaient, les jours de congé, oublier pendant quelques heures l'X et l'Y, respirer à pleins poumons, jouer aux boules sous une superbe charmille, puis se baigner dans un canal alimenté par la petite rivière d'Orge, qui longe tout un côté du parc et lui sert de clôture.

On y célébra quelques bonnes fêtes ; elles ne firent tort ni à la discipline ni à la préparation des examens. Ceux qui s'y connaissent diraient même que tout alla mieux. Plus d'une belle journée d'été, commencée par une grande promenade ou un pèlerinage, s'acheva dans la joie d'un banquet de famille qui réunissait, autour de tables dressées en plein air, les Pères au grand complet, les élèves de même avec bon nombre de leurs anciens camarades, toute une élite de vrais et de fidèles amis dont jamais la persécution n'avait attiédi le zèle : en première ligne ceux dont les souvenirs de collège remontaient jusqu'aux temps héroïques, jusqu'à l'âge d'or de Fribourg et de Brugelette, au total quatre à cinq cents convives.

A l'entrée de l'automne, quand tous les examens étaient passés et les élèves en vacances dans leurs familles, les professeurs et surveillants, qui l'avaient bien gagné, partaient un beau matin pour Athis avec armes et bagages. Ils n'y pouvaient rester bien longtemps; cependant ils y trouvaient un repos réparateur et la solitude à la faveur de laquelle ils retrempaient leurs âmes dans les exercices de la retraite.

Le P. Pillon appartenait à la province de Champagne; elle ne l'avait que prêté, elle le reprit. Il quitta la rue des Postes dans les premiers jours du mois d'août de 1866, et quelques mois plus tard il était provincial de Champagne.

Qui le remplacera? Beaucoup nomment le P. Ducoudray. Il peut les laisser dire, mais il y a plus. En deux ou trois rencontres, le P. de Ponlevoy, son provincial, lui a clairement donné à entendre qu'il est question de lui en haut lieu, ce dont l'humble religieux est aussi affligé que surpris. Cependant voici venir les vacances et le devoir l'appelle à Grenusse. Il s'y rend, toujours sous le coup de cette menace, et n'en fait pas moins les honneurs de la maison aux scolastiques de Laval avec sa cordialité et sa bonne grâce accoutumées. Le jour de l'Assomption il est à Laval, auprès du P. recteur de la maison de Saint-Michel. C'est là que l'attend le message tant redouté. De retour à Grenusse le même jour, il écrit au P. de Ponlevoy :

« Le P. Studer avait attendu mon apparition ce matin à Saint-Michel pour me remettre votre lettre. Peut-être avait-il pensé que je recevrais moins péniblement la croix le jour où nous fêtions le triomphe de Celle qui n'est montée sur son trône qu'à force de souffrir. Je le remercie de cette attention. Cet incident explique à Votre Révérence le retard de ma réponse. Oui, mon Rérérend Père, c'est la croix aperçue dans le lointain, il y a dix mois, puis éloignée, puis rapprochée et présentée à mon passage à Paris. Aujourd'hui : *imposuerunt... crucem portare*. Oui, et pour seule vraie consolation, j'ai hâte d'ajouter : *portare post Jesum* (1). Les mains et les pieds se laissent clouer, le cœur se laisse transpercer. En quittant le troisième an, j'ai dit sans réserve : *Paratum cor meum, Deus* (2). L'esprit serait plus rebelle; j'ai toutes les peines du monde à l'empêcher de regimber. Il faut donc lui imposer silence et lui

____

(1) « On le contraignit à porter la croix après Jésus-Christ. » Luc, XXIII, 26.

(2) « Mon cœur est prêt, mon Dieu. »

défendre de raisonner avec lui-même. Me voici tout à Notre-Seigneur, tout à la Compagnie, tout à vous, mon Révérend Père. »

Proclamé recteur le 25 août et mandé à Paris par le Père provincial, il vint enfin prendre la place qui lui était destinée, c'est-à-dire la première de toutes, dans ce même établissement où, peu d'années auparavant, il avait débuté comme auxiliaire du préfet des études. Voulant *se faire tout à tous*, il dut, dès le lendemain de son installation, se partager entre la maison de Paris, qui ne pouvait longtemps se passer de supérieur, et celle d'Athis, où les vacances fixaient encore pour quelques semaines la partie la plus militante de la nombreuse famille dont il était devenu le père. C'est de cette dernière résidence qu'il adressa la lettre suivante au P. Clairet, ce cher compagnon de ses études au scolasticat de Fourvière et de sa troisième Probation à Saint-Vincent de Laon :

« Athis 24 septembre 1868.

« Mon Révérend et bien cher Père,

« Le sacrifice a été pénible, Notre-Seigneur ne pouvait plus vivement me faire sentir la pesanteur d'une lourde croix. Mon âge, mon inexpérience, ma médiocrité, se présentaient tour à tour à mon esprit, si bien que pour être plus sage, j'ai dû me défendre de raisonner. Je me suis donc jeté tête baissée dans le pêle-mêle de cette maison. Elle est redoutable à plus d'un titre. Qu'est-ce donc pour celui qui n'avait qu'à se dire : *Ego vir videns pau- pertatem meam* (1). Me voici donc avec soixante- dix ou quatre-vingts religieux et trois cent cin- quante élèves, et quels élèves ! Le P. préfet est changé, et l'on m'a donné pour remplir ce diffi- cile office l'excellent P. Cosson dont je vous ai si souvent parlé. Je ne pouvais rêver meilleur appui.

« Il a donc fallu dire adieu à Saint-Quentin, écrire au bon curé qu'il choisît un autre prédica- teur. Cette lettre m'a coûté, je vous avoue. Il m'avait suffi de passer dans cette cité pour l'aimer. J'avais été touché du bon accueil de ses habitants, et, mes batteries bien dressées, je pouvais espérer les placer sur un terrain d'où j'aurais pu atteindre cet immense et intelligent auditoire. Notre-Sei- gneur a déjoué tous ces plans de bataille ; il a bien fait, l'amour-propre serait venu gâter mon travail ; j'aurais parlé sans mérites. Ici l'humiliation est plus sûre, les contrariétés plus fréquentes, le chemin du ciel plus assuré... »

La rentrée des classes était fixée au 9 octobre. Quand elle fut terminée, on put compter, dans les trois divisions réunies, trois cent cinquante-sept

____

(1) « Je suis un homme qui connaît sa misère. » *Thren.* III, 1.

élèves, dont cent soixante-trois anciens et cent quatre vingt-quatorze nouveaux. Le premier trimestre vit encore arriver vingt-sept nouveaux (1).

Il est à peine besoin de le faire remarquer, tant la chose est évidente ; cette proportion entre les anciens et les nouveaux, qui assure à ces derniers l'avantage du nombre, est singulièrement défavorable à l'exercice de l'autorité. Quoi qu'elle ait pu faire pour s'éclairer sur une si grande variété d'inclinations et de caractères, elle se trouvera trop souvent aux prises avec l'inconnu.

Prévoyant tout et résolu à payer largement de sa personne, comme c'était son habitude, le Père Ducoudray comptait uniquement sur Dieu. Mettre Dieu et les Saints dans ses intérêts, c'était, à ses yeux, avoir cause gagnée. Aussi priait-il beaucoup et ne se lassait-il pas de faire prier les personnes sur lesquelles il pouvait exercer quelque influence, confrères, parents, pieux amis. Dans les grandes et pressantes occasions, comme celle dont il s'agit, il redoublait ses instances et faisait rayonner la flamme de son zèle aussi loin qu'elle pouvait atteindre.

Nous ne saurions dire en combien de maisons

(1) Ils remplissaient les vides, à mesure qu'il s'en produisait par suite de départs prématurés. On nous assure que le nombre des élèves présents à la rentrée d'octobre ne fut jamais sensiblement dépassé. Il était en 1892-1893 de cinq cent quarante-huit.

il s'était ménagé de pieux auxiliaires. Mais nous
voyons, par sa correspondance, qu'en même
temps il se tournait vers Rome. Il y était attiré par
une sainte amitié qu'il avait contractée lors de
son voyage d'Italie, et qui ne devait pas lui être
moins secourable que ses meilleures amitiés de
France.

Qui ne connaissait alors notre charitable et vénéré compatriote, le P. Philippe de Villefort ? Depuis trente ans et plus que la maison du Gesù
avait le bonheur de le posséder, grâce aux importantes fonctions qu'il exerçait auprès du Père Général, combien de Français, combien d'étrangers
n'avait-il pas accueillis, et en était-il un seul dont
il n'eût gagné le cœur ? Sa porte étant toujours ouverte à quiconque venait lui demander un service
ou un conseil, le nombre des visiteurs était infini
et bien rares étaient ceux qui ne sortaient pas de
chez lui meilleurs qu'ils n'y étaient entrés.

Quand Léon Ducoudray s'y présenta en 1852, il
était tout converti et même poursuivi par la pensée, encore importune et combattue, qui devait le
conduire si tôt après au noviciat d'Angers. Il s'en
ouvrit sans nul doute et dut recevoir d'excellents
conseils.

Jésuite depuis quatorze ans, placé à la tête d'une
des maisons les plus importantes de sa province,
ayant maintenant charge d'âmes et justement pé-

nétré du sentiment de sa responsabilité, le P. Ducoudray s'estima heureux de pouvoir recourir aux prières et aux lumières d'un saint, car c'est le mot qui répond le mieux à l'idée qu'on avait généralement de la vertu du P. de Villefort. Il lui confia les projets qu'il avait conçus pour la gloire de Dieu et lui en recommanda un, entre autres, qui lui était inspiré par sa grande dévotion à saint Joseph.

Déjà, chez sa pieuse mère, saint Joseph avait été proclamé maître de la maison, le jour où sa statue était apparue pour la première fois sur le piédestal que son fidèle serviteur lui avait fait préparer au milieu des jardins de Grenusse. Toujours animé des mêmes sentiments, qu'aiguillonnait encore la perspective d'un plus grand bien, il s'était promis de ne pas faire moins à la rue des Postes que chez sa mère. En effet, dès l'année suivante, il eut la joie d'offrir ce nouveau gage de sa filiale tendresse à l'auguste et bien-aimé Patriarche.

La réponse, telle qu'il la souhaitait, ne se fit pas attendre. Il était temps. Quelques semaines plus tard, le 26 novembre à huit du matin, le P. de Villefort rendait à Dieu sa belle âme, dans la paix, dans l'humilité, dans l'amour, tel jusqu'à la fin que le dépeignait un prélat qui l'avait bien connu : « L'âme du P. de Villefort, disait-il, est un ciel toujours bleu. »

Le P. Ducoudray, qui avait compté sur ses prières, comprit qu'il y devait compter encore davantage et qu'il avait au ciel un protecteur de plus.

Quelle était en ce moment, c'est-à-dire six semaines après la rentrée, la situation à l'école Sainte-Geneviève ?

Quand on s'était trouvé au grand complet, chacun à sa place et sachant ce qu'il avait à faire, les élèves avaient préludé par une retraite aux travaux de l'année scolaire. Cela se faisait tous les ans et nous n'aurions pas jugé qu'il valût la peine d'en parler, si nous ne devions ajouter que, d'après nos informations, cette retraite ne produisit pas tous les fruits qu'on avait lieu d'en attendre. On sentait qu'un certain nombre d'âmes ne se livraient pas et faisaient leurs réserves. *Qui n'est pas avec moi*, a dit Jésus-Christ, *est contre moi*. Paroles terribles et qui, vraies pour tous les âges, le sont encore plus pour la jeunesse, où il est si naturel d'être tout un ou tout autre.

Qu'y avait-il donc? L'ordre était-il troublé? Non; mais l'élan pour le bien manquait, ou du moins laissait beaucoup à désirer, et cela seul est un grand mal.

Depuis Sadowa (juillet 1866), un mot était dans toutes les bouches: Il y a un point noir à l'horizon politique de la France. L'école Sainte-Geneviève avait aussi son « point noir », mais les suprêmes épreuves que l'on pouvait redouter, lui devaient être épargnées. Dieu lui avait donné un ange tutélaire, dont l'œil était ouvert sur les périls qui la menaçaient, un chef intrépide et généreux qui ne savait ce que c'est que de capituler avec l'ennemi.

Le jeudi 21 mars 1867, dans la cour des Saint-Cyriens, quatre élèves, faisant bande à part pendant la récréation, se livraient à une lecture qui, à en juger par leur air et leur attitude, avait pour eux l'attrait du fruit défendu. L'un d'eux faisait pour tous office de lecteur. Que lisait-il donc?

L'un des Pères surveillants s'approche et ne tarde pas à être édifié sur ce point délicat. C'était une revue fort peu scientifique et fort peu littéraire, mais très goûtée dans un certain monde parisien et, pour tout dire, tenant un rang distingué parmi les publications que la police des mœurs a le droit et le devoir de surveiller de fort près.

Le surveillant fit son devoir. Il saisit entre les mains du lecteur le corps du délit et rendit compte à son supérieur du désordre qu'il venait de constater. Le P. Ducoudray eut bientôt pris son parti. Il décida que deux des élèves incriminés seraient renvoyés, le lecteur et l'un de ses auditeurs. Pourquoi celui-là et pas les deux autres? Parce que les griefs les mieux fondés s'élevaient déjà contre cet auditeur malavisé et que cette dernière faute, ajoutée à tant d'autres, comblait la mesure. Mais les deux autres auditeurs étant jusque là irréprochables, pouvait-on leur faire payer si cher un moment d'oubli ? On n'en jugea pas ainsi et on leur fit grâce

Les deux jeunes gens que l'on venait de congédier, ayant appris leur condamnation avant qu'elle pût être mise à exécution, s'étaient flattés d'y échapper en faisant épouser leur cause à leurs condisciples et en se donnant, pour ainsi dire, toute la division pour complice. Mais les meneurs ignoraient juqu'où pouvaient aller l'abnégation et la constance de ceux auxquels ils s'attaquaient ; ils l'apprirent enfin à leurs dépens et leur défaite fut le triomphe de tout ce qu'ils voulaient renverser.

On a beaucoup exagéré alors et depuis, même à bonne intention, le nombre des élèves renvoyés en cette circonstance. Certains journaux n'ont-ils pas dit qu'il passait la soixantaine ? D'après le document authentique qui sert de base à nos calculs et d'après tous les souvenirs du temps, il est de vingt-sept : c'est bien assez.

Cependant tout cela fit grand bruit. Pendant quinze jours, non seulement dans toutes les sphères du monde enseignant et enseigné, mais encore dans les salons il ne fut guère question d'autre chose. Si, çà et là, le P. Ducoudray et ses collègues virent la conduite qu'ils avaient tenue dans cette grave affaire en butte à quelques censures, ils eurent de quoi se consoler, car les juges vraiment impartiaux et désintéressés leur donnèrent partout raison. Deux hommes qu'on était sûr de rencontrer au premier rang dès qu'il s'agissait d'une infortune à soulager, d'une œuvre catholique à soutenir ou d'une noble cause à défendre, le vicomte de Melun et Augustin Cochin, ayant appris par quels moyens héroïques notre vénéré recteur avait sauvé l'honneur et l'avenir de l'établissement qu'il dirigeait, vinrent lui serrer la main et le féliciter de sa généreuse inflexibilité, dont ils comprenaient toute la grandeur.

Ajoutons ce trait peut-être unique en son genre. Tandis que tant d'autres mères, aveuglées par leur tendresse, ne songeaient qu'à excuser leurs enfants, dont elles voulaient obtenir la grâce à tout prix, une femme d'un grand cœur et d'un grand nom, obligée de reprendre son fils, applaudissait hautement à une fermeté dont elle était la victime à la fois la plus soumise et la plus douloureusement atteinte.

Le P. Ducoudray s'est toujours félicité de n'avoir pas transigé avec la rébellion. Assurément les sentences rigoureuses qu'il a prononcées tant de fois et n'a jamais voulu révoquer, ont dû coûter à son bon cœur, mais elles n'ont point pesé sur sa conscience. Deux mois avaient passé sur ces événements lorsqu'il écrivait à l'un de ses confrères de la Province de Lyon :

« Je n'aime pas à frapper, mais les rudes coups sont quelquefois nécessaires. J'ai acquis au loin la réputation de *dur* de *cruel*. Que voulez-vous ? Quand les nôtres font leur devoir, j'ai pour principe de les soutenir, dussé-je briser, comme je l'ai fait, vingt-sept élèves. Nous sommes chez nous, et les élèves ne sont pas chez eux ; par conséquent ce sont nos principes et notre éducation qu'ils doivent accepter sous peine d'exclusion. Ces jours ont été pénibles ; vous devinez quelles séances de parloir, quelles réclamations, quelles agitations. Trois fils de généraux se trouvaient atteints, trois fils de colonels, d'autres fils de hauts personnages... J'ai été inflexible, je n'ai pas repris un seul des élèves renvoyés (1). »

Le P. Ducoudray avait vu de ses yeux combien l'autorité, même la plus vigilante et la plus ferme, se trouve mal à l'aise en présence d'une division « composée d'élèves venus des quatre vents du ciel ». Il s'était promis de porter remède au mal et il tint parole. Son premier soin fut d'être sévère pour les admissions et de n'accepter que sous bénéfice d'inventaire les recommandations com-

(1) Lettre au P. Clairet.

plaisantes, les renseignements plus ou moins suspects d'optimisme.

Il avait en cette matière des principes très nets, dont nos lecteurs ont appris quelque chose par ses lettres à M. de la Broise. Quelle a été la première éducation, celle que l'enfant a reçue dès le berceau ? A-t-il grandi sous les yeux d'une mère chrétienne ? Si c'était oui, il reconnaissait à ce signe un de ses élus, un de ceux sur lesquels il fondait les meilleures espérances. — Mais si c'était non, aurait-il prononcé une exclusion préventive ? — Nous n'irons pas jusque-là. Toujours est-il qu'à ce moment il se montra très exigeant sur la qualité des sujets et que, par suite, le nombre baissa.

A la dernière rentrée, celle d'octobre 1866, on avait compté deux cent vingt-quatre nouveaux ; il n'y en eut que cent quatre-vingt-sept en octobre 1867.

On reculait donc ? — Point du tout ; on avançait, mais de la bonne manière. La partie était gagnée. Jamais l'autorité ne s'était affirmée avec tant d'énergie ; désormais elle se sentit assise sur sa vraie base et ne fut plus contestée.

CHAPITRE VII

Le P. Ducoudray était sorti vainqueur de la lutte. Subjugué par sa vigueur, l'esprit d'indiscipline avait complètement désarmé. Du même coup s'était évanouie l'étrange prétention qu'un certain nombre d'élèves avaient pris à tâche de faire prévaloir. Ils n'avaient, disaient-ils, à rendre compte à personne de ceux de leurs actes qui, n'étant pas en désaccord formel avec les prescriptions réglementaires de l'école, ne relevaient que de leur conscience. C'était au centre de cette même conscience, sur le fondement de la foi, que le P. Ducoudray voulait placer le point d'appui sans lequel il ne pouvait faire œuvre d'instituteur chrétien.

8

Comment sut-il user de sa victoire et la faire
tourner au profit des jeunes gens qui traversaient
sous sa conduite l'une des périodes les plus critiques et les plus décisives de leur vie ? Les souvenirs et les témoignages de ses dignes coopéra-
teurs vont nous l'apprendre. A titre de témoins
bien informés, nous citerons le P. Chauveau, le
P. de Régnon et le P. Cosson qui ont vécu plusieurs années dans une étroite intimité avec le
vénéré recteur de l'école Sainte-Geneviève.

« J'ai connu le R. P. Ducoudray, nous dit le
P. Chauveau, durant les quatre années de son
rectorat. Les relations intimes que j'eus avec lui,
m'inspirèrent, dès les premiers jours, un sentiment de religieuse estime et de profonde affection
pour cette grande âme à la fois si douce et si forte,
uniquement préoccupée des intérêts de la plus
grande gloire de Dieu. Il s'était passionné pour un
but qui est l'une des fins essentielles de la Compagnie de Jésus, à laquelle il avait consacré sa vie,
l'éducation chrétienne de la jeunesse.

« Je n'apprendrai rien à ceux qui ont eu l'heureux privilège de le connaître, en disant que ce
fut là son unique ambition, le principal objet de
toutes ses prières, le centre de toutes ses pensées
et de tous ses désirs, l'idée fixe qui le poursuivait
sans cesse. Depuis le jour où il fut placé à la tête
de l'école Sainte-Geneviève, devenue plus floris-

sante que jamais sous sa paternelle et ferme administration, tout pour lui fut subordonné à ce but suprême : former une jeunesse chrétienne et croyante qui devienne pour la France un espoir de salut.

« Certes, il ne négligeait pas les moyens qui peuvent imprimer aux études une impulsion plus énergique, et les nombreux succès obtenus aux diverses écoles, durant les années de son rectorat, le prouvent assez. Mais s'il se réjouissait de voir ses élèves réussir dans leurs examens, s'il applaudissait à leurs triomphes, c'est qu'il y trouvait un moyen efficace pour réaliser le plan dont l'exécution lui était confiée. Il voulait par-dessus tout, en développant l'intelligence, fortifier la foi, et associer ainsi les avantages d'une instruction solide au bienfait par excellence d'une éducation vraiment religieuse : et chaque fois qu'il parlait en public, il ne cessait de rappeler que, pour être un homme utile à son pays, il faut apprendre dès l'enfance à unir le travail à la piété. »

Le P. Chauveau nous fait aussi connaître les remarquables aptitudes oratoires dont était doué le père Ducoudray et l'usage qu'il en savait faire lorsqu'il parlait, comme il lui arrivait si souvent, du pied de l'autel.

« Sa voix, très étendue, dit-il, se faisait très facilement entendre dans les plus vastes enceintes ;

à la fois forte et douce, elle se prêtait à toutes les inflexions et traduisait sans peine toutes les nuances des sentiments qu'il voulait exprimer… Son maintien tout ensemble modeste et distingué, sa parole chaleureuse et convaincue, en un mot les qualités les plus propres à inspirer la sympathie captivaient l'attention de l'auditoire, tellement qu'on sortait toujours de ses instructions avec la résolution de devenir meilleur. Quand il était sous le coup d'une forte émotion, son cœur, si sensible et si impressionnable, s'abandonnait tout entier à l'expression de ses craintes ou de ses douleurs, et il trouvait des accents qui arrachaient les larmes. On entrevoyait alors la beauté de cette âme vraiment sacerdotale, si aimante pour ceux qui lui étaient confiés ! »

« Dans ce qui touche à l'honneur du culte divin, dit à son tour le P. de Régnon, le R. P. Ducoudray aimait à être magnifique. Une des préoccupations qu'il s'était pour ainsi dire réservées, c'était l'ornementation de la chapelle des élèves. « Il faut, disait-il, que tout soit très bien. »

« C'est le même sentiment qui le faisait aimer d'assister aux belles cérémonies religieuses dans les grandes églises de Paris. Lorsqu'il avait pu, ce qui était très rare, entendre un beau sermon et un beau salut en musique, il était reposé pour quinze jours. »

S'il eût vécu, le P. Ducoudray aurait bâti l'église dont le P. Delvaux avait posé la première pierre : c'était s'était son vœu le plus cher. En attendant des temps meilleurs, et ils étaient encore loin, une vaste salle rectangulaire et plafonnée servait de chapelle ; tout ce qu'on pouvait faire, c'était d'orner l'autel et le tabernacle ; il s'y employa de tout son cœur et y fit merveilles. Les jours de fête, la nudité du sanctuaire disparaissait sous les candélabres et les fleurs. En même temps, le trésor de la sacristie s'enrichissait de vases d'autels et d'ornements magnifiques ; en un mot, quand il s'agissait du service divin, rien n'était ni trop beau ni trop cher.

Le P. Cosson dit beaucoup de choses en peu de mots : « Qui l'avait une fois connu, aurait voulu ne jamais le quitter. Au reste, ajoute-t-il, comment aurait-il pu en être autrement lorsque, dans tous ses discours, il ne savait que nous répéter que nous devions avant tout et par-dessus tout cher-cher à former des chrétiens. Le succès, sans rien négliger pour l'assurer, il ne le mettait qu'en se-conde ligne. On l'entendait souvent répéter : « Soyons bons religieux et nos élèves seront bons chrétiens. »

Au début de son rectorat, une retraite infruc-tueuse avait été suivie d'une année orageuse. Il n'avait pas attendu jusque-là pour comprendre ce que vaut, même au seul point de vue de la discipline, un si puissant moyen de réforme intérieure. Mais il savait aussi que ce n'est pas l'affaire du premier venu de parler aux élèves d'une école préparatoire et qu'il y faut des qualités à part, accompagnées d'une expérience qui ne s'acquiert pas toujours par un exercice prolongé du saint ministère dans une sphère toute différente.

Le choix d'un prédicateur de retraite était pour lui l'objet d'une sérieuse délibération. Aussi eut-il toujours la main heureuse. Parmi ceux de ses frères dont il réclama le concours, je distingue le P. Olivaint et le P. Hubin, qui l'auraient certainement choisi lui-même s'ils se fussent trouvés à sa place : tous les trois également chers à la jeunesse catholique qui ne leur a pas été ingrate et continue à honorer leur mémoire, en mettant à profit leurs conseils et en s'efforçant de marcher sur leurs traces.

Il prenait des soins infinis pour perpétuer les fruits de la retraite et naturellement il faisait servir à ce but les fêtes de l'Eglise. Mais il y a quelquefois loin d'une fête à l'autre, et les faibles sont exposés à défaillir en chemin. Sa paternelle sollicitude s'ingéniait à multiplier ces étapes réconfortantes. De fait, il ne s'écoulait jamais six semaines sans que tous fussent invités, au nom d'une dévotion qui parlait au cœur, à puiser une nouvelle vie aux sources du Sauveur. On était averti plusieurs jours à l'avance, et la préparation était d'autant plus fervente qu'on avait conscience de ne subir aucune pression et d'être à l'abri de tout prosélytisme indiscret. Il aimait, ces jours-là, à célébrer lui-même et à offrir le Saint Sacrifice pour ses enfants. A la communion, c'était la majorité des élèves qui s'ébranlait pour aller recevoir de sa main le pain des anges. Profondément ému et le visage rayonnant, si, au sortir de la chapelle. il rencontrait le P. préfet : « Oh ! lui disait-il, quelle modestie et quelle piété je trouve à beaucoup d'entre eux ! » La journée était bonne pour lui. bonne pour ces jeunes gens, bonne aussi, cela va sans dire, pour le travail de la semaine.

Le 25 janvier 1860, le P. Ducoudray écrivait au Père Breck à Laval. « La nouvelle du jour, c'est la fête de sainte Geneviève célébrée hier pour la première fois.

« Le Père de Guilhermy avait obtenu de Rome l'autorisation de célébrer la fête de notre sainte patronne, l'un des dimanches de janvier à notre choix (1). Il fallait donc annoncer ce privilège et

(1) En vertu d'un privilège octroyé par Pie IX, la fête de sainte Geneviève se célébrait dans la chapelle des élèves, le troisième dimanche après l'Epiphanie. La patronne de Paris était tout spécialement celle de la maison : PATRONA CIVITATIS

le faire parfaitement accepter aux élèves. Vendredi matin, à la messe, je leur parlai sur le patronage d'un saint, sur sainte Geneviève, et je leur dis que ce culte était essentiellement catholique et éminemment français. Bref, les voilà pris. L'important était de préparer un bon coup de filet à donner au confessionnal. Hier, nous avons eu trois cents communions à la messe du matin, puis à huit heures et demie grand'messe, messe de Cherubini admirablement exécutée par des artistes ; dans la journée de longues récréations avec patinage, ce qui ne nuit à rien, surtout quand un diner de première classe vient donner de l'élan aux jambes de toute cette jeunesse. Le soir, vêpres et salut très solennel.

« Enfin le banquet, partagé par de hauts personnages et bon nombre d'anciens élèves, comme à la fête du Saint-Sacrement. »

Ces quelques lignes nous révèlent toute la politique du Père Ducoudray, politique surnaturelle s'il en fût, aidée de quelques moyens humains les plus innocents du monde. — L'important, il n'y a pas à s'y tromper, c'est le grand coup de filet au confessionnal, suivi de trois cents communions, et toutes parfaitement spontanées, quelle force !

ET NOSTRA, lisons-nous sur le piédestal de la statue que le P. Ducoudray fit ériger « sous le sorbier du jardin, » et qu'on voit aujourd'hui au milieu de la cour d'entrée de l'école.

L'école sans Dieu ne connaît pas ces ressorts qui ont prise sur les consciences ; elle a beau faire, elle ne parviendra pas à les remplacer. Les maîtres chrétiens savent à quoi s'en tenir, et l'exemple que nous leur mettons sous les yeux n'est qu'un encouragement de plus ajouté à tant d'autres qu'ils puiseront dans leur propre expérience.

Après Pâques, l'Ascension et la Pentecôte, voici venir la Fête-Dieu, qui résume en un seul mystère tous les miracles de l'amour divin. La période des examens est ouverte ou va s'ouvrir. Le jeune homme, qui a vécu jusque là sans souci du lendemain, voit pour la première fois suspendu à un fil l'avenir de ses rêves et de ses naissantes ambitions. Jamais la foi, dont les promesses n'ont rien d'illusoire, ne lui fut plus nécessaire.

C'était le chef-d'œuvre du Père Ducoudray. Son tendre amour pour Jésus-Christ caché sous les voiles eucharistiques, joint à son zèle incomparable pour le salut des âmes qui lui étaient confiées, ne lui eut pas laissé de repos si, par sa faute, il eût manqué quelque chose à l'éclat de cette auguste solennité. Longtemps à l'avance, il avait tout prévu, tout combiné. Par ses soins, le jardinier avait tellement gouverné ses cultures que la procession du Saint-Sacrement, venant à se dérouler autour de la pelouse, trouvait fleurs et gazons parés de toutes leurs grâces printanières et en véritable tenue de fête. Au Père ministre qui, ayant à régler avec lui le programme de la journée, s'informait de ses intentions : — *Quantum potes, tantum aude !* répondait-il avec élan.

Ses amis savaient que, pour lui être agréables, ils n'avaient qu'à lui envoyer des fleurs, et il mettait lui-même à contribution non seulement les jardins de Paris et de la banlieue, mais encore, en dépit de la distance, ceux qu'arrosent les eaux de la Mayenne et de la Jouanne. Et les fleurs arrivaient à point nommé.

On l'a compris, Laval et Grenusse payaient chaque année ce gracieux tribut à l'école Sainte-Geneviève.

Depuis quinze jours trois reposoirs sont en construction. Après avoir inspiré et approuvé les plans, le P. Ducoudray surveille l'exécution et communique aux travailleurs les ardeurs de son zèle. Enfin le grand jour arrive. Dieu soit loué ! Pendant que les reposoirs s'élevaient, les tabernacles vivants se sont ornés et purifiés. A la première messe, le nombre des communiants égale, ou peu s'en faut, celui des élèves. Les offices solennels du matin et du soir et les études alternant avec les récréations remplissent le milieu de la journée, dont les dernières heures sont réservées à la procession.

Elle est présidée par un prince de l'Église et

c'est d'ordinaire le nonce apostolique, depuis cardinal Chigi, la dignité simple, la modestie, la piété mêmes. L'étole et la chape lui reviennent de droit, mais sa frêle constitution ne lui permettant pas d'accepter un honneur qui n'est pas sans fatigue, c'est au supérieur de prendre sa place. Le Père Ducoudray porte donc le Saint-Sacrement, visiblement ému du bonheur qui lui est échu et qui durera autant que la marche triomphale. Quarante prêtres le précédent, revêtus de riches ornements d'or et de soie. Le nonce suit, un cierge à la main et entouré de tout un groupe d'invités de distinction, députés, magistrats, officiers supérieurs et généraux, les uns tenant les cordons du dais, les autres formant l'escorte d'honneur. Puis, des officiers de tout grade, des élèves des Ponts et Chaussées et des Mines, enfin en grande tenue et en nombre imposant, des élèves de l'École polytechnique et de Saint-Cyr, tous enfants de la maison et heureux de donner l'exemple à leurs futurs camarades.

Je ne dis rien de la foule, amis, parents, voisins, à laquelle on avait ouvert assez largement la porte. Elle était certainement édifiée, et en vérité il y avait de quoi. Je note un détail caractéristique, un contraste charmant qui n'échappait à personne.

Lorsque le P. Ducoudray n'était encore que sous-préfet, il avait eu l'idée, qui parut hardie

alors, de recruter parmi les élèves une petite
troupe choisie d'enfants de chœur. L'essai avait
réussi et la petite troupe était devenue légion.
Pour la Fête-Dieu tous étaient sur pied, portant
de la meilleure grâce du monde, par dessus leurs
aubes brodées, des ceintures de moire écarlate
aux longs bouts flottants.

Tel jeune homme de haute mine et d'allure
martiale, qui deux ou trois ans plus tard ne devait
plus marcher que l'épée au côté, balançait l'encen-
soir d'or devant le Saint-Sacrement. Les petits
marins jetaient les fleurs à pleines mains ; ils y
allaient de tout cœur et les vives impressions de
la foi se reflétaient sur leurs visages, où brillait la
modestie.

Trois cents élèves ouvraient la marche. Leur
attitude n'avait rien d'officiel ni de guindé, mais
il fallait voir de quel élan spontané ils fléchissaient le genou à l'approche de l'invisible Majesté,
qui recueillait sur son passage les hommages de
ses fidèles serviteurs. Trois fois, du haut des reposoirs, le Père recteur bénissait, par la main de
Notre-Seigneur, l'assistance recueillie et pros-
ternée au premier rang de laquelle s'offraient à
ses yeux, ici les religieux ses frères, là les élèves
ses enfants.

Quand une dernière bénédiction, donnée à la
chapelle, avait couronné la cérémonie, les invités

étaient conduits au réfectoire des Pères pour prendre part à un banquet de cent soixante à cent quatre-vingts couverts, où régnait la plus douce cordialité.

Et quand ces mêmes invités, depuis le nonce du Saint-Père jusqu'au simple saint-cyrien, avaient pris congé de la communauté ; quand les élèves étaient montés au dortoir et que tout reposait dans la maison, le P. préfet s'acheminait vers la chambre du P. recteur qui lui avait donné rendez-vous et qui, tout transporté de joie, se jetait à son cou en lui disant : « Oh ! bénissons Dieu, qui se montre si bon pour nous, remercions-le des grâces qu'il vient de répandre sur cette maison. Il me semble qu'il a été bien honoré ici aujourd'hui et que cette journée laissera un bon souvenir dans le cœur de nos élèves. » Là-dessus on s'entretenait quelque temps de la manière dont les choses s'étaient passées, puis on s'occupait de la fête qui allait suivre, car le zèle du P. recteur ne connaissait pas le repos.

Quand le P. Ducoudray, avec son digne chef d'état-major, traçait son plan de campagne d'après une stratégie généralement inconnue aux établissements laïques, il savait parfaitement à quelle sorte de jeunes gens il avait affaire et à quel point il pouvait compter sur eux.

Dès son entrée en charge, il s'était fait un devoir et une habitude d'étudier avec soin leurs dispositions intimes, les besoins de leur âme, leurs inclinations, leur caractère. Il tenait, dit le P. Cosson, à connaître les élèves, à les encourager ou, s'il y avait lieu, à les réprimander lui-même. Aussi, lorsque ses occupations le lui permettaient, deux fois par jour il en faisait mander chez lui quelques-uns. Tous venaient ainsi à leur tour causer avec lui. Il suivait l'ordre alphabétique, à moins qu'il ne fût plus à propos d'en adopter un autre.

Et tous ouvraient leur cœur, tous sortaient de chez lui avec le désir de mieux remplir leur devoir. Au reste, tous les jours et à toute heure ils pouvaient aller frapper à sa porte, sûrs d'être accueillis avec bonté. Si l'élève s'était rendu coupable d'une faute qui exigeât son renvoi, le Père recteur trouvait encore moyen de lui faire entendre raison et la séparation se faisait avec douleur de part et d'autre.

Telle était d'ailleurs son activité, stimulée par une ardente sollicitude, que les élèves, qui le rencontraient un peu partout sur leur chemin, se plaisaient à dire qu'évidemment il avait reçu du Ciel le don d'*ubiquité*. La discipline y gagnait sans doute, car on le savait doué d'une vue perçante à laquelle rien n'échappait de ce qui se passait dans la maison. Mais s'il se prodiguait, c'était surtout

par le désir dont il était possédé de ne laisser en
souffrance aucun des besoins de ses chers enfants.

Il n'avait garde d'oublier que les écoliers, si
parfaits qu'on les suppose, ne sont pas précisément de purs esprits, et que les polytechniciens
eux-mêmes ne vivent pas uniquement de mathématiques. Aussi voulait-il que la nourriture fût
toujours bonne et saine, sans recherche néanmoins, excepté les jours de fête. Et il allait à la
cuisine, au réfectoire, voir si ses ordres étaient
exécutés, et si les élèves étaient bien servis. Quand
il apprenait qu'ils étaient contents, il était content
lui-même.

Qu'on n'aille pas croire, au moins, que, les aimant si tendrement, il les gâtait. On a déjà eu,
dans ce qui précède, la preuve du contraire, et
l'on sait le jour où, sentant la nécessité d'une ré-
pression énergique, il lui arriva de dire : *Je serai
de fer*. Sa conduite en cette occasion mémorable
et en beaucoup d'autres, dont ses collaborateurs
les plus intimes ont seuls gardé le souvenir, lui
était dictée par des convictions profondes, iné-
branlables et de l'ordre le plus élevé. Le P. Chauveau qui les partageait, et en qui elles n'avaient
fait que se fortifier depuis qu'il dirigeait un collège de six cents élèves (1), lui rend ce témoignage :

(1) L'école libre de l'Immaculée-Conception à Vaugirard.

« Le P. Ducoudray avait un vrai culte pour le principe d'autorité. Pour lui, l'éducation chrétienne devait être avant tout une école d'obéissance et de respect, où le jeune homme, par une soumission volontaire à la règle, apprend à se commander à lui-même pour diriger dans la suite plus sûrement les autres. Un refus d'obéissance n'était jamais excusable, et sur ce point, il n'admettait aucune transaction. L'observation de la règle lui apparaissait comme l'un des meilleurs moyens d'assouplir et de fortifier le caractère, et de préparer ainsi des âmes vaillantes, capables de soutenir bravement les combats de la vie.

« Je crois utile de signaler à ce propos l'opinion du P. Ducoudray sur la théorie tout à fait moderne, d'après laquelle un enfant doit être émancipé de bonne heure, sous prétexte qu'il apprend ainsi à faire un discret usage de la liberté dont il jouira plus tard : système faux et désastreux qui place prématurément un jeune homme en face de séductions dont il ne voit que l'aspect attrayant, le jette au milieu de la mêlée quand il n'est pas encore suffisamment armé pour la lutte, et le livre sans défense aux ennemis de sa foi et de ses mœurs.

« Exposer un enfant à de mauvaises influences afin de l'aguerrir, c'était, d'après le P. Ducoudray, rendre sa défaite certaine et compromettre son avenir. Aussi, maintes fois, l'ai-je entendu blâmer la conduite de ces parents qui permettent à leurs enfants presque toute lecture, les conduisent au théâtre et dans les fêtes les plus mondaines, pour qu'ils fassent peu à peu l'apprentissage de la vie. Agir ainsi, disait-il, c'est détruire souvent en peu d'heures les patients et longs efforts d'une éducation chrétienne ; ce n'est point l'apprentissage de la liberté, mais celui du vice et de la licence.

« Au sortir du collège, il est vrai, la vigilance des parents ne pourra plus s'exercer d'une manière aussi minutieuse, et le jeune homme se trouvera plus ou moins affranchi de la tutelle quotidienne qui a préservé son enfance de tout mauvais contact ; mais alors, il trouvera dans sa raison et sa conscience mieux éclairées, dans les habitudes de foi et de piété contractées au collège et au foyer de la famille, une force de résistance qui lui permettra de combattre avec succès toute influence malsaine. Exposé trop tôt aux attaques des passions, la crise pour lui eût été fatale ; mûri par l'âge et l'expérience, mieux affermi par la pratique du bien, entouré d'amis élevés dans les mêmes principes, prémuni d'avance par de sages conseils contre les périls qui l'attendent, il se trouvera dans les meilleures conditions pour garder son âme croyante et pure. »

Un mot des anciens élèves, l'honneur et la joie

de l'école Sainte-Geneviève, comme ils le sont
d'ailleurs de toute maison où l'éducation est fortement imprégnée de la pure sève du christianisme.
En grande majorité, ils restaient les fidèles amis
et, autant que possible, les habitués de l'école.
Dans les grandes occasions, les plus jeunes se
voyaient réunis à leurs aînés dont plusieurs
étaient en possession d'assez beaux états de services dans leurs carrières respectives.

Le P. Ducoudray les connaissait tous. Ceux-ci
étaient contemporains de son rectorat, ceux-là de
sa sous-préfecture, les autres l'avaient rencontré
en venant voir leurs anciens maîtres et n'avaient
pas tardé à se trouver avec lui sur le pied d'une
grande confiance, sinon d'une véritable intimité.
Les témoignages de leur tendre et filiale vénération ont éclaté, à sa mort, d'un bout à l'autre de
la France (1).

Que n'eût-il pas fait pour eux ? Il les traitait en
vrais enfants de la maison, jamais plus heureux
que lorsqu'ils acceptaient d'aller passer une belle
journée d'été sous les ombrages du parc d'Athis,
où ils pouvaient se regarder comme chez eux. Ils
éprouvaient une agréable surprise lorsque, après
plusieurs années d'absence, il les reconnaissait à
première vue et mettait sans hésiter leur nom sur

(1) Voyez entre autres une lettre signée B dans la *Décentralisation* du 12 juin 1871.

leur visage. C'est que les noms et les traits de chacun d'eux étaient gravés dans son cœur.

La fête du P. recteur, la sienne, qui se célébrait aux environs de la Pentecôte, était plus encore celle des anciens élèves. Le banquet de famille, préparé en leur honneur, comptait bien, si je ne me trompe, de trois à quatre cents convives. Leur joie était grande de se retrouver, sous son regard paternel, en présence des meilleurs souvenirs de leur vie et de lui offrir, le verre à la main, des hommages bien sentis, dont les traits les plus vifs étaient soulignés au passage par des murmures approbateurs et de discrets battements de mains. Lorsque ensuite il se levait pour répondre et prononçait d'une voix vibrante une de ces allocutions à la fois souriantes et pathétiques, où il excellait à semer les allusions délicates, il y mettait tant de sincérité et de feu, qu'au bout de quelque temps il y avait des larmes dans tous les yeux. Quand il cessait de parler, on applaudissait à tout rompre.

Il connaissait le jeune homme et savait manier son cœur. S'il jugeait à propos de ramener au sentiment du devoir une conscience prête à s'égarer, il évitait avec le plus grand soin d'éveiller les susceptibilités dont il lui était d'autant plus facile de se rendre compte qu'il les avait éprouvées lui-même. Il se souvenait que, lorsqu'il était venu faire son droit à Paris et s'était vu pour la première fois maître de lui-même autant qu'on peut l'être à cet âge, il n'était pas moins qu'un autre jaloux de sa liberté. Bien résolu à ne point s'écarter du droit chemin, il lui déplaisait d'être surveillé de trop près. Autant qu'il avait dépendu d'elle, madame Ducoudray ne lui avait pas mis la bride sur le cou, et lorsqu'elle venait le voir dans le cours de l'année, elle laissait assez paraître un excès de sollicitude dont il n'était pas flatté. C'est alors qu'elle allait trouver le P. de Ponlevoy et lui parler de son fils; à en croire l'excellente femme, « ce garçon-là » regimbait. Le P. de Ponlevoy souriait et répondait sur un ton très propre à dissiper les alarmes de la pauvre mère. Y parvenait-il? Ce n'est pas bien sûr.

Singulière rencontre! A vingt ans de distance, l'étudiant en droit, à qui Dieu réservait une vocation plus haute, est appelé à intervenir, comme prêtre et directeur des âmes, dans des circonstances identiques, ou peu s'en faut, à celles où il avait jadis figuré à un tout autre titre. Il s'agit aujourd'hui d'un jeune officier pour lequel, à raison d'une alliance qui le rattache de très près à sa famille, madame de Vaubernier a des sollicitudes vraiment maternelles. Comme elle vient à penser que la fidélité de cette âme aux grands devoirs du christianisme a besoin d'être excitée et qu'elle est déjà peut-être en défaut, voulant en avoir le cœur net, elle s'adresse à son frère absolument comme madame Ducoudray s'adressait en pareil cas au Père de Ponlevoy. Voici la réponse du Père Ducoudray. Nous pensons que le Père de Ponlevoy ne l'eût point désavouée.

« Paris, 18 avril.

« Ma chère sœur,

« C'est ce matin seulement que j'ai pu voir le P. Lefebvre. Il n'a pas vu M.*** à son passage à Paris (1). Je l'ai vu en visite, et c'est tout.

« Prenez garde de manquer de discrétion en exigeant à l'extrême. Je connais tel jeune homme qui a cessé de pratiquer, parce que des parents très proches le pressaient et revenaient sans cesse sur la question. Sans doute, c'est un très grand malheur de voir des jeunes gens cesser l'accomplissement du devoir pascal; mais c'est encore plus malheureux de les voir s'éloigner du bon Dieu sous la pression qui veut les y ramener. Sache bien qu'aujourd'hui les jeunes gens deviennent si susceptibles, si chatouilleux, si difficiles à toucher, qu'à leur appréciation, le conseil donné avec le plus de délicatesse, ils le

(1) Le Père Lefebvre, qui habitait la rue de Sèvres, avait une nombreuse clientèle d'hommes et de jeunes gens.

prennent pour un reproche; ils s'éloignent, ferment leur cœur et ne reviennent plus. Cet éloignement et cette contrainte sont le mal le plus à craindre; il faut le conjurer à tout prix.

« Donc, de grâce, pas trop d'instances sous peine de tout gâter. Prudence, discrétion; attendre l'heure de Dieu et de la grâce, prier, se montrer plus aimable que jamais, voilà la science de ramener les âmes. Un conseil bien donné, mais à l'occasion toute naturelle et sans la forcer; elle se présente rarement.

« Les jeunes gens sont très fins et détestent tout ce qui sent l'inquisition. Il suffirait que M.*** ait pu *soupçonner* qu'il était recommandé au P. Lefebvre et à moi, que l'on s'informerait près de nous s'il s'était confessé, pour qu'il soit allé chercher le prêtre le plus inconnu du monde, avec la pensée que vous n'auriez pas à lui demander compte de sa conduite.

« J'ai été moi-même dans ces sentiments. Je connais quantité de jeunes gens qui partagent exclusivement cette manière d'agir... »

Cet incident de la vie intime du P. Ducoudray n'est pas indifférent, ce semble, car il nous livre en quelque sorte le secret de son remarquable ascendant sur la jeunesse. On le voit donc : son zèle était un harmonieux assemblage de qualités qu'il est donné à bien peu d'hommes de faire ainsi marcher de compagnie. Le discernement, le tact, la mesure n'y jouent pas un moindre rôle que l'ardente ambition de conquérir les âmes, et, pour tout dire, on vit rarement un cœur plus chaud servi par une raison plus ferme et plus maîtresse d'elle-même. C'est le témoignage unanime que se sont plu à rendre au P. Ducoudray tous ceux qui, ayant vécu sous sa conduite et partagé ses travaux, ont été appelés après sa mort à déposer sur ses sentiments et sur ses actes (1).

(1) Les dépositions auxquelles nous nous référons font partie d'un procès juridique ouvert par Son Em. le cardinal Guibert, archevêque de Paris, à l'effet d'obtenir l'introduction de la cause des cinq Pères de la Compagnie de Jésus, mis à mort par la Commune, les 24 et 26 mai 1871.

CHAPITRE VIII

Assurés qu'ils sont d'être crus sur parole et de
n'avoir à craindre aucune contradiction, les
témoins que nous invoquions tout à l'heure aiment
à rappeler combien leur vénéré supérieur était
cher à tous les religieux dont il pouvait à bon
droit se regarder comme le père. Écoutons d'abord
le P. Chauveau nous redire toute la sollicitude du
P. Ducoudray pour les professeurs de l'école
Sainte-Geneviève.

« Dans une maison où chaque année de sérieux
examens doivent décider de l'avenir d'un jeune
homme, un dévouement à toute épreuve est, plus
qu'ailleurs, nécessaire. Il faut avoir vécu dans
cette école pour se rendre compte des fatigues
excessives auxquelles sont assujétis durant toute

une année les maîtres qui remplissent ces pénibles fonctions de préparateur. A peine le succès a-t-il couronné leurs efforts, que l'heure de la rentrée sonne et leur impose le devoir de reprendre le même travail avec une nouvelle génération d'élèves. Le P. Ducoudray avait le don de stimuler la bonne volonté de tous, relevant les courages parfois un peu abattus, félicitant les uns, consolant les autres, trouvant dans son cœur paternel une bonne parole pour chacun de ses frères. Il savait si bien parler de Dieu, de la sainteté de notre vocation et des devoirs qu'elle impose, du bien qu'il nous était possible de faire en dépit de tous les obstacles, des heureux résultats obtenus par l'éducation chrétienne, que nous ne le quittions jamais sans nous sentir animés d'un zèle plus ardent et prêts à tenter même l'impossible pour la plus grande gloire du Dieu que nous servons. »

Le P. Cosson ne tient pas un autre langage et il nous suggère une observation dont il importe de tenir compte. Dans un collège de lettres, où l'on vit en quelque sorte continuellement avec les grands écrivains et les grands orateurs de tous les temps, y compris Bossuet et saint Jean Chrysostôme, on amasse des richesses intellectuelles dont on trouve plus tard l'emploi dans l'exercice des fonctions apostoliques. Un professeur d'humanités et de rhétorique devient facilement un prédicateur. Mais un professeur de mathématiques, s'il a passé la quarantaine, sera-t-il en mesure de composer des sermons ? S'il n'est plus capable d'un tel effort, il n'a en perspective qu'une existence bien monotone. Je suppose qu'il était réellement né pour l'éloquence de la chaire. Comprenez-vous le sacrifice qu'il a fait en se renfermant, jeune encore, dans une école préparatoire ? Il n'est pas étonnant qu'en pareil cas plus d'un collaborateur du P. Ducoudray ait senti par moments son courage faiblir. « Mais il savait faire sonner si haut à tous les cœurs la gloire qu'il y a à servir Dieu qu'on était content et, sans préoccupation de l'avenir, on se livrait avec joie à l'occupation du moment. »

Les lignes suivantes nous révèlent des délicatesses de conscience inconnues aux âmes vulgaires et des scrupules de charité auxquels nous ne pouvons qu'applaudir : « Une de ses grandes préoccupations était de ne blesser personne, et quelquefois, après ses exhortations domestiques, il me disait : « Je n'ai blessé personne, n'est-ce pas ? » — Une seule fois, ayant eu l'occasion de lui dire que quelqu'un avait cru voir une allusion désobligeante là où il n'y en avait pas : « Que je vous remercie, me dit-il, ayez soin de m'avertir toujours ainsi, car, pour rien au monde, je ne

voudrais faire de la peine à qui que ce soit. »
Aussi la maison offrait-elle le spectacle d'une paix
et d'une concorde vraiment admirables, et tous
étaient prêts à se sacrifier à l'exemple de leur Père
recteur. Cette crainte de froisser les siens par une
parole tant soit peu sévère, il l'avait aussi à l'égard
des élèves, et il ne prononçait jamais un discours,
une allocution, sans demander ensuite : « N'ai-je
blessé personne ? »

Tels sont, dans leur touchante simplicité, les
témoignages et souvenirs de famille qui sont
venus à nous d'eux-mêmes et que nous avons
accueillis avec bonheur. Mais ce n'est pas tout, il
s'en faut bien : à côté de l'école il y avait une
nombreuse et très vivante communauté ; les professeurs en faisaient partie, mais ne la compo-
saient pas à eux seuls. Elle comptait dans son sein
des hommes d'étude qui enseignaient aussi, mais
d'une autre manière, la plume à la main, et des
ouvriers évangéliques dont le zèle s'exerçait surtout au profit des petits et des pauvres. Élargissons
notre cadre, afin que les uns et les autres y
trouvent la place qui leur est due. On va voir que
le P. Ducoudray n'avait garde d'oublier cette partie
de sa famille religieuse, et que là même où son
action était à peine sensible, elle n'était pas moins
efficace, ni surtout moins bienfaisante.

Au premier rang des écrivains je rencontre le

P. Cahier, leur doyen, dont les débuts dataient de loin. Ils remontaient aux environs de 1840, l'époque la plus prospère de la monarchie de juillet et par là même la plus favorable aux travaux de l'esprit. L'heure était au moyen âge et à l'archéologie chrétienne. C'était une passion, une fièvre ; même les mondains et les profanes, cédant à l'entraînement général, se faisaient honneur d'un prosélytisme souvent, hélas ! plus bruyant que sincère. En revanche, les catholiques militants envisageaient les choses de très haut ; la gloire de Dieu, le triomphe de l'Église, les intérêts suprêmes des âmes, voilà de quoi il s'agissait à leurs yeux. Ce n'était donc rien moins qu'une croisade.

Le P. Arthur Martin, — un Breton, un poète, — s'enrôla des premiers sous la bannière déployée par de vaillants chefs, tels que l'infatigable M. de Caumont, qu'on pouvait bien regarder comme le prédicateur de la croisade, tant il avait prononcé de discours, écrit de livres, publié de bulletins et de mémoires, réuni, organisé, dirigé de congrès par toute la France. Écrivain et artiste, le P. Martin maniait avec le même bonheur le pinceau et la plume. Poursuivant l'idéal dont il était épris avec une ardeur passionnée qui lui faisait oublier de vivre, il succomba prématurément à Ravenne, au moment où il se hâtait d'enrichir son album des plus beaux souvenirs de la haute antiquité chrétienne.

Presque au début de la carrière qu'il parcourut avec tant de distinction, ayant en tête un grand projet qu'à lui seul il ne croyait pas pouvoir mener à bonne fin, il s'était mis en quête d'un collaborateur. Ce collaborateur fut le P. Cahier, qui, cherchant encore sa voie, la trouva ainsi fort à propos. Assurément il ne pouvait faire un meilleur emploi d'une rare érudition puisée un peu partout, mais principalement aux sources vives où l'art du moyen âge a plongé ses racines, je veux dire les saints Pères et autres écrivains ecclésiastiques dont les ouvrages tiennent en réserve et livrent peu à peu à la sagacité de l'antiquaire les secrets du symbolisme chrétien. Cette association de deux religieux doués de qualités très diverses, mais animés du même esprit et enflammés du même zèle, ne pouvait manquer d'être féconde. Au bout de quelques années d'un travail intense, ils avaient terminé une œuvre splendide et à peu près sans rivale : la *Monographie de la cathédrale de Bourges*, à laquelle l'Académie des Inscriptions décerna une médaille d'or (1).

(1) Sur les PP. Arthur Martin et Charles Cahier, voir la *Bibliothèque des Écrivains de la Compagnie de Jésus*, par les PP. Augustin et Aloïs De Backer et C. Sommervogel (2ᵉ édition,

Un peu plus tard, les auteurs de la *Monographie*, voyant s'amasser dans leurs portefeuilles de nombreux matériaux, publiaient des *Mélanges d'Archéologie*, en collaboration avec le P. Raphaël Garrucci, MM. Charles et François Lenormant, le baron de Witte, Etienne Cartier, Paul Durand, etc. Dès lors, la vocation du P. Cahier était fixée ; l'archéologie chrétienne en fut le centre invariable, et s'il fit quelques excursions aux alentours, toujours il y revint avec plaisir et non sans honneur.

On comprendra maintenant de quels sentiments pouvait être animé un supérieur jeune encore vis-à-vis de ces bons ouvriers à qui les années commençaient à peser et qui arrivaient, les mains pleines, au terme d'une journée laborieuse et couronnée par de nobles travaux.

En effet, le P. Cahier n'avait pas cessé de produire. Que dis-je ? Comme l'octogénaire du fabuliste, il compta bien des fois l'aurore sur le tombeau du P. Ducoudray et ne déposa la plume que peu de temps avant sa mort, arrivée en 1882. A cette époque, victime de l'expulsion, il n'était plus à portée de la riche bibliothèque avec laquelle il avait entretenu un si long et si doux commerce. Il

3 vol. petit in-f°, Liège, 1869). Sur les œuvres et les écrivains qui vont suivre, nos lecteurs pourront consulter le même ouvrage, dont le P. Sommervogel prépare en ce moment une 3ᵉ édition enrichie d'un grand nombre d'articles et beaucoup plus complète que les deux précédentes.

savoura cette amertume pendant dix-huit mois et il s'éteignit entre les bras de trois ou quatre compagnons d'exil.

Mais reportons-nous à la date de 1867, la première année du rectorat du P. Ducoudray. Ce fut alors que notre archéologue émérite, après vingt-cinq ans de patientes recherches, dans lesquelles il avait mis à contribution la France et l'étranger, fit paraître un ouvrage considérable, dont le sujet était original et neuf, du moins en tant que spécialité : *Les Caractéristiques des Saints*. Veut-on voir, interprétées avec un tact exquis, je ne dirai pas les inspirations, mais les savantes suggestions du P. Cahier? On pourra se satisfaire en s'arrêtant devant certaines figures, certaines scènes des grandes peintures murales de Saint-Vincent-de-Paul et de Saint-Germain-des-Prés. Je signalerai, à Saint-Vincent-de-Paul, la sainte Zitte, servante, dans la longue procession de saintes femmes qui se déroule sur la frise, et à Saint-Germain-des-Prés, la Nativité de Notre-Seigneur.

A cela, rien d'étonnant. Hippolyte Flandrin avait toutes sortes de raisons pour cultiver l'amitié d'un homme dont les connaissances fort étendues répondaient à merveille aux besoins de son art et aux préoccupations de son esprit. Il consultait beaucoup notre érudit confrère.

On verra ce qu'il pensait de lui dans une lettre

à M. Louis Lamothe, écrite à l'occasion d'une
visite, faite en l'absence du maître, aux peintures
de Saint-Vincent-de-Paul, alors en cours d'exécution. « La critique du P. Cahier m'intéresse vivement et vous avez bien fait de me noter ses principales critiques. Sans abandonner notre propre
sentiment, nous devons toujours prendre en
grande considération les avis d'un homme dont le
savoir est si profond et l'esprit si distingué (1). »

Nous n'ajouterons rien à cette appréciation, qui
est d'une parfaite justesse.

A peu près du même âge que le P. Cahier, mais
comptant moins d'années de séjour à Paris, le
P. Cahour en avait passé bon nombre à Brugelette. C'était, au meilleur sens du mot, un homme
de collège. Il le fut trop peut-être et par là se
priva de l'honnête renommée à laquelle il aurait
pu prétendre, s'il avait réservé toutes ses forces
pour des travaux d'un plus haut intérêt, auxquels
il s'était longuement préparé.

Dès que nous eûmes des collèges en France,
une idée s'empara de lui et le domina tout entier.
Nous ne devions pas, pensait-il, rester tributaires
de l'Université, en continuant à mettre entre les
mains de nos élèves des éditions classiques où
perçait en maint endroit, dans le choix des mo-

(1) *Lettres d'Hippolyte Flandrin*, publiées par le vicomte
Henri Delaborde, page 393.

dèles, dans les annotations et préfaces, etc., un esprit très différent du nôtre, sinon résolument hostile à nos convictions les plus chères, et, à cet égard, il avait parfaitement raison. Mais il eut beau faire, il ne put s'astreindre au terre-à-terre des esprits pratiques, et, au cours de ce travail ingrat, il sortit de sa plume des morceaux de critique marqués au bon coin et dignes de fixer l'attention des connaisseurs. Que ne se trouvaient-ils en meilleure place !

Ainsi, à propos du *Lutrin* de Boileau, il fit de piquantes découvertes. Il n'y a pas à y contredire : les muses jansénistes ont inspiré le poème tragicomique dans lequel l'émule de Juvénal s'est surpassé. Par l'intermédiaire du P. de Montézon, qui était au mieux avec Sainte-Beuve, — chose étrange ! Port-Royal, qu'ils connaissaient à fond l'un et l'autre, tout en l'appréciant très diversement, les avait unis, — par cet intermédiaire officieux, Sainte-Beuve reçut la curieuse étude du P. Cahour et n'eut pas de peine à y découvrir quelques lignes où il était parlé de lui fort obligeamment. Voilà mon homme ravi.

« Monsieur et très révérend Père, écrit-il au P. Cahour, c'est avec beaucoup de reconnaissance que j'ai reçu le témoignage si flatteur de votre affection, et c'est avec plaisir que j'ai lu *littérairement* les remarques. J'en profiterai pour mon *Boi-*

leau Janséniste, qui doit entrer dans un cinquième volume de Port-Royal (car c'est cinq volumes que je vous donne et le quatrième est entièrement achevé). Je me suis retrouvé avec un peu de confusion sous les éloges que vous m'accordez ; mais ce n'est pas la première fois que les Jésuites savent être aimables. Vous nous prouvez, monsieur et révérend Père, qu'ils sont toujours savants, et vous nous apprenez à mesurer nos paroles, quand nous nous mêlons de juger une société qui n'a pas cessé de compter de tels membres. »

De là, un échange de bons procédés qui dura plusieurs années et où, d'une affection et d'une estime réciproques, on en vint presque à la cordialité.

Le P. Cahour, dont les cartons étaient bien remplis, en tirait de temps en temps d'excellentes pages qu'il donnait à une publication périodique dont nous parlerons tout à l'heure et pour laquelle c'était tout profit. Sainte-Beuve ne manquait pas de le lire, et non content de le lire, il le citait avec éloge, tantôt dans son cours du collège de France, tantôt dans le *Constitutionnel*, où paraissaient alors ses *Lundis*. Mais un beau jour l'homme de lettres, à l'ambition duquel il ne suffisait plus d'être le premier critique de son temps, voulut être un personnage dans l'État. Ce travers le mena loin. Lui, jusque-là si peu belliqueux par tempérament comme par calcul, affecta de faire cause commune avec l'incrédulité militante, et on l'entendit se proclamer en plein sénat « évêque de la libre pensée ». A cette époque, est-il besoin de le dire ? entre lui et le P. Cahour tous rapports avaient cessé.

J'ai hâte d'en venir à un groupe d'écrivains qui avait son centre d'action et son point de ralliement à la rue des Postes. Je veux parler de ceux qui appartenaient à la rédaction des *Etudes religieuses*, et de leurs collaborateurs bénévoles. De ces derniers, un grand nombre, il est vrai, résidaient en province ou même à l'étranger, mais un voyage, un séjour plus ou moins long à Paris, leur procura souvent l'avantage de connaître le P. Ducoudray et d'éprouver les effets de sa grande charité. Ne fût-ce qu'à ce titre, ils rentrent naturellement dans notre cadre, dont nous n'avons garde de les exclure.

L'ardente et généreuse initiative du P. Gagarin donna naissance aux *Etudes*, en 1857 (1).

D'abord, ce furent de simples volumes de mélanges, qui paraissaient quand ils pouvaient. Puis la publication devint périodique et trimestrielle, puis enfin mensuelle, — une véritable Revue. Les

(1) Comme nous l'avons dit dans l'*Avertissement*, le P. Daniel partage avec le P. Gagarin l'honneur d'avoir fondé les *Etudes*.

Études entraient dans leur quatrième série en janvier 1868 : il n'avait pas fallu moins de dix années pour leur donner la forme qui fut regardée alors comme définitive.

Le directeur du recueil, le gérant, les deux ou trois rédacteurs qui habitaient comme eux la maison de la rue des Postes, devenue l'école Sainte-Geneviève, appartenaient à une génération un peu plus jeune que celle dont le P. Cahier et le P. Cahour étaient les derniers représentants. Ils obtinrent, non sans peine, le concours de quelques professeurs, et ce ne fut pas à ceux-ci un petit mérite de consacrer à des travaux surérogatoires l'épargne, toujours précaire, d'un temps dont la plus grande part était réclamée par les laborieuses fonctions qu'ils exerçaient auprès des élèves.

La Belgique répondit aussi avec empressement à l'appel du directeur des *Études*, et fournit des collaborateurs qui comptèrent parmi les meilleurs et les plus méritants. Entre tous, il n'est que juste de placer au premier rang le P. Victor de Buck, bollandiste.

On l'a nommé, à bon droit, le moderne Papebroeck. C'était la même érudition et la même vaillance, ajoutons la même candeur. Il ne haïssait pas les questions épineuses et n'a pas toujours échappé au reproche de témérité. Mais quelle foi ! quel attachement au Saint-Siège ! quelle piété envers Pie IX, dont il a eu le bonheur de baiser plusieurs fois les pieds et de recevoir les encouragements paternels !

S'il avait aux *Acta Sanctorum* sa spécialité d'hagiographe, il se réservait d'être partout ailleurs universel, ou peu s'en faut. Lisez ses *Essais de conciliation sur la Procession du Saint-Esprit* et sur *la Vie future,* tous les deux à l'adresse des orthodoxes de Russie ; vous croirez avoir affaire à un controversiste émérite, à un théologien de profession. Lisez son remarquable article sur le *Ritualisme,* vous verrez de quel œil attentif il a suivi toutes les évolutions pseudo-catholiques de l'anglicanisme contemporain. Antiquaire à ses heures, mais en vrai savant et non pas en simple curieux, il aimait à rendre compte des admirables découvertes de M. de Rossi. C'était le plus souvent pour lui l'occasion d'une étude approfondie où, son érudition se donnant carrière, il mettait beaucoup du sien. Enfin, il aimait passionnément son pays et il était généralement l'ami des hommes distingués qui avaient bien mérité de leurs concitoyens en servant avant tout l'Église. L'un d'eux venait-il à mourir ? Il prenait aussitôt la plume et envoyait aux *Études* une notice biographique bien nourrie, dans laquelle il s'attachait à faire ressortir tout ce qui était à la louange du défunt et de bon exemple pour les survivants, Français ou Belges.

10

Deux fois, il fut appelé à Rome par notre T. R. P. Général, à l'occasion du concile du Vatican, et chaque fois qu'il s'arrêta à Paris, soit à l'aller, soit au retour, il fut l'hôte du P. Ducoudray, comme il l'avait été précédemment du P. Olivaint. Entre enfants d'une même mère on a bientôt fait de s'entendre et de s'aimer. Aussi, dans les derniers jours de mai 1871, quand se répandit la nouvelle, alors si poignante, des massacres de la Roquette et de la rue Haxo, nul ne fut plus profondément ni plus religieusement ému que le pieux et savant bollandiste. Sous le coup de cet événement qui réveillait ses souvenirs d'hagiographe, il chercha et trouva dans les Actes des martyrs, des circonstances analogues à celles qui avaient marqué d'un trait si consolant la captivité et la mort des glorieuses victimes de la Commune. Comme on le savait habile épigraphiste, on le pria de composer leurs épitaphes ; il y mit tout son cœur et son rare savoir, et il n'y a qu'une voix pour applaudir aux choix qu'il fit du style des catacombes, dont les plus beaux modèles nous viennent de la sépulture des martyrs. Voilà comment cet excellent confrère savait payer l'hospitalité qui lui avait été offerte de si bon cœur et de si bonne grâce à la rue des Postes et à la rue de Sèvres.

Un hommage, en passant, à la mémoire de M. Le Hir. Personne n'ignore aujourd'hui qu'il devint, à

Saint-Sulpice, le maître de M. Renan, et celui-ci
fut le premier à confesser qu'il lui devait une
grande partie de ce qu'il avait appris. C'était
presque un scandale que l'élève ne cessât de se
prévaloir contre nous et contre notre foi du prestige attaché à une connaissance telle quelle de la
langue sainte, tandis que le professeur se taisait.
On fit appel à la conscience du savant Sulpicien et
violence à sa modestie ; à la fin il consentit à
écrire dans les *Études*. Nous éprouvâmes tous un
vrai soulagement, lorsqu'il donna à celui sur
lequel il avait fondé de tout autres espérances une
dernière et décisive leçon, qui était encore tempérée par beaucoup d'indulgence. Tout ce qui est
sorti de la plume de M. Le Hir est d'un grand prix,
et l'on ne peut s'empêcher de regretter qu'il n'ait
pas produit davantage. Heureusement qu'il n'est
pas mort tout entier et qu'il s'est trouvé à Saint-
Sulpice des héritiers de son savoir qui font face à
l'ennemi et lui arrachent une à une ses armes per-
fides.

Les *Études* n'ont fait qu'entrevoir le P. Marc Le
Gall, mais le peu qu'il leur a donné a mis en lumière les rares qualités de son esprit et même de
son âme. Sa fin prématurée a excité des regrets
universels, vivement ressentis par ceux qui avaient
eu le bonheur d'être les confidents privilégiés de
sa vie et de respirer la bonne odeur de ses ver-

tus (1). Voué à l'exégèse et à la défense de nos livres saints, de bonne heure il avait compris que, sans une sérieuse connaissance des langues sémitiques, il ne pourrait rien approfondir. Il se livra pendant plusieurs années à ce genre d'étude avec une extrême ardeur, qui fut couronnée par le plus heureux succès.

Voyant de quoi il était capable et voulant seconder l'essor de sa belle intelligence, le R. P. provincial le fit venir à Paris. Là, dans les sphères les plus élevées de l'enseignement supérieur, il trouva des maîtres aussi habiles que bienveillants, dont quelques-uns l'eussent pris volontiers pour suppléant, et plus qu'un maître, un ami, un guide incomparable dans la personne de M. Le Hir. Il reçut aussi les encouragements et les conseils du célèbre explorateur de l'Ethiopie, M. Antoine d'Abbadie, et ce fut pour ainsi dire sous ses yeux qu'il composa les deux remarquables articles où il a donné sa mesure : *Les Abyssins et les Gallas*. (*Études*, juillet et décembre 1868).

L'année suivante, il était professeur d'écriture sainte au scolasticat de Laval. Tout allait en perfection, sauf un point, la santé. Une saison à Ems ayant été jugée nécessaire, on l'y envoya, et il s'en

(1) Voyez *Le R. P. Le Gall de la Compagnie de Jésus*, d'après sa correspondance et le témoignage de ses amis. 1 vol, in-8°. Quimper, 1873.

trouva si bien qu'on le crut guéri. Il remonta donc dans sa chaire, mais, hélas ! ses forces n'y suffisaient pas ; au bout de quelques mois, son larynx était ulcéré, sa voix éteinte. Bien vite, on le fit revenir à Paris et on l'installa dans une chambre bien close de l'école Sainte-Geneviève, avec permission d'étudier, mais aussi avec ordre formel de s'abandonner entièrement à la conduite d'un médecin spécialiste, ce qu'il fit avec une édifiante régularité.

A peine arrivé, il écrivait à un digne prêtre, qui, après avoir protégé son enfance et veillé sur son éducation, n'avait pas cessé de lui témoigner le plus tendre intérêt : « La charité de la Compagnie à l'égard de ses malades ne peut se connaître que par l'expérience. Le R. P. recteur (le P. Ducoudray) m'a fait l'accueil qu'aurait reçu l'homme le plus nécessaire au succès de la maison (1) ».

L'été arrive et, comme le laryngoscope ne dit rien de bon, un nouveau voyage à Ems est décidé. En compagnie de M. l'abbé Vigouroux, notre confrère partit dans les premiers jours de juillet 1870. La guerre éclate, M. Vigouroux revient seul. L'excellent docteur qui prodiguait ses soins au P. Le Gall — c'était, nous a-t-on dit, l'un des médecins du roi — n'avait pas voulu le laisser partir et

(1) *Le R. P. Le Gall*, etc., page 198.

l'avait pris sous sa garde. Qu'on juge des angoisses patriotiques du pauvre malade. Chacun de nos désastres l'accablait. Avant la fin du mois d'août le sacrifice était consommé ; le P. Le Gall s'était éteint le 27, doucement et pieusement, entre les bras de ses frères, les Pères Jésuites de la résidence de Coblentz. Quelques jours avant sa mort, il avait encore écrit un article qu'il destinait aux *Études*, et il l'avait daté : *Ems, 8 août 1870*. On le trouvera dans la livraison de septembre 1871.

Orientaliste comme le P. Le Gall et bollandiste comme le P. de Buck, le P. Matagne s'est fait connaître aux lecteurs des *Études* sous ce double aspect, témoin son article intitulé : *L'Église éthiopienne dans les Acta Sanctorum* (mars, 1869). Les spécialistes y reconnurent un des leurs, mais il n'en fut pas moins goûté des profanes, tant il est vrai qu'il n'est pas impossible, à qui sait choisir son terrain, de satisfaire à la fois l'un et l'autre public. Dans un voyage à Paris, il resserra les liens qui déjà l'unissaient à la rédaction, et tout promettait un long avenir à sa collaboration devenue dès lors très active. Qui de nous se doutait que nous fussions à la veille de « l'année terrible ? » Et qui eût pensé que, par surcroît, ce jeune et savant confrère, qui débutait avec tant de distinction dans la carrière d'hagiographe, n'avait plus que quelques années à vivre ? Il mourut à Bruxelles en juillet 1872, à peine âgé de trente-neuf ans. C'était, en moins de vingt ans, le troisième orientaliste enlevé au bollandisme dans la pleine maturité de l'âge, de la science et du talent.

On connaît déjà le P. Chauveau et le P. Gazeau, tous les deux professeurs à l'école Sainte-Geneviève et de plus engagés dans divers emplois qui n'étaient certes point des sinécures. Ils n'en prêtèrent pas moins aux *Études* un concours fort apprécié. Du P. Chauveau, nous signalerons deux articles sur *Pascal, à propos des publications récentes* (mars et juillet 1868). C'est, croyons-nous, le dernier mot sur le scepticisme tant débattu de ce grand écrivain. Un article du P. Gazeau : *Louis XIV, Bossuet et la Sorbonne*, est le dernier travail important qu'il ait donné à notre recueil. (Livraison de juin 1869.) Que de recherches tant aux archives qu'à la bibliothèque nationale ! Sans doute la discussion des textes est parfois bien minutieuse et les déductions ne manquent pas de subtilité ; mais avec le P. Gazeau on ne perd pas son temps et l'on apprend toujours quelque chose.

J'arrête ici cette revue rétrospective, déjà bien longue peut-être, dont toutes les pages pourraient figurer dans un nécrologe. Je ne dirai rien des vivants : pour la louange comme pour le blâme, on est plus à l'aise avec les morts.

Peu de temps s'écoulait sans qu'on vit apparaître quelque nouvel hôte à l'école Sainte-Geneviève. Celui-ci — le cas n'était pas rare, atteint d'une maladie chronique, venait consulter une de ces autorités médicales qui ne se rencontrent guère qu'à Paris. Il trouvait au besoin dans une infirmerie modèle — c'est le nom que lui donnaient tous les visiteurs — des soins aussi intelligents que dévoués. Celui-là n'avait affaire qu'aux bibliothèques et à un petit nombre d'amis sur lesquels il comptait pour se mettre au courant. Les collaborateurs *extra muros* des *Etudes*, avec lesquels on vient de faire connaissance, appartenaient à cette dernière catégorie. Quels qu'ils fussent, les arrivants ne passaient pas deux heures dans la maison sans avoir sujet de dire ce que le P. Le Gall, ainsi qu'on l'a vu plus haut, écrivait à son vénérable ami : « Le R. P. recteur m'a fait l'accueil qu'aurait reçu l'homme le plus nécessaire au succès de la maison. » Et c'est notre intime conviction, par sa large hospitalité, par son grand et cordial accueil, le P. Ducoudray contribua puissamment à la prospérité de toutes les œuvres dont il se voyait entouré et auprès desquelles il se regardait à bon droit comme le délégué de la Providence.

Cependant, nul ne l'ignorait, ce qui manquait le plus à ce vaste établissement de l'école Sainte-Geneviève, c'était le local disponible. Depuis longtemps les deux grands bâtiments de construction récente étaient combles, et le flot montant des élèves tendait sans cesse à envahir le vieux corps de logis réservé à la communauté. On pouvait donc craindre et l'on craignait en effet d'être indiscret en multipliant et en prolongeant les visites. Mais comment résister à des avances comme celles-ci ?

« Mon Révérend Père, écrivait le recteur de l'école Sainte-Geneviève au P. Carayon, grand fureteur de manuscrits, grand amateur de raretés bibliographiques, et qui devait tirer parti de ses découvertes, — je vous remercie bien sincèrement de vos deux dernières livraisons des *Documents* (1). Elles sont en ce moment notre nourriture spirituelle du réfectoire. Tous écoutent ces récits pleins d'intérêt et d'édification. Merci de tout cœur. Le temps approche où vous reviendrez pâturer (2) les bibliothèques. Le P. Bouix préfère le printemps, à Paris; vous réservez-vous pour l'automne ? Soyez

(1) *Documents inédits concernant la Compagnie de Jésus.* Tel est le titre de la volumineuse collection publiée par le P. Carayon.

(2) *Pâturer les bibliothèques*, est-ce bien français ? Non, répond l'Académie, qui fait de pâturer un verbe neutre et rien de plus. Cependant Froissart a dit : « Et laisseront leurs chevaux pâturer l'herbe; » et Bernardin de Saint-Pierre parle de la chenille qui « sortant de l'œuf, va pâturer la feuille naissante qui croît comme elle dans son voisinage. » (Voyez Littré, t. v.) Le P. Ducoudray était donc dans les bonnes traditions de la langue.

de l'automne et du printemps. Nous n'aurons qu'à nous en féliciter. » Tel était le style de ses lettres. On voit que le cœur en faisait tous les frais.

Dans le P. Bouix, qui est visé en passant, on aura reconnu le traducteur de sainte Térèse. Il habitait comme le P. Carayon le collège de Poitiers. Après avoir comblé bien des lacunes de notre bibliothèque ascétique, il s'était mis à traduire du latin et de l'espagnol les lettres de notre Bienheureux fondateur, qui, depuis longtemps dispersées au hasard des circonstances, se trouvèrent enfin réunies dans un seul volume. L'ouvrage parut en 1870 et le P. Ducoudray le lut pour ainsi dire à la veille de son dernier combat, heureux d'avoir pu, à cette source pure, se retremper une fois encore dans l'esprit de sa vocation.

En 1867, — moins d'un an après Sadowa, — Paris invitait la France et le monde entier à une exposition universelle, la première qui eût le Champ-de-Mars pour théâtre, la dernière du second Empire. M. Le Play en était l'organisateur. Il avait su ménager au petit Etat pontifical un emplacement fort en vue et rapproché du centre. Il fallait chercher ailleurs les industries lucratives et franchement utilitaires, les raffinements du luxe et du confortable; mais là du moins, à l'abri de l'écusson de Pie IX, l'art et la science étaient noblement représentés. On y voyait la reproduction en grand d'un arcosolium des Catacombes, œuvre savante de M. le commandeur de Rossi. On y remarquait aussi un grand appareil qu'animait un mécanisme ingénieux; il enregistrait jour et nuit, sous forme de courbes, tous les phénomènes qui sont du ressort de la météorologie.

Le météorographe — c'était son nom — remplaçait avantageusement les enregistreurs bénévoles ou salariés, toujours plus ou moins sujets à caution. L'inventeur était le P. Angelo Secchi, directeur de l'observatoire du collège Romain, auquel le jury décerna une grande médaille d'or. Puis, quand vint la distribution des récompenses, présidée par l'Empereur en personne, l'impératrice Eugénie, avec un joyeux empressement, attacha sur la poitrine du Jésuite la croix d'officier de la Légion d'honneur.

Tout le printemps et la plus grande partie de l'été, le P. Secchi habita la rue des Postes. Homme de communauté, s'il se prêtait aux relations du dehors, avec ses frères il ne comptait pas : on le trouvait toujours prêt à rendre service. Comment le P. Ducoudray, en possession d'un pareil hôte, n'eût-il pas songé à obtenir, en faveur de la jeunesse confiée à ses soins, une de ces « communications », qui, venant d'un esprit supérieur, ne peuvent manquer d'ouvrir à la pensée des horizons tout nouveaux et font quelquefois pousser les ailes au génie s'ignorant encore ? Dès que ce désir lui fut connu, le P. Secchi le regarda comme un ordre et s'empressa de déclarer qu'il profiterait du premier loisir pour acquitter ce qu'il appelait sa dette. Il n'hésita pas longtemps sur le choix du sujet. Depuis dix-huit ans il étudiait la constitution physique du soleil ; il parla donc du soleil. Son auditoire fut ravi. Nous retrouvons l'écho des vives impressions du lendemain dans une note qui servit d'introduction à sa conférence, lorsqu'elle fut publiée quelques semaines plus tard dans les *Etudes religieuses* (1).

« Le 18 juillet dernier, une soirée scientifique présidée par Mgr Chigi, nonce apostolique, réunissait dans une même salle les élèves de l'école Sainte-Geneviève et un petit nombre d'invités. Pendant deux heures, le R. P. Secchi a captivé l'attention et excité les applaudissements d'un auditoire distingué, juste appréciateur du mérite scientifique et littéraire. Nous ne donnons aucun éloge à la conférence du P. Secchi ; en la reproduisant, nous mettons nos lecteurs à même de la juger. Mais il est une chose que nous ne saurions reproduire, c'est l'intérêt particulier qui s'attache à entendre un savant exposer lui-même ses travaux et ses découvertes. Cet intérêt redouble lorsque, mal-

(1) Nouvelle, troisième série, t. XIII, p. 204.

gré les difficultés que la langue française présente aux étrangers, il sait à propos égayer son auditoire par ces traits imprévus, ces saillies spirituelles qui ont un grand mérite dans les circonstances où elles furent improvisées, mais échappent ensuite à la plume de l'écrivain qui voudrait les reproduire. »

Le rédacteur des *Études* ajoute un détail qui n'est point accessoire en pareille matière : « De nombreuses figures étaient nécessaires pour faire comprendre la forme des taches solaires et la disposition des raies dans le spectre des étoiles. M. Duboscq, l'habile constructeur d'instruments d'optique, s'est chargé de cette partie de la séance. Les dessins du P. Secchi, photographiés sur verre, étaient projetés sur un écran à l'aide de la lumière électrique, ce qui permettait aux spectateurs de suivre avec la plus grande facilité les explications du savant astronome. »

Peu de temps après paraissait un beau livre : *Le Soleil*, sur lequel le public n'a plus rien à apprendre (1). La conférence du 18 juillet était le prélude, disons mieux, le résumé anticipé de cet important ouvrage. Au moment où il aurait pu jouir à

____

(1) LE SOLEIL. Exposé des principales découvertes modernes sur la structure de cet astre, son influence dans l'univers et ses relations avec les autres corps célestes, par le P. A. Secchi, S. J., directeur de l'observatoire du collège Romain, officier

Paris d'un nouveau succès, le P. Secchi était déjà bien loin; il avait repris à l'observatoire du collège Romain le poste qu'il occupa jusqu'à sa mort (1878). On lui fit des funérailles magnifiques, et le gouvernement italien, qu'il n'avait pas servi, lui éleva un monument sur une des places de Rome. Sous une forme plus modeste et toute fraternelle, le P. Ducoudray avait pris soin de perpétuer le souvenir de son passage à l'école Sainte-Geneviève. Il avait acquis le météorographe couronné par le jury de l'Exposition universelle, et l'avait fait installer dans une salle voisine des parloirs.

Tout cela avait grand air, et celui qui faisait ainsi les honneurs de la maison était, de l'aveu de tous, vraiment à sa place. En le voyant, on comprenait pourquoi nos pères décernaient le titre de *recteur magnifique* à l'homme d'élite que son mérite avait élevé au premier rang de l'ancienne université. Lui aussi était à sa manière un recteur magnifique, au cœur généreux, aux vues hautes et droites, dont on subissait volontiers la loi. Avec cela nulle prétention, un parfait oubli de lui-même, et, dans l'intimité de la famille religieuse, un abandon plein de charme.

de la Légion d'honneur, correspondant de l'Institut impérial de France, etc. (Paris, Gauthier-Villars, 1870). — Le style a été discrètement retouché par le P. N. Larcher, professeur de physique à l'école Sainte-Geneviève.

CHAPITRE IX

La science enfle, a dit l'Apôtre, *mais la charité
édifie.* La science qui était en honneur à l'école
Sainte-Geneviève et qu'on y cultivait avec ardeur
n'était pas celle qui enfle, car elle avait pour cor-
rectif la vie cachée et pour arome la charité.

Remontons un demi-siècle pour retrouver la
trace du doigt de Dieu dans l'origine des œuvres
de charité qui avaient élu domicile à l'école
Sainte-Geneviève.

Le vicomte de Melun, ce grand homme de bien
dont le nom prendra place à côté de celui la sœur
Rosalie, quand on écrira l'*Histoire de la charité
en France au dix-neuvième siècle,* a raconté, non
sans charme, comment, dans le salon de madame
Swetchine, il s'était lié d'amitié avec le prince

Gagarin, et comment la conversion de ce dernier au catholicisme et sa vocation à la Compagnie de Jésus avaient excité en lui tour à tour des sentiments bien divers, tantôt de joie sans mélange, tantôt d'alarme et de regret.

C'était aux environs de 1843. La guerre, une guerre à mort, était déclarée aux Jésuites, et elle aboutit en 1845 à des mesures de persécution. En attendant, la France entière lisait le *Juif errant*.

« Je rencontrai dans le salon de madame Swetchine, dit M. de Melun, un jeune secrétaire de l'ambassade russe, son parent par alliance, qui par la distinction de sa personne, par l'étendue et la variété de son esprit, avait les plus grands succès dans le monde politique et aristocratique. C'était pour nous un plaisir de l'entendre nous initier à la vie de cette société diplomatique que nous ignorions, et de ce monde officiel de la Cour du roi Louis-Philippe, qui n'était pas le nôtre. Qu'il nous racontât un de ses entretiens avec Thiers ou Guizot, une séance de la Chambre, un Conseil des ministres ou une fête à la Cour, qu'il nous rendît compte d'un livre, d'un drame, d'un opéra, d'une thèse littéraire, d'une séance de réception à l'Académie ou d'un projet de loi, Gagarin était sûr de nous intéresser. Il excellait dans les récits et nous ne doutions pas que ses aptitudes variées, plus encore que son grand nom et le rang de sa famille, ne l'appelassent aux premières places dans la diplomatie et le gouvernement de son pays.

« Quelle ne fut donc pas notre surprise quand un jour nous apprîmes que, quittant la religion de son pays et de son empereur, renonçant à sa carrière et à ses espérances, il venait d'entrer dans la religion catholique ! Le prince Gagarin devenu catholique ne perdit rien de son enjouement et de son spirituel entrain. Seulement son entretien se tourna vers des sujets de plus en plus élevés : nous sentions que son ardente foi ne s'arrêterait pas là et que de grandes grâces le pousseraient à de hautes destinées religieuses. »

M. de Melun eut bientôt la preuve que cette impression ne l'avait pas trompé. Il poursuit ainsi son récit : « Un jour que je le rencontrai dans les Champs-Elysées, le prince, me prenant le bras, me demanda de faire quelques pas de promenade avec lui. Là, m'ouvrant son cœur, il m'avoua qu'aspirant à une vie plus parfaite, il avait résolu de se donner tout à Dieu non seulement dans le sacerdoce, mais dans la vie religieuse. — Et quel ordre préférez-vous ? — La Compagnie de Jésus. — Jésuite !... me récriai-je. J'avoue qu'à cette époque, tout en reconnaissant le bien que font ces Pères, j'étais saisi des préventions qui devaient paralyser partout leur ministère.

« Puisque vous avez en vue, en vous faisant religieux, de travailler à la conversion de votre pays, un autre ordre moins suspect, moins odieux à la Russie, ne servirait-il pas mieux vos intentions ? » Ils passèrent plus d'une heure à débattre cette question.

Plus tard, ajoute M. de Melun, « en le voyant ouvrier apostolique, toujours la main à la charrue, labourant incessamment ce sol de sa patrie dans lequel il sème le bon grain de la foi, je le félicitais secrètement de n'avoir pas tenu compte de mon avis. »

Les Mémoires de M. de Melun n'en disent pas davantage ; mais nous savons, grâce à son historien, qu'il reçut du noviciat de Saint-Acheul une lettre signée Jean Gagarin, où il eut la consolation de lire ces mots : « Je cède à un besoin de mon cœur en vous disant que vos conversations ont contribué plus que vous ne le pensez peut-être à me faire avancer dans la voie merveilleuse par laquelle Dieu me conduit. »

Une si sainte amitié ne pouvait en rester là. Après environ dix années d'absence, le P. Gagarin revint à Paris et il appartint à l'école Sainte-Geneviève, où diverses fonctions lui furent assignées, dès qu'elle commença d'exister. Il était prêtre, théologien, mûr enfin pour l'apostolat. Il revit M. de Melun et ils se comprirent tout d'abord mieux encore que par le passé, la différence de leurs vocations leur rendant plus sensible le besoin qu'ils avaient l'un de l'autre. Ils concoururent tous les deux avec un savant illustre, le baron Cauchy, à la fondation de l'œuvre des écoles d'Orient. Convertir au christianisme les Arabes musulmans, pouvait-on s'en flatter? Quelques-uns disaient non. On n'y renonçait pas pourtant; mais on espérait, à l'aide des écoles, travailler beaucoup plus efficacement à la régénération de l'Orient chrétien. C'était naturellement sur ce terrain que se plaçait le P. Gagarin.

Il avait singulièrement à cœur de contribuer à l'extinction du schisme dans lequel il était né et dont il n'avait pu secouer le joug qu'au prix des plus grands sacrifices. En 1856, sous ce titre hardi : *La Russie sera-t-elle catholique?* — il publiait une sorte de manifeste, très conciliant mais très net, à l'adresse de ses anciens coreligionnaires. Cet écrit eut un grand retentissement à Moscou et à Pétersbourg, et valut à son auteur l'honneur d'un bannissement perpétuel. On ne pouvait mieux débuter, mais ce qui restait à faire était immense, il le savait bien. Aussi ne fût-ce pas sans quelque étonnement qu'on le vit, en de telles conjectures, se charger d'une œuvre essentiellement parisienne.

Telle était l'association des jeunes ouvriers de

la paroisse Saint-Etienne du Mont. Elle avait pris naissance dans la maison des Frères des Ecoles chrétiennes, rue Neuve-Saint-Etienne, et s'y trouvait dans des conditions très favorables à son développement, sauf qu'il lui manquait un prêtre pour la diriger et l'enrichir de toutes les grâces attachées à son ministère. La rue Neuve-Saint-Etienne étant bien près de la rue des Postes, on s'imaginera peut-être qu'il y eut là pour notre éminent confrère une tentation dont il ne sut pas assez se défendre. Mais voici, ce me semble, le mot de l'énigme.

Les associations de jeunes ouvriers étaient, entre beaucoup d'autres, l'une des plus heureuses créations de M. de Melun, et, après avoir été pour lui d'un grand labeur, elles étaient devenues le plus beau fleuron de sa couronne. Dès lors n'est-il pas à présumer qu'en se dévouant à cette œuvre, le P. Gagarin obéissait aux sentiments de religieuse gratitude dont nous avons retrouvé l'expression dans la lettre qu'il écrivait de Saint-Acheul à son noble ami ?

Quoi qu'il en soit, un dimanche du mois de janvier 1858, les Frères arrivent à la rue des Postes à la tête d'une colonne d'environ trois cents apprentis ou jeunes ouvriers, presque tous leurs anciens élèves. L'église suffit à peine à les contenir. Ils se placent en bon ordre dans la nef et entonnent d'une voix vibrante les cantiques dont ils accompagnent la célébration des saints mystères. Quand le Père Gagarin se tourne vers son jeune auditoire pour lui souhaiter la bienvenue, on le dévore des yeux. Les précautions oratoires sont superflues et du premier coup la glace est rompue.

Ces braves enfants ont le cœur sur la main : très intelligents pour la plupart et pleins de ressources pour le bien, quoique n'ignorant pas le mal et ayant eu déjà mainte occasion de faire, tout à leur aise, connaissance avec lui. Dans une tâche qui n'est pas sans épines, on est singulièrement encouragé par ces élans généreux qui, d'un *gamin de Paris*, font quelquefois un héros et peuvent aussi bien en faire un saint. Tout ce qu'on leur demande pour le bien de leurs âmes est accordé d'emblée, on pourrait dire avec enthousiasme. Par exemple, un triduum préparatoire à la communion pascale, un autre pour la fête de l'Assomption, et ainsi du reste. Régulièrement, il y a communion générale — non pas obligatoire, bien entendu — cinq fois par an. Mais la ferveur d'un grand nombre va beaucoup au delà et quelques-uns communient deux fois, trois fois par mois.

Comme tout corps d'armée bien organisé, l'association eut sa troupe d'élite, — une congrégation de la Sainte Vierge. Elle se composait de quarante membres qui se recrutaient eux-mêmes par la voie du suffrage, absolument comme les quarante de l'Académie française. Mais là s'arrêtait la ressemblance. Choisis parmi les meilleurs et fort bien vus de leurs camarades, sur lesquels ils exerçaient un légitime ascendant, les congréganistes étaient l'âme de l'association tout entière. Très attachés à la pieuse institution qui les avait affermis dans la pratique des vertus chrétiennes, ils ne s'en séparaient que le plus tard possible, à la veille de leur mariage. Ils en devenaient alors membres honoraires, recevaient en signe de confraternité une belle médaille de bronze où leurs noms étaient gravés.

Dès qu'un enfant leur était né, ils n'avaient rien de plus pressé que de l'apporter au Père directeur, car il eût manqué quelque chose à leur bonheur si le Père n'eût béni l'innocente créature. Tels étaient les jeunes pères de famille enrôlés sous la bannière de Marie et formés à son école.

Mais il y avait encore une élite dans cette élite. On en eut la preuve quand la congrégation, au sein de laquelle avaient pu se développer de précieux germes de vocation, eut l'honneur de donner à l'Église des religieux et des prêtres. Ce fut un grand sujet d'édification pour toute cette jeunesse, qui dut comprendre alors mieux que jamais que la fraternité chrétienne n'est pas un vain mot.

L'association des jeunes ouvriers prouva encore sa fécondité en donnant naissance à une autre œuvre dont elle avait révélé l'utilité : *Le Cercle des maçons et tailleurs de pierre*. La charité catholique ménage de pareilles surprises à ceux qui s'attachent à son service. Il leur faut aller toujours en avant, toujours recommencer à nouveaux frais, dépassant largement leur programme et amassant ainsi des mérites dont ils ne connaîtront bien le prix qu'au jour des rémunérations éternelles.

Le Père Montazeau en fit l'expérience. Depuis huit ans il appartenait corps et âme aux jeunes ouvriers, et voilà que les maçons le réclament. — Eh quoi ! les maçons ne sont-ils pas ouvriers ? — Sans doute ; mais ils ne sont ni ébénistes, ni typographes, ni doreurs, ni d'aucun de ces mille métiers que l'on exerce en chambre ou dans des ateliers à demeure. Par leur origine, la province, par leur vie plus ou moins nomade, — car il leur faut aller chercher le chantier où il se trouve, par leur travail en plein air et toutes les habitudes qui s'en suivent, ils se détachent nettement de la masse des ouvriers parisiens. *Qui se ressemble s'assemble*, c'est une de ces vérités banales avec lesquelles il n'y a pas à discuter.

Le P. Montazeau était né dans cette honnête et laborieuse province du Limousin, que l'on peut

regarder comme la terre classique des maçons
voyageurs, et qui ne cesse de fournir aux chan-
tiers de la capitale des bras vigoureux, sans parler
des bonnes têtes qui activent et organisent le travail. Il savait que ces braves gens, quand ils ont
gagné à la sueur de leur front le pain de leurs
vieux jours, aiment à le manger au pays. Il savait
aussi que messieurs les curés ne redoutent
rien tant que de les voir revenir un peu trop
Parisiens. Quand il y eut mûrement réfléchi devant Dieu, prévoyant sans doute bien des obstacles, mais ayant la certitude de sauver au
moins quelques âmes et d'empêcher beaucoup
de mal, il fit ce qu'on pouvait attendre d'un
religieux et d'un prêtre. Il avait trouvé, comme
l'on dit, sa spécialité, et le *Cercle des maçons* était
fondé.

On nous a montré, dans la grande salle du cercle
des maçons, le portrait du P. Ducoudray. Le cercle
est né la première année de son rectorat (1867), et
le directeur n'a pu nous parler de lui qu'avec des
larmes dans les yeux. Nous n'en avons pas demandé davantage.

Encore une œuvre pour laquelle les Frères de la
rue Neuve-Saint-Etienne étaient venus réclamer
le concours des Pères de la rue des Postes: l'œuvre
des *Petits ramoneurs*. Le P. Plainemaison s'y livra
tout entier, Dieu sait avec quel dévouement et

quelle sollicitude vraiment maternelle (1). Par suite de l'expulsion, elle a subi les mêmes épreuves que l'œuvre des *Jeunes ouvriers* ; elle a langui, erré sans trouver un asile et vu plus d'une porte se fermer à son approche, mais Dieu ne l'a pas abandonnée. A l'heure qu'il est, grâce à de pieuses libéralités, elle a pignon sur rue et l'école Pontbriant — c'est le nom qu'a reçu le nouvel établissement — est devenue son centre et son foyer d'action (2). L'œuvre embrasse, avec les petits ramoneurs, les jeunes fumistes, leurs aînés, puis les patrons, puis les invalides de l'une et l'autre industrie, des femmes, des vieillards, que sais-je? des familles entières ; et tout ce monde vit, au jour le jour sans doute, mais en somme le cœur content, sur les fonds de la Providence.

Les petits ramoneurs et jeunes fumistes d'alors, qui doivent être aujourd'hui de bons et honnêtes patrons, ont eu beaucoup à se louer du P. Ducoudray. Il leur a ouvert à la rue des Postes la tribune de l'église, à laquelle on accédait par le même corridor qui mène à la chambre du recteur, afin

(1) Le P. de Plainemaison, né le 18 novembre 1822, entra dans la Compagnie de Jésus le 16 octobre 1857, et mourut le 16 janvier 1890.

(2) Voyez : ECOLE PONTBRIANT. Séance du 20 mars 1887, présidée par S. G. Mgr Richard, archevêque de Paris. Rapport par M. le comte de Montlaur, président du comité de direction. In-8°, Paris, 1887.

qu'ils pussent tous les dimanches assister à la messe de midi en même temps que les jeunes ouvriers, auxquels la nef était réservée. En septembre 1870, lorsque les Prussiens arrivèrent sous les murs de Paris, le P. Plainemaison n'y était déjà plus, l'obéissance ayant exigé de lui ce sacrifice. Mais avant de quitter ceux que son départ allait rendre orphelins, il les avait chaudement recommandés à son supérieur, qui leur tint lieu de père pendant le siège.

Le 11 mai 1869, le P. Ducoudray, qui s'était interdit la prédication pour être tout entier à sa grande œuvre d'éducation, avait prêché à Saint-Philippe-du-Roule un sermon de charité en faveur des petits ramoneurs, et ce fut, croyons-nous, la première fois qu'il lui arriva de prendre la parole en présence d'un grand auditoire, dans une église de Paris. Le manuscrit autographe de ce sermon a été retrouvé et publié par le P. Plainemaison avec un avant-propos d'un pieux et touchant intérêt.

Ce que sacrifiait le P. Ducoudray en se tenant éloigné des chaires de la capitale, où l'attendait un si bon accueil, on le comprendrait assez par ce seul discours. Mais il se réservait tout entier pour son jeune auditoire de la rue des Postes et les pauvres n'y perdaient rien, car, là aussi, il plaidait leur cause, qui ne pouvait avoir un meilleur avocat. « Avec l'amour de Dieu, nous dit le P. Cosson, il s'efforçait de développer dans ces jeunes cœurs l'amour du prochain. Les visites des pauvres par les élèves étaient organisées d'une manière régulière, et il se faisait un bonheur d'augmenter le budget de l'aumône afin de donner un nouvel aiguillon à la charité. Aussi, bon nombre d'élèves, après être sortis de l'école Sainte-Geneviève, ont-ils continué à s'occuper de « leurs familles ». Chaque année, il tenait à leur prêcher un sermon de charité, et il le préparait avec soin afin d'obtenir le plus possible pour ses chers pauvres. »

Tous les ans, à l'approche de la rentrée, le recteur de l'école Sainte-Geneviève faisait un vœu pour le succès de la nouvelle année scolaire, et au vœu il joignait une grosse aumône. Son grand amour pour les pauvres et pour les membres souffrants de Jésus-Christ n'était un mystère pour personne, et comme *la bouche parle de l'abondance du cœur*, l'expression spontanée de ce sentiment devenait pour tous ceux qui l'approchaient une prédication éloquente.

Plantée dans une terre vierge, la charité porte les fruits les plus savoureux.

On s'en aperçut plus d'une fois à la rue des Postes. On citait, sans le nommer, un élève qui avait pris avec lui-même et acquitté pendant une

année entière l'engagement d'offrir à un ancien
condisciple, aux prises avec le besoin, tout ce qu'il
recevait de sa famille, à titre de menus plaisirs.
Combien de privations ne dut-il pas s'imposer
pour servir à chaque échéance cette petite rente
avec une parfaite régularité!

L'exemple suivant est d'un autre caractère et
doit s'être renouvelé bien des fois avec quelques
variantes. Vous eussiez vu, un dimanche ou un
jour de congé, des jeunes gens de seize à dix-huit
ans s'entourer des enfants d'un patronage voisin,
présider à leurs jeux, stimuler leur ardeur en les
encourageant de la voix et du geste, leur faire les
honneurs du gymnase, puis leur servir un repas
copieux et succulent et, au dessert, leur chanter
des chansons d'une gaieté naïve qui faisaient rire
à gorge déployée ces pauvres innocents. C'est, j'en
conviens, débuter joyeusement et d'une manière
quelque peu enfantine dans la carrière des œuvres
de miséricorde. Mais laissez faire : ce sont ces
mêmes jeunes gens qui, devenus élèves de l'École
polytechnique, consacreront à *leurs pauvres* les
prémices de leurs jours de sortie. Encore quelques
années et ils s'applaudiront de pouvoir, en payant
de leur personne, venir puissamment en aide aux
classes laborieuses. Ingénieurs, ils n'épargneront
ni temps ni peines pour protéger efficacement la
vie, pour ménager les forces de l'ouvrier qui tra-

vaille au fond des mines ou dans les usines des chemins de fer ; officiers, ils seront les pères des soldats. Voilà les hommes dont la patrie a besoin et ce n'est pas l'éducation sans Dieu qui les lui donnera.

Encore un mot sur l'organisation des œuvres à l'école Sainte-Geneviève. Chacune d'elles était assistée par un comité de dames patronnesses. Dans les commencements ce ne fut pas un petit embarras, et l'on mit quelque temps à s'orienter avant de bien savoir à quelles portes on pourrait frapper. Ce qu'il y avait de plus clair, c'est qu'on n'était pas en plein faubourg Saint-Germain, et, — est-il nécessaire d'en faire la remarque ? — rien ne ressemble moins à la rue du Bac et à Saint-Thomas d'Aquin que la rue Mouffetard et Saint-Médard. Où donc trouver des dames patronnesses ? On en trouva pourtant et des meilleures, par exemple, à la manufacture des Gobelins, à la Halle aux Vins. La femme chrétienne se rencontrait au foyer des administrateurs de ces grands établissements. D'ailleurs, partout où la sœur Rosalie avait passé, on constatait la présence d'un généreux levain de charité qu'elle avait répandu à pleines mains et qui sans doute fermente encore aujourd'hui.

Ces dames comprirent à merveille à quoi elles s'engageaient en acceptant de pareilles fonctions,

et leur accordèrent une place importante dans les
habitudes d'une vie déjà sérieuse et occupée. Non
contentes de se livrer, au profit de leur intéres-
sante et nombreuse clientèle, à toutes les pieuses
industries, elles travaillaient à se sanctifier afin
d'attirer les bénédictions du ciel sur leurs proté-
gés, pour lesquels elles offraient leurs communions et leurs prières. Une retraite, qui les réunissait chaque année tantôt dans notre église, tantôt
dans quelque chapelle de communauté, affermis-
sait leurs résolutions et ravivait dans leurs cœurs
la flamme d'un zèle vraiment apostolique.

Dans les comités d'hommes, où il s'agissait
surtout d'administration et de finances, les direc-
teurs de nos œuvres rencontrèrent souvent d'éminents collaborateurs. Lorsqu'on fit un premier
appel aux âmes généreuses en faveur de l'association des jeunes ouvriers, l'amiral Romain Des-
fossés s'inscrivit en tête des fondateurs. A sa
suite venaient trois généraux, des professeurs de
facultés, le directeur de Sainte-Barbe (ce devait
être M. A. Labrouste), le maire et les adjoints du
cinquième arrondissement. Les médecins offraient
aux associés malades les secours de leur art. Ces
hommes distingués exerçaient dans les sphères
les plus diverses une très légitime influence, qui
sans doute fut pour quelque chose dans les magnifiques résultats que nous avons constatés plus haut.

Rendons en passant un hommage tout particulier, assurément bien mérité, à M. Adrien Rataud, maire du cinquième arrondissement. Homme excellent, humble et fervent chrétien, administrateur aussi dévoué que modeste. Il était de toutes les œuvres comme de toutes les fêtes de l'école Sainte-Geneviève et ne craignait pas de passer pour clérical. Dans un temps où les personnages officiels se tenaient généralement à l'écart de toute manifestation impliquant une profession de foi catholique, il assistait pieusement à nos processions du Saint-Sacrement, où il prenait place au cortège d'honneur et portait d'ordinaire un des cordons du dais. Nous avons vu, dans un des asiles de la charité privée, le portrait de M. Rataud faire pendant à celui du P. Ducoudray, ce qui n'étonnera aucun de ceux qui ont eu le bonheur de le connaître.

Tels étaient les hommes que l'on nommait couramment « les amis de la maison », et jamais peut-être ils ne furent plus empressés et plus dévoués qu'en ces années qui précédaient de si peu les grandes et suprêmes épreuves. C'est qu'avec un cœur d'apôtre le recteur de l'école Sainte-Geneviève avait reçu du Ciel en partage des qualités charmantes, et qu'il excellait à se faire tout à tous afin de gagner tous les cœurs à Jésus-Christ.

Nous ne saurions mieux terminer ce chapitre qu'en laissant la parole au P. de Régnon. Il a crayonné du P. Ducoudray une esquisse à laquelle nous avons déjà emprunté quelques traits. Ce sera la conclusion naturelle de ce que nous avons dit de la communauté et des œuvres de l'école Saint-Geneviève.

« Dans le long commerce que j'ai eu avec le P. Ducoudray, écrit-il, j'ai toujours été frappé de sa bienveillance. Il était porté à juger les hommes en beau; on voyait que, comme le veut notre règle, il désirait du bien à tous, sans s'inquiéter des divergences de parti et d'opinion ; et cela, non par indifférence de conviction, mais par largeur d'idées et grandeur de cœur.

« Aussi ne pouvait-il supporter les dissensions, les disputes qui s'acharnent aux personnes sous prétexte de viser aux doctrines. Lié dès sa jeunesse avec des hommes qui ont un nom dans le parti catholique, puis, par sa position de recteur mis en relation avec des hommes considérables, il était consulté souvent. Sa double science très sérieuse au point de vue de la théologie et du droit, son jugement naturellement plein de rectitude, et en même temps son accueil bienveillant lui donnaient une influence plus grande qu'on ne le croit ; mais il ne parlait jamais de ces relations avec les gens du monde, et ce n'est que

par hasard que l'on découvrait le bien qu'il faisai
de cette manière.

« Cette même grandeur de cœur se faisait remarquer dans la manière de traiter avec sa communauté. Il y avait dans ses relations avec nous
quelque chose d'à la fois paternel et fraternel.
Comme il était vraiment né pour commander,
tous lui obéissaient en quelque sorte naturellement ; il le sentait, et cela donnait à sa direction
une aisance toute spéciale.

« J'ai tenu à rappeler ce côté si attachant de ce
grand caractère. Car son austérité, la majesté de
son administration, son application au travail et
toutes ces qualités qui en faisaient un homme
vraiment supérieur, ne feraient pas soupçonner
les trésors de simplicité, de gaieté, d'affection et
de chaleur que renfermait son cœur. »

CHAPITRE X

Aux vacances de 1869, le P. Ducoudray eut à
supporter une épreuve à laquelle il s'attendait
sans doute, mais qui n'en fut pas moins sensible
à son excellent cœur. On lui enlevait le Père préfet,
le dévoué collaborateur en qui, depuis trois ans,
il s'était accoutumé à voir un autre lui-même. Le
P. Cosson appartenait à la province de Champagne
et son provincial, le R. P. Pillon, le rappelait
pour l'envoyer au collège Saint-Clément, de Metz,
où il était vivement désiré.

De la correspondance qui s'établit alors entre
Metz et Paris, je n'ai sous les yeux qu'une partie,
mais complète, composée de toutes les lettres du
Père Ducoudray au Père Cosson. Elles attestent que
le coup fut rude à tous les deux et qu'autant

étaient solides les vertus chrétiennes et religieuses du P. Ducoudray, autant son cœur était aimant et dévoué. Elles nous initient aussi à la vie intime de l'école Sainte-Geneviève, durant cette année scolaire 1869-1870, en même temps qu'elles nous font présager pour la France tout un avenir d'orages et de catastrophes.

Citons d'abord une lettre du 1er novembre, dans laquelle le P. Ducoudray entretient son ancien collaborateur, toujours si attaché à leur œuvre commune, de la retraite que le P. Olivaint vient de donner aux élèves. Il l'informe en même temps des mesures énergiques qu'il prend en ce moment pour préserver cette jeunesse des dangers sans cesse renaissants auxquels elle est exposée par la trop grande liberté des jours de sortie.

« A vous mon premier trait de plume de la journée. Je vous donnerai les nouvelles comme elles me viendront, sous forme de journal.

« Ce matin, nous sortons de retraite. Elle a été bonne ; bonne par l'attitude, le bon esprit ; bonne sous le rapport de la prédication. Le R. P. Olivaint a été très pratique. Une conférence sur les mauvaises conversations, une autre sur le caractère et les bonnes compagnies (1) ; les dangers signalés

(1) Ces conférences du P. Olivaint étaient bien connues dans les collèges, où elles produisaient de grands fruits. Le texte ne nous en a pas été conservé, mais on en retrouvera quel-

et mis à découvert. En somme, Pères et élèves sont contents.

« Mon Dieu ! si Paris et surtout les sorties dans Paris n'allaient pas gâter ces bonnes dispositions. Quels ravages au contact de tant de dangers ! — Je resserre les correspondants, je défends les domestiques (1). Tout cela est accepté; il le faut bien. Pouvons-nous en conscience savoir que tel enfant est abandonné et le laisser abandonné? Nous aurions à rendre compte à Dieu de nos faiblesses. Il importe que le pli se prenne dès la première sortie, et voilà mon grand travail depuis trois jours. Aujourd'hui, tout est réglé. »

Les abus que le P. Ducoudray signale ici et dont il veut avoir raison, il les a constatés et combattus de tout son pouvoir dès son entrée dans la maison, il y a de cela une douzaine d'années. Recteur, tous reconnaissent qu'il ne les a pas ménagés, et voilà que la quatrième et dernière année de son rectorat, il met de nouveau la main à l'œuvre comme si rien n'était fait.

Nil actum reputans, si quid superesset agendum.

quels traits, et de ceux qui portent coup, dans l'ouvrage suivant : AUX JEUNES GENS, *conseils du R. P. Olivaint,* recueillis par le P. Ch. Clair, de la Compagnie de Jésus. 13ᵉ édition, Paris, V. Palmé, 1884.

(1) On ne permettait plus de sortir accompagné seulement d'un domestique.

Sur un autre point, également capital, il n'a rien rabattu de ses exigences. L'école Sainte-Geneviève est un établissement chrétien, c'est entendu, et qui veut y être admis doit faire profession de christianisme. S'il vient à craindre que parents ou enfants n'aient pas compris que c'est là une condition *sine qua non*, il provoque des explications et il les veut parfaitement franches, spontanées, catégoriques, afin de couper court à des malentendus qu'on aurait tôt ou tard à regretter de part et d'autre.

Nous avons rencontré, sans la chercher, la preuve de son exactitude en cette matière et de la suprême clarté avec laquelle il voulait que fût traitée cette question préalable. Elle se trouve dans l'opuscule consacré à la mémoire du Père Marc Le Gall, ce pieux et savant confrère dont nous avons parlé plus haut.

Le 1ᵉʳ juillet 1870, il écrivait à un ami : « Dès que j'ai pu voir le R. P. recteur, absent avant-hier, j'ai exposé et plaidé la cause de votre protégé. Dans les conditions où est ce jeune homme, il peut être reçu à l'école Sainte-Geneviève, malgré la limite d'âge. Le vrai obstacle est que vous ne dites pas un mot du *principe religieux :* il n'est question que de trouver mieux pour le *succès*, et plus d'une fois, en accordant ce mieux, nous avons reçu des jeunes gens très déplacés au milieu de nos élèves. Ce ne serait pas ici le cas, mais il faut la règle.

« L'école Sainte-Geneviève est fondée sur la

piété. Les élèves assistent tous les jours à la messe, communient à peu près tous aux grandes fêtes et gardent, même à Saint-Cyr et à l'École polytechnique, des habitudes de piété que nul aujourd'hui ne méprise, ces *Jésuites* devenant en leur temps d'excellents officiers.

« Il faut donc avant tout que le R. P. Ducoudray sache les sentiments de X*** à cet égard ; il faut que le jeune homme *veuille* ces pratiques et ne les accepte pas seulement comme un *triste accompagnement* d'une instruction sérieuse. Qu'il vienne lui-même voir le R. P. recteur, qu'il dise spontanément les motifs de ses préférences pour Sainte-Geneviève, et bien vite la décision sera prise. Je serai heureux d'avoir été pour quelque chose dans l'avenir chrétien et la carrière temporelle de ce brave jeune homme (1). »

Nous avons parlé de la politique du P. Ducoudray : elle se retrouve là tout entière. Ce qui nous reste à dire, et la chose est de toute évidence, c'est que, toute surnaturelle qu'elle fût, elle avait admirablement réussi. Nous ne sommes plus au temps où l'on se fût contenté d'avoir une centaine d'élèves, pourvu qu'ils fussent chrétiens. Aujourd'hui ils sont chrétiens, et ils sont au nombre de trois cent cinquante.

____

(1) *Le R. P. Le Gall*, etc., p. 297

Certes, l'éminent religieux qui conduit « cette grande barque, » ainsi qu'il s'exprimait familièrement, n'a jamais sacrifié au succès, et le succès est venu, tel que l'eût à peine souhaité une ambition plus ardente et moins désintéressée que la sienne. Ne devait-on pas s'y attendre, puisque ainsi se réalise à la lettre la promesse de celui qui a dit : *Cherchez premièrement le royaume de Dieu et sa justice, et tout le reste vous sera donné par surcroît.*

La lettre suivante est du 2 janvier 1870. Elle répond aux vœux de bonne année du Père Cosson et nous initie aux pieuses et paternelles sollitudes qui remplissaient la vie du Père Ducoudray, à l'heure même où M. Emile Olivier travaillait à la formation du ministère qui porta son nom et dont le peu de consistance précipita la chute de l'empire.

« Mon Révérend et bien cher Père,

« P. C.

« M'excusez-vous de venir si tard répondre à vos bons souhaits ? Vous aurez, je pense, assez pitié de moi pour me pardonner. Ma retraite, les fêtes de Noël, les visites du jour de l'an, le parloir incessant, l'arrivée à Paris de nombreux parents amenés par le nouveau règlement des sorties, voilà

pour le passé. Puis, ne voulant rien refuser à
sainte Geneviève, je prêche mardi à Saint-Etienne,
jeudi au Panthéon... et dimanche aux élèves pour
les pauvres.

« Mes souhaits pour vous, cher et bon Père, ne
datent pas de ce soir. *Jamais* je ne vous oublie au
saint autel et à l'action de grâces. Je vous souhaite
avant tout avec saint Paul cette paix de l'âme qui
domine toute impression. *pax quæ exsuperat om-
nem sensum*, puis cette bonne vue de toutes choses
qui les laisse voir au jour vrai et serein. A quoi
bon se charger d'orages le cœur et la tête ?

« Pour moi je vieillis sans me sanctifier. Ce ne
sont point cependant les bonnes occasions qui
manquent. Notre premier trimestre est achevé. Il
a marché passablement. Voici le trimestre difficile. Le bon Dieu nous réserve-t-il de grosses
épreuves? attendons tout de sa miséricorde, et
n'ayons de confiance qu'en lui.

« Nous ferons le jubilé et la fête de sainte Geneviève le 30 janvier. J'essaie de bien préparer le
terrain pour que la solennité soit digne de notre
patronne. Vous savez quelle est ma confiance en
elle. Le Père Cahier s'occupe de la statue que nous
lui élèverons dans le jardin.

« Pensez à moi le 2 février (1), et demandez

_____

(1) Jour où il devait prononcer ses derniers vœux.

pour moi l'esprit d'un religieux dans toute sa largeur.

« En union de vos S. S.

« R⁰ V⁰ humilis in X⁰ servus et frater.

« L. DUCOUDRAY, S. J. »

Selon le programme arrêté plusieurs semaines à l'avance, la fête de sainte Geneviève est célébrée avec encore plus d'éclat que les années précédentes. Le Père Ducoudray supplie la Vierge de Nanterre de protéger l'école dont elle est la patronne aimée et vénérée, non plus contre les barbares du dehors, mais contre ceux, bien autrement redoutables, que la ville de Paris abrite en si grand nombre dans son sein. Sa ferveur va toujours croissant et celle des élèves répond à son appel. Le R. P. provincial, qui leur a dit la messe et donné la sainte communion, a été singulièrement édifié de leur piété. Au banquet du soir se sont assis cent quatre-vingts convives, au nombre desquels trois généraux, trois colonels, deux commandants, de jeunes officiers anciens élèves de la maison, trente-huit polytechniciens et douze saint-cyriens, les seuls qui aient obtenu la permission de minuit.

Trois jours plus tard, fête intime, mais de celles qui font époque dans la vie d'un religieux de la Compagnie. Admis au degré de profès, le Père

Ducoudray prononçait ses derniers vœux entre les mains du R. P. de Ponlevoy, qui, ce jour-là, — fête de la Purification de la Sainte Vierge, — terminait sa visite annuelle à la rue des Postes. Le R. P. provincial, dont l'âme était à la fois si vaillante et si tendre, dut éprouver une grande joie, lorsque celui qu'il avait conduit, quelque vingt ans auparavant jusqu'au seuil du noviciat, vint s'agenouiller à ses pieds, sur les degrés de l'autel, et confirmer ses premiers engagements par une solennelle et suprême consécration.

Au reste, tout se passa en famille et sans le moindre apparat. Pour que la modestie du saint religieux fût servie à souhait, il ne figura qu'au second rang dans l'auguste cérémonie qui fixait sur lui tous les yeux ; le premier rang appartenait par droit d'ancienneté à l'un des professeurs de la maison, le Père Chanson, qui, prononçant ses vœux le même jour, eut le pas sur son recteur tant à la chapelle qu'au réfectoire.

Autre heureuse coïncidence. C'était jour de sortie, et grâce à la discrétion de tous les Pères, qui se conformèrent à ses désirs, le nouveau profès échappa aux démonstrations sympathiques et même enthousiastes dont il était menacé par la vive affection des élèves et la reconnaissance de leurs parents.

Ce n'était pas tous les jours fête pour le bien-

aimé recteur. On s'en aperçoit sans peine en par-
courant attentivement sa correspondance. La situation rassurante de l'école ne lui permettait pas
de fermer les yeux sur la question politique qui
lui causait les plus vives anxiétés. Ce côté sombre
du tableau tient une grande place dans plusieurs
lettres adressées à M. de la Broise, qui se trouvait
alors à Rome.

Dans une lettre du 29 octobre (1869), le P. Ducoudray lui dépeint la situation en termes très
vifs. Je transcris seulement ces quelques lignes
qui résument toute sa pensée : « Malgré tous les
précipices que nous touchons de si près, il faut
aller en avant comme si nous jouissions de la sécurité la plus parfaite. L'hésitation, l'aveuglement
siègent dans les hautes régions. Ivres des conces-
sions déjà faites et sûrs d'arriver à tout renverser
avec cet aide, les 650,000 ouvriers ou prolétaires
qui nous menacent espèrent en finir bientôt. »

Ce sont les mêmes alarmes que nous trouvons
reproduites dans une lettre du 2 décembre adressée
au P. Cosson. « Je vais entrer en retraite de dimanche en huit. Priez pour moi, j'en ai grand
besoin. Autour de nous, dans le monde politique,
on est évidemment indécis et inquiet. Dans le
monde religieux, c'est la division, et quelle regrettable division ! » Tout près de lui, Dieu merci, le
groupe d'écrivains que connaissent déjà nos lec-

teurs, et qui avait planté son drapeau à la rue des
Postes, soutenait vaillamment la cause à laquelle
le concile du Vatican allait bientôt donner raison.

L'avènement du ministère Ollivier (2 janvier 1870) fut salué dans le monde parlementaire
comme l'aurore d'une ère de paix et de prospérité. Mais cet enchantement ne dura guère. Huit
jours plus tard la mort de Victor Noir — un malheureux enfant perdu de la démocratie qui recevait une balle dans la tête en réponse aux injures
dont il venait assaillir le prince Pierre Bonaparte
dans sa propre demeure — cette mort qui, en
tout autre temps, n'eût été qu'un douloureux incident sans conséquences politiques, fit un bruit
à réveiller les dormeurs. Ceux qui voulurent y
réfléchir s'aperçurent que d'ingénieuses combinaisons dans le jeu des pouvoirs publics étaient
impuissantes à guérir les plaies profondes du
pays et que, pour longtemps, la question sociale
était pendante.

Le 20 janvier, le P. Ducoudray écrit à M. de la
Broise :

« Mon cher Edmond,

« Merci mille fois de ton excellente lettre, si
pleine de cœur, si pleine de nouvelles.

« Je te dirai que tu juges à merveille les événements de Paris. Hélas! sans le malheur d'Auteuil,

les choses semblaient prendre une bonne voie. Mais tu ne saurais t'imaginer comment ce fait a été exploité par la presse de la *Marseillaise*, du *Rappel* et du *Réveil*. Rien de semblable n'a été écrit depuis 93. C'est la conspiration à ciel ouvert, et Dieu sait quelle est la portée de pareil poison préparé chaque jour à plus de six cent mille âmes à Paris. Aussi l'agitation a-t-elle été extrême et l'inquiétude gagnait de rang en rang. Heureusement, la séance du 17 janvier a raffermi les gens honnêtes, en leur faisant espérer que l'on ne souffrirait plus de journées comme celle du 12. Peu s'en est fallu qu'on en vînt à une lutte, et Dieu sait quelle lutte ! Deux cent mille ouvriers étaient debout derrière Rochefort.

« Discute comme il te plaira cette influence sur les masses ; elle existe. Et deux cent mille hommes debout, hurlant la Marseillaise, fussent-ils sans armes, ont du moins l'influence du coup de bélier. C'est une pression désastreuse, menaçante. Toutes les plus grossières passions sont en jeu. Tout n'est pas fini. On prépare encore quelque grande manifestation pour agiter. — Samedi 22, se plaide le procès Rochefort ; en profitera-t-on pour lui faire une ovation ? Nous sentons le malaise, et pour ses débuts le nouveau ministère a de vilaines questions à vider.

« Voilà, mon cher ami, mon appréciation sur

l'état des choses. On est inquiet. C'est le résumé de la situation. Quand on n'a plus laissé aux masses que des instincts de corruption, quand on les a conviées de toutes part pour édifier ce luxueux Paris, sans s'occuper de les moraliser, on finit par s'apercevoir qu'elles embarrassent, et souvent c'est un peu tard. Le premier problème à résoudre, n'est-ce pas celui de la décentralisation? — L'éducation morale n'a rien à gagner. Je ne sais plus où s'arrêtera la licence de la presse, le dévergondage des réunions publiques. Quelques naïfs croient que l'on peut gouverner en laissant divaguer, comme il lui plaît, tout ce libertinage. Ce n'est pas tenir compte des passions humaines et des concupiscences d'une nature viciée. »

La lettre suivante, à l'adresse du P. Cosson, est postérieure au plébiscite (8 mai 1870). Trois ministres, MM. Buffet, de Talhouët et Daru, ont donné leur démission, parce qu'ils ont vu dans cet appel à la nation un retour au gouvernement personnel. Des mains du comte Daru le portefeuille des affaires étrangères a passé dans celles du duc de Gramont.

« Paris, 15 mai.

« Mon révérend et bien cher Père,

    « P. C.

« Nous voici donc sortis de la campagne du plébiscite. Pour moi, malgré les agitations, j'étais beaucoup moins préoccupé de la situation qu'au 10 janvier. L'armée, quoiqu'on dise de ses votes, avait reçu des ordres terribles, et elle les aurait exécutés. Aussi l'armée de l'émeute n'avait envoyé que son avant-garde de gamins ; elle demeurait inactive. Nous voici revenus au calme, appuyés sur plus de sept millions de suffrages. Que fera de ce succès le gouvernement ? — Le ministère est en dislocation. M. le duc de Gramont est le seul connu des nouveaux ministres.

« M. Kolb-Bernard me disait ces jours passés que nous allons retomber dans ce système sans principes, où un homme est tout dans le gouvernement d'un pays. En effet, faute de principes, nous errons à l'aventure, à la merci d'un homme muni d'assez d'orgueil pour s'imaginer qu'il saura conjurer les tempêtes et calmer les flots. Autrefois, c'étaient les principes qui soutenaient les hommes et qui les gouvernaient; aujourd'hui, c'est aux hommes qu'on est réduit pour suppléer les principes.

« Dieu nous mène à coups de Providence. Je suis très frappé, pour mon compte, de cet abîme toujours ouvert sous nos pas et dans lequel nous ne tombons jamais. Il me semble qu'il y a là un dessein secret de la sagesse et de la miséricorde divines que nous ne devrons jamais perdre de vue.

« Assez de considérations, mon cher Père, et disons *In Deo confido*. Cela nous suffit. Il n'en est pas moins vrai qu'au milieu de ce gâchis, et de ces agitations qui reviennent tous les trois mois, entourés comme l'avons été de maladies épidémiques, nous devons à Dieu toute notre reconnaissance. »

Mais l'année n'était pas finie, et e moment approchait où le prince qui avait débuté par deux tristes aventures, puis réussi dans un vrai Coup d'État au delà de toute espérance, allait — sur un malentendu — jouer sa couronne et jeter la France dans toutes les horreurs d'une guerre sans merci.

CHAPITRE XI

« La guerre ! » ce mot éclate tout d'un coup au beau milieu d'une lettre du P. Ducoudray au P. Cosson, à la date du 17 juillet.

« La guerre ! Si vous voyiez Paris fanatisé, électrisé ! Tout Saint-Cyr est sorti hier ; les anciens vont dans leurs régiments, les recrues ont quinze jours de vacances. Rien encore de déterminé pour l'Ecole polytechnique, si ce n'est le départ du général Favé et du colonel Boissenet. Hier, le chemin de fer de l'Est n'emportait que des troupes. La Garde commence à partir. Cette nuit à dix heures, c'étaient les zouaves avec les voltigeurs. A l'instant, le général Pé de Arros vient dire adieu à son fils. Il arrive de Versailles ce matin avec ses deux régiments et repart à deux heures. Trois

brigades sont parties hier. Le général de Gondrecourt est à Lunéville. Nous confessons au passage
soldats, saint-cyriens et officiers. Où allons-nous ? »

La lettre se termine par ces paroles engageantes :

« Vous savez assez qui je suis, et combien j'aime
la simplicité. C'est vous dire que nous recevrons
bien volontiers et de tout cœur les élèves de Metz
que vous enverrez. »

A Metz, la déclaration de guerre était accueillie
avec un enthousiasme plein d'illusions, et l'on
s'efforçait de gagner de vitesse sur la Prusse au
moment où celle-ci, l'arme au bras, attendait que
la France se fût donné toutes les apparences de
l'agression. A partir du 15 juillet, chaque nuit, le
chemin de fer amenait des troupes de l'intérieur,
puis les emportait à toute vapeur vers la frontière.

Les Pères du collège Saint-Clément s'empressèrent de mettre à la disposition de l'intendance militaire leurs maisons et leurs personnes pour soigner les blessés ; et déjà les élèves consacraient
leurs récréations à faire de la charpie. Les soldats
qui arrivaient n'avaient point d'aumôniers ; ils
apprirent bien vite le chemin du collège, car ils
venaient en foule se réconcilier avec Dieu. La
campagne autour de Metz étant devenue un vaste
camp, les Pères allaient à leur tour les visiter, et
leur distribuer des scapulaires et des médailles.

Les élèves voulurent partager cet apostolat et désormais leurs promenades n'eurent plus d'autre but.

Mais, on le devine, le recueillement de l'étude et la sérieuse préparation des examens n'étaient guère compatibles avec l'agitation qui régnait autour du collège et jusque dans ses cloîtres, où, à quelque heure que ce fût, tous avaient la chance de rencontrer, en tenue de campagne et sous l'uniforme, un parent, un ami, un ancien camarade. L'offre de recevoir à l'école Sainte-Geneviève les saint-cyriens de Saint-Clément venait donc fort à propos. Le P. Cosson ne mit-il pas un peu d'amour-propre à envoyer tout d'abord l'élite de ses élèves à son généreux collègue? On peut le croire en lisant les quelques lignes qui annoncent l'arrivée des jeunes Messins à Paris. « Vous avez de charmants enfants, à en juger par l'échantillon. — Envoyez-en tant qu'il vous plaira et quand il vous plaira. »

« A partir de lundi, lisons-nous dans la même lettre, nous nous engageons aussi, et chacun de nous dira une messe chaque quinzaine pour nos élèves qui sont à la guerre, de telle sorte que nous ayons chaque jour la messe militaire. »

Cependant, quinze jours s'étaient écoulés avec l'activité fiévreuse d'une concentration incertaine et mal concertée, quand tout à coup le *Journal officiel* enregistra ces mots comme un bulletin de victoire : « Notre armée a pris l'offensive, franchi la frontière et envahi le territoire de la Prusse. »

On sait maintenant à quoi s'en tenir sur cette affaire de Sarrebruck dont on fit alors tant de bruit. C'était une simple mise en scène. Encore quatre jours et les Prussiens seront maîtres des positions enlevées sans coup férir par le général Frossard ; c'est même de là qu'ils partiront pour nous livrer la bataille de Sicheren qui leur ouvrit la Lorraine. En attendant, le maréchal Le Bœuf. dans son incurable imprévoyance, appelle cela « une jolie affaire ». Des hauteurs voisines, le Prince impérial assistait à l'action, et l'empereur déclare avec une puérile emphase que son fils a reçu « le baptême du feu. » Là-dessus, tout Paris se met en liesse pour célébrer une journée qui aura un si cruel lendemain.

Seul, ou du moins avec un bien petit nombre de sages, le P. Ducoudray fut absolument réfractaire à l'enthousiasme universel. Evidemment il ne pensait pas comme tout le monde. D'un regard qui emprunte sa puissance aux plus pures lumières de la foi, il a vu planer sur la France la justice de Dieu, dont la rigueur ne peut être désarmée que par un repentir sincère et une généreuse expiation. Nous avons pour garant de cette surnaturelle clairvoyance un entretien qu'il eut alors avec M. le marquis de Beaumont. Quand ils se séparèrent, ils ne devaient plus se revoir. Rien d'étonnant que son interlocuteur ait pris soin de mettre par écrit les *novissima verba* d'un martyr dont il avait le bonheur d'être l'ami. De là le précieux document que nous reproduisons textuellement.

« Le 4 août 1870, à la gare de Versailles, des crieurs annonçaient un grand succès remporté à Sarrebruck, et dont la nouvelle était arrivée la veille. Quelles que fussent les appréciations touchant cette guerre, tout Français espérait ou souhaitait du fond du cœur le succès de nos armes. Mon fils, qui venait de sortir de Saint-Cyr, devait d'un jour à l'autre prendre part à la lutte. Je fus tout à la joie, à l'enthousiasme. En arrivant à Paris, je courus à la rue des Postes, et abordai le bon Père Ducoudray dans cette disposition d'esprit. Je le trouvai ferme, énergique, comme toujours, mais triste et sombre. A mes paroles de triomphe, il me répondit :

« — Mon pauvre ami, je ne puis partager vos espérances; rien ne les peut justifier, ni les conditions dans lesquelles la guerre est entreprise, ni l'état de notre malheureux pays. La France est tombée dans une corruption qui n'a pas d'exemple dans notre histoire; Dieu est oublié; on est parti pour la frontière sans une prière, en chantant la *Mar-*

seillaise; est-ce là le fait d'une nation chrétienne et forte? Voyez la Prusse, ce pays protestant : la prise d'armes s'est faite avec calme, et on a imploré le secours d'en haut. Non, je ne puis malheureusement espérer, je souhaite ardemment me tromper, je prie de tout mon cœur pour notre armée, pour notre France, mais je ne vois, dans l'avenir prochain qui nous attend, que désastres sans nom. Nous sommes à la veille d'un effondrement.

« — Mais mon Père, m'écriai-je, le soldat français est toujours le soldat irrésistible, et si nous avons perdu toutes nos traditions, la valeur nous reste toujours.

« — Mon ami, me dit le R. P. Ducoudray, la valeur humaine n'est rien sans le secours d'en haut. Dieu oublié, outragé, blasphémé, ne bénira pas nos efforts, j'en ai le triste pressentiment. C'est un motif de plus pour demeurer vraiment homme et vraiment chrétien ; mais pour ne pas faiblir dans l'accomplissement du devoir devant de cruelles épreuves, il ne faut pas se bercer de vaines illusions. Je vous attriste, mais ne voudrais pas vous décourager ; moi aussi, la pensée de tous ces enfants qui sont les miens, et qui vont aborder les dangers pour n'aboutir qu'à des désastres, cette pensée m'émeut jusqu'au fond des entrailles. Dieu les garde, Dieu garde votre fils et tous les vôtres ! Prions, prions ; et faisons tous nos efforts pour devenir meilleurs, afin de mériter d'être moins cruellement châtiés.

« J'étais entré le cœur gonflé d'une joie irréfléchie, je sortis le cœur serré ; et pourtant combien j'étais loin de penser que nos revers pussent être ce qu'ils ont été bien peu de temps, hélas ! après cette entrevue avec le R. P. Ducoudray que j'avais vu pour la dernière fois !

« Vous comprenez, ajoute M. de Beaumont, que les graves paroles que je venais d'entendre m'aient profondément frappé, et vous me croirez si je vous dis qu'elles retentissent encore à mes oreilles avec l'accent de cette douloureuse et mâle résignation qui n'a pas abandonné le R. P. Ducoudray jusqu'au jour de son martyre. Je vous les rapporte aujourd'hui, sinon tout à fait textuellement, du moins bien fidèlement. »

On n'était encore qu'au 6 août et déjà commençaient à se vérifier les cruelles prévisions que M. le marquis de Beaumont s'était vainement efforcé de combattre. Ce jour-là, dans la soirée, on apprit que le maréchal de Mac-Mahon venait d'essuyer un terrible échec à Froeschviller. Le Père Defour, de la Province de Lyon, qui se trouvait être alors l'hôte de la rue des Postes, vit le Père Ducoudray sous le coup de cette accablante nouvelle. L'émotion qu'il éprouva après l'avoir en-

tendu se fait encore sentir dans les lignes qu'on
va lire et qu'il écrivit six années plus tard :

« De retour d'une excursion à Versailles, je ren-
trais le soir à la rue des Postes, ne soupçonnant
rien des nouvelles qu'on venait de recevoir. En traversant la cour d'entrée de l'école, je vis le Père
Ducoudray qui se tenait sur le seuil de la petite
porte intérieure. Son attitude sérieuse, un peu
sombre même, son air attristé, tout en lui me
frappa et m'émut. Comme j'avais toujours vu la
gravité de sa personne tempérée par je ne sais
quel reflet de douceur, de bienveillance qui rendait son accueil singulièrement facile et avenant,
je ne pus m'empêcher de lui dire : « Qu'avez-vous
donc, mon Père ? — Vous ne savez donc pas ? me
dit-il. — Non, rien. — Mac-Mahon vient d'être
battu. Il se retire, les Prussiens sont en France,
leur marche est rapide. » Puis il ajouta avec l'assurance de quelqu'un qui raconte un fait accompli : « Avant un mois ils auront investi Paris.
Le bon Dieu va nous châtier rudement. Pour moi,
rien de cela ne fait l'ombre d'un doute. »

« Ces paroles que l'événement justifia, ajoute
le Père Defour, me frappèrent vivement ; je ne les
oublierai jamais. » En effet, on était encore loin
de Sedan, et personne n'eût tenu alors un pareil
langage. Mais le saint religieux savait que nous
avions Dieu contre nous.

Quand l'armée du maréchal de Mac-Mahon se replia pour se jeter dans les Vosges, elle avait perdu nombre d'officiers supérieurs et ses régiments étaient plus que décimés ; elle laissait six mille hommes sur le terrain et entre les mains de l'ennemi sept ou huit mille prisonniers, trente canons. Trois heures plus tard, s'achevait la bataille de Sicheren, un peu moins sanglante, il est vrai : le général Frossard n'avait perdu que quatre mille hommes ; les Allemands étaient à Forbach.

Metz était donc sous la menace d'un prochain blocus. Envahi par les blessés, par les tristes débris des régiments les plus maltraités dans la journée du 6, par l'état-major et l'intendance du général de Lavaucoupet, le collège Saint-Clément n'était plus tenable pour le petit nombre de saint-cyriens qu'il avait conservés jusque-là. Le 8, le P. Cosson les fit monter en wagon et les amena avec armes et bagages à la rue des Postes. Accueillis par la paternelle bonté qui avait déjà conquis les cœurs de leurs camarades, dès qu'ils furent commodément installés, les nouveaux venus se remirent courageusement au travail.

Y aura-t-il des examens? On l'espère encore, mais cet espoir diminue chaque jour. Enfin l'illusion n'est plus possible ; les Prussiens sont aux portes de Paris et enlèvent une à une ses communications. On se résigne à se séparer de ces braves jeunes gens et à les rendre à leurs familles. Au moins auront-ils reçu de leurs maîtres l'exemple du dévouement et de la constance dans l'accomplissement du devoir.

Avant Sedan, il y eut une recrudescence inouïe des plus chimériques espérances. Ne croyait-on pas marcher à la victoire? Des plans d'attaque et de défense plus triomphants les uns que les autres, improvisés par les stratégistes du boulevard et répandus à profusion par la presse, — afin sans doute d'épargner à l'ennemi des surprises désagréables, — tenaient la foule en haleine et ne contribuaient pas peu à lui inspirer cette sécurité de mauvais augure, qu'on remarque quelquefois chez les malades entre deux violents accès de fièvre.

L'optimisme, le plus aveugle optimisme était à l'ordre du jour. On va voir que les convictions du P. Ducoudray, dont tout autre était le caractère, n'ont pas un instant fléchi. Le 31 août, — c'est-à-dire la veille même de la sanglante catastrophe qui eut pour conséquence immédiate l'effondrement de l'empire, — il écrit à son ami M. de la Broise :

« Nous expirons, » me disait il y a quelques jours M. Kolb-Bernard. Et M. Keller, renchérissant sur la pensée de son ami : « Nous sommes à « la merci des événements, sans boussole pour

« les diriger, sans frein pour retenir la révolution
« qui se précipite, entre les Prussiens du dehors
« et les révolutionnaires du dedans. » Voilà notre
situation.

« Si affreuse que soit cette guerre, si mal com-
binée qu'elle ait été à l'origine, si effrayants que
soient les malheurs qui nous menacent, après
avoir horriblement souffert, après beaucoup de
sang versé, et peut-être à Paris toutes les horreurs
d'un siège, je crois que finalement nous triom-
pherons de la Prusse moins digne de vivre parmi
les nations que notre pauvre France. — Au point
de vue humain, la marche des événements me
paraît inexplicable. Il en est tout autrement si
nous regardons les choses au point de vue providentiel.

« Il est incontestable que nos populations des
grandes villes et nos grandes industries, aussi
bien que la plupart des hommes de la région
administrative, ont vécu sans Dieu, et l'ont exilé
de la société française. A moins d'un miracle de
premier ordre ou d'une seconde révélation, que
Dieu n'est pas tenu d'accorder, il me paraît absolument impossible de faire pénétrer la foi chrétienne dans ces phalanges compactes, ignorantes
et impies. Dieu n'est ni entendu ni accepté. Tous
les moyens humains seraient incapables de re-
christianiser la France. Que fait-il? Il châtie, et

encore quel châtiment! Il faut que la plaie soit si grande ouverte que la nation malade reconnaisse que tout médecin humain ne peut la guérir. A force d'être humiliée, à force de souffrir, il faut que la France en soit réduite à recourir à Dieu, le seul qui puisse rétablir les principes, si elle veut revivre parmi les nations. Pour nous châtier, pour nous humilier jusqu'à la souffrance extrême, pour nous désillusionner, Dieu prend en main un des fléaux dont il dispose au jour de ses grandes colères.

« La guerre est allumée, une guerre d'extermination, telle qu'elle n'apparaît plus depuis des siècles, voilà le fléau que Dieu déchaîne sur nous. Il faudra bien reconnaître un jour à venir que notre luxe, notre affaissement moral, nos erreurs contre nature, nos blasphèmes ont été cause de tous ces malheurs. Jusqu'à cet aveu qui coûtera peut-être beaucoup à notre orgueil, je n'attends rien d'une résurrection durable et glorieuse.

« Voilà bien longtemps, mon cher ami, que j'étais frappé de ce fait. Depuis vingt ou trente ans on ne veut plus de Dieu. On le chasse au nom de la science, au nom du progrès, au nom des passions, au nom des souverains comme au nom des peuples. Dieu s'irrite et paraît. Nous portons le poids de sa colère. Qu'arrivera-t-il? Fussions-nous victorieux à la fin de cette épouvantable

guerre, la question intérieure demeurera tout entière, plus difficile à résoudre que la question
prussienne, parce que les esprits d'une même nation ne se concilient ni à coups de chassepot, ni
à coups de canon.

« Nous sommes dans l'attente. C'est la situation
de la journée. Demain elle sera peut-être changée.
Paris est à l'état de sensitive. Dimanche la panique
était générale, tout le monde partait. — De dix
lieues à la ronde on rentre à Paris, plus sûr encore que la banlieue dans la supposition d'un
siège. Qui nous aurait dit, il y a un mois, que
nous aurions à songer très sérieusement au siège
de Paris? — Comme organisateur, Montauban fait
des merveilles. N'est-il pas arrivé un mois trop
tard au ministère? Bazaine est admirable. Mac-
Mahon le seconde, mais que faire contre des forces
deux fois supérieures en nombre? Nous attendons. Demain ce sera peut-être une victoire? Si
c'était une défaite!...

« Ici nous sommes transformés en ambulance,
avec cent cinquante blessés. Ce sont tous des premiers blessés à Forbach, Wissembourg et Froeschviller; officiers, turcos, zouaves, cavaliers, etc.,
tous font bon ménage avec nous. Nous sommes
donc improvisés aumôniers militaires. N'était-ce
pas la situation du moment? Vaugirard est aussi
transformé en ambulance. Si nous avons le siège,

on doit y loger des troupes et des approvisionne-
ments et munitions. Je croyais, mon cher ami,
que les temps que nous traversons étaient légen-
daires, tout au plus historiques. Je ne croyais pas
que Dieu nous ferait vivre à la fin d'un siècle si gros
de nuages et de terreurs.

« Qu'il fait bon se tenir prêt à tout événement,
prêt surtout à paraître devant Dieu ! Jamais nous
n'avons mieux senti que nous sommes entre ses
mains. Prions ensemble. Soyons calmes et fer-
vents dans notre foi. Que nous sommes forts avec
nos convictions chrétiennes! Ne doute pas de mes
sentiments les plus dévoués. »

Après le 4 septembre, conformément aux instructions qu'il avait reçues du T. R. P. Général à
raison de sa charge de provincial, le Père de Ponlevoy avait quitté Paris, afin de rester autant que
possible, dans l'hypothèse déjà très probable d'un
siège, en communication avec les différentes maisons qui relevaient de son autorité. Le collège
Sainte-Croix, au Mans, était devenu sa résidence,
quand lui parvint une lettre du Père Ducoudray,
à la date du dimanche 11 septembre. Elle témoignait de la noble et patriotique satisfaction qu'é-
prouvait cette âme si française en voyant, parmi
tant de défaillances, la plus saine partie de la population parisienne se préparer à opposer à l'ennemi une vigoureuse résistance. Un *post-scriptum*,

comme un dernier rayon qui perce un instant la nue grosse d'orages, annonçait un succès de la rue des Postes.

« Mon Révérend Père Provincial,

« P. C.,

« Profitons des derniers jours où nous pouvons communiquer avec vous. Paris paraît vouloir sérieusement se défendre. Depuis deux jours, la physionomie est devenue toute militaire et la confiance grandit. Nous nous préparons à nous utiliser tous pendant ces jours où l'on tente un suprême effort. Gaston de Béarn, l'aide de camp du général Trochu, m'a fait avoir facilement des laisser-passer signés du gouverneur de Paris. Nous sommes autorisés à circuler sur les remparts, dans les ambulances, sur les champs de bataille. Nous irons en avant. Jusqu'ici notre quartier a été tranquille et nous ne sommes point inquiétés. Vous connaissez l'état de Paris aux jours de crise, il devient une sensitive : panique, excès de confiance, sentiments anarchiques, Paris subit tour à tour ces différentes impressions.

« Nous demeurons ici quinze prêtres et vingt-six frères coadjuteurs. Nous attendons avec calme les événements que Dieu nous prépare.

« Les faits désastreux qui nous attristent s'expliquent assez mal, humainement parlant. Mais qu'il est aisé de saisir l'action de la Providence ! Nous sommes aux *dies iræ*. Le flot de la colère divine monte et s'approche de cette grande cité si coupable. C'était une conspiration de la science, des administrations, du peuple pour chasser Dieu de la société. On y avait presque réussi. Dieu rentre dans son empire, la verge à la main. — Nous ne serons sauvés qu'au moment où les yeux et les cœurs s'élèveront vers le ciel. Ce n'est pas encore l'heure.

« Bénissez-nous, mon révérend Père. Nous savons que vous êtes de cœur avec nous.

« En union, etc.

« L. DUCOUDRAY,

« S. J. »

P. S. — « La liste de la marine a paru ce matin. Sur soixante admis dans toute la France, Paris n'a donné que dix-huit admis et sur ces dix-huit élus le P. de Maumigny a eu treize admissions. Comme complément du succès que méritait si bien ce bon Père, le premier de toute la liste nous appartient. — Sera-ce le dernier succès ? A la grâce de Dieu ! »

En dépit des apparences, il dut s'écouler encore quelques jours avant que le cercle de fer qui étreignait Paris fût entièrement fermé. Dans la

matinée du 18 septembre, le P. Ducoudray reçut
une lettre de M. le marquis de Beaumont, à laquelle il s'empressa de répondre.

« Votre bonne lettre m'arrive ce matin. Ma réponse pourra-t-elle vous parvenir ? Nous sommes
à peu près cernés. On me dit que les communications ne sont pas encore interrompues par la
ligne de Rouen. Que ma lettre fasse de grands
détours pour arriver jusqu'à vous, peu importe,
pourvu qu'elle puisse vous assurer que vos bonnes
nouvelles ont soulevé le poids de tristesses et
d'inquiétudes qui m'accable depuis cette horrible
guerre...

« Nous voici renfermés dans Paris. Depuis huit
jours toute la cité est sous les armes. De braves
mobiles des provinces sont venus nous apporter
leur généreux dévouement. Leur présence ici a
produit un excellent effet. Comme ils diffèrent
des mobiles de Paris ! Beaucoup visitent pieusement les églises, se confessent, portent sur leurs
visages ces airs modestes, calmes, purs qui tran-
chent avec notre population amollie, effrontée,
impie. Nos Parisiens nous fatiguent de leurs cris
et de leurs hurlements sauvages ; ces braves mobiles de la Bretagne, de la Vendée, de la Normandie et des Pyrénées demeurent calmes et honnêtes,
silencieux et respectueux.

« L'intérieur de Paris ne laisse pas de donner

des inquiétudes sérieuses. L'anarchie lève auda-
cieusement la tête, et notre nouveau gouvernement sent qu'il lui faut manœuvrer avec grande
prudence pour ne pas être dépassé. Qu'arrivera-t-il
au dedans pendant ou après le siège? Dieu seul
peut nous préserver de grands malheurs. Jusqu'ici
Vaugirard est la seule de nos maisons qui ait été
inquiétée et attaquée. La garde nationale et l'amiral de Montaignac qui commande le rempart voisin
ont réprimé ces premiers essais de désordre. Puis-
sent-ils ne pas se renouveler !

« Notre école sera, je l'espère, protégée par sainte
Geneviève à qui j'en ai confié la défense. Sur le
sommet de notre tour flotte un immense drapeau
blanc à croix rouge. Il doit s'apercevoir des hauteurs de Meudon, de Bicêtre et de Charenton.
Puisse-t-il préserver nos braves soldats ! C'est
une mesure de prudence ; mais je compte davantage sur les saints anges pour éloigner les obus et
les bombes. L'incendie m'effraie, et autre chose
encore. Tout cela à la grâce de Dieu ! Plus de trois
cents soldats et trente officiers sont venus s'abriter
ici et faire soigner leurs blessures. Tous paraissent contents de nous, et nous sommes ravis de
nos hôtes. N'importe, on n'en répand pas moins
des calomnies sur nous et l'on nous déclare des
êtres inutiles et dangereux.

« La misère, qui augmente d'une manière ef-

frayante, ne sera pas un des moindres inconvé-
nients du siège. Les ouvriers n'ont plus de travail; d'ailleurs, ils sont tous enrégimentés La
population de la banlieue est venue s'abattre sur
Paris sans lui apporter d'autre dot que ses mi-
sères. C'est un ennemi de plus. Pour nous, nous
sommes bien décidés pendant le siège à faire feu
de tout notre dévouement. Nous avons tous obtenu du général Trochu un laisser-passer qui nous
permet de courir sur les remparts, sur le champ
de bataille et aux ambulances, afin d'assister les
mourants et les blessés.

« Quand s'ouvrira notre école? S'ouvrira-t-elle ?
Nous permettra-t-on de l'ouvrir? C'est à Dieu seul
que j'abandonne la réponse. Nous sommes domi-
nés par les circonstances. Bien insensé celui qui
voudrait lire dans l'avenir. L'expérience doit nous
instruire. Quel est le Français qui aurait trouvé
créance, si, il y a deux mois, il s'était permis de
faire en prophétie l'historique de nos malheurs?...
Pour moi, j'estime que c'est la justice de Dieu qui
passe et le torrent des flots de la colère divine qui
roule sous nos yeux. Nous avions été bien coupables. Qu'espérer en effet d'une société qui con-
damne Dieu à l'exil et prétend s'en passer? La
mollesse, le luxe, la débauche, les passions les
plus sauvages, la futilité, la vanité, la soif du
plaisir se sont emparés de beaucoup de classes de

la société..... Tout ce cortège nous a conduit où nous en sommes.

« Que Dieu ait pitié de notre chère et malheureuse patrie ! Je ne doute pas que nous ne revenions à des jours meilleurs, mais n'aurons-nous pas encore à passer par des crises terribles ? Attendons avec calme, je dirais avec sécurité, parce que nous sommes plus assurés que jamais que c'est Lui seul qui dirige les événements. Nous sommes entre ses mains. »

Et maintenant que Paris va n'avoir bientôt plus rien à démêler qu'avec lui-même et avec les assiégeants qui s'apprêtent à le réduire à merci, jetons encore une fois les yeux sur le premier théâtre de l'invasion, non pour faire l'histoire de cette lamentable guerre, mais pour compléter celle de la rue des Postes. Certes, l'école Sainte-Geneviève a largement payé l'impôt du sang. De ses élèves qu'elle a depuis trois semaines accueillis en si grand nombre, lorsqu'ils allaient rejoindre leurs corps à la frontière, combien déjà sont morts au champ d'honneur !

L'un des premiers, Eléosippe Miqueret de Cendrecourt est ravi prématurément à la carrière où il avait débuté sous de si heureux auspices, le jour même où il recevait à Forbach le baptême du feu.

Fils d'un haut fonctionnaire que la guerre avait

trouvé préfet de Strasbourg, il a trente ans et vient d'être nommé capitaine d'état-major. Quand il apprend la déclaration de guerre, il écrit à son père : « Je ne suis pas fâché de faire la guerre ; cependant il est triste de voir les combinaisons et fautes politiques qui envoient des milliers d'hommes à la mort. » Et quelques jours plus tard : « Ne croyez pas les journaux ; ils mentent avec impudence, nous n'avons encore rien fait de tout ce qu'ils racontent. Tout manque, tout est mal organisé. »

A Forbach, avant de recevoir le coup mortel, il eut un cheval tué sous lui. Le général Jollivet, qui avait fait de lui son aide-de camp, écrit au père du jeune et brave officier : « Votre fils a été admirable de sang-froid et de courage, mais sa première journée de guerre lui a été fatale. Il a été atteint d'une balle à la tête, m'aidant à diriger la défense d'un poste que les Prussiens voulaient nous enlever. L'endroit où il est tombé était une vraie cible, où tous les coups de fusil atteignirent un de nos soldats. »

La bataille de Forbach fut également fatale à Emmanuel de Beaurepaire-Louvagny, qui, ayant eu l'épine dorsale brisée par une balle, s'éteignit doucement après six jours de langueur. Lieutenant à vingt-six ans, par la solidité et le sérieux du caractère, par la fidélité aux devoirs de sa profession, il était l'émule du capitaine Migneret avec lequel il eut plus d'un trait de ressemblance.

Emmanuel mourut comme il avait vécu, en chrétien. Dès qu'il se sentit près du terme, il demanda les derniers sacrements, qu'il reçut avec beaucoup d'édification. Il expira en pressant le crucifix sur ses lèvres, au milieu des larmes et des prières de ses compagnons d'armes, dont plusieurs grièvement blessés s'étaient traînés ou fait porter auprès de lui, afin de lui adresser un suprême adieu.

A Froeschviller, sous un chef peu accoutumé à battre en retraite, la lutte fut des plus meurtrières. Là encore, trois jeunes officiers qui n'étaient pas moins chers que les précédents à leurs anciens maîtres, Hippolyte Boutin, Joseph de Bournet et Robert de Kergaradec, trouvèrent dans la mêlée une mort digne d'envie. Est-il besoin de le rappeler ici? Tout l'honneur de cette journée, qui laissa les Allemands stupéfaits de leur victoire, fut pour les vaincus qui combattirent un contre trois et se firent écraser plutôt que de céder un pouce de terrain. En résumé, lorsqu'on connut à Paris toute l'étendue de nos pertes, ce furent, pour les deux grandes affaires du 6 août, cinq deuils de famille dont la douloureuse certitude s'imposa coup sur coup à l'école Sainte-Geneviève.

Ainsi qu'on l'a vu plus haut (dans une lettre du
P. Ducoudray), chaque jour une « messe militaire » était célébrée à la rue des Postes ; chaque
jour le Saint-Sacrifice était offert non seulement
pour les vivants, mais encore pour les morts,
dont le nombre sans cesse croissant ne devait pas
tarder à fournir tous les éléments d'un triste et
glorieux nécrologe. A la page qui venait de s'ouvrir pour les morts de Froeschviller et de Forbach, les combats livrés autour de Metz ajoutèrent
bientôt de nouveaux noms : — A Gravelotte,
16 août, Henri d'Adhémar de Cransac, Antoine de
Levézou de Vésins, Henri de Vilmarest, Léopold de
Mondion ; au combat du fort Saint-Julien, 1ᵉʳ septembre, Ange Le Pommelec.

Je ne puis faire moins que d'arrêter un instant
mes lecteurs devant l'héroïque figure d'Antoine
de Vésins, lieutenant au 93ᵉ de ligne. Son colonel
va nous dire avec quelle mâle sérénité il accueillit
la mort sur le champ de bataille de Gravelotte, où il
donna la mesure de sa grandeur d'âme et de sa foi.

« Le 16 août 1870, vers une heure de l'après-midi,
la 2ᵉ compagnie du 3ᵉ bataillon, commandée par
M. le lieutenant de Vésins, reçut l'ordre de se
porter en avant : elle marcha sous un feu des
plus vifs avec un élan admirable, et, malgré des
pertes nombreuses, elle suivait sans hésiter son
lieutenant, lorsque ce dernier tomba atteint d'une

balle dans le ventre. Son sergent-major M. Morel et
plusieurs hommes de sa compagnie l'entourèrent
et voulurent le relever ; mais Vesins, conservant
tout son sang-froid, les en empêcha : « Laissez-
« moi, mes amis, leur dit-il, je suis blessé mortelle-
« ment : continuez à marcher... allons, en avant et
« vengez-moi ! » Il aperçut à côté de lui son sergent-
major et lui remit sa montre en disant : « Vous
« donnerez cette montre à ma mère, et vous lui
« direz que je suis mort en chrétien et en soldat. »
Il fit un signe de croix, et au même moment un
obus lui fracassa la jambe gauche. Le lendemain
il expirait à l'ambulance de Vionville (1). »

A Sedan, où la journée se termina par des capi-
tulations sans exemple dans notre histoire militaire, nos morts ne sont pas moins nombreux
qu'à Gravelotte. Ce sont Stanislas de la Bégassière,
Robert de Lupel, Alfred de Boisayrault, Olivier
Costa de Beauregard. Signalons la belle conduite
de Stanislas de la Bégassière, lieutenant au 37ᵉ de
ligne, qui, fait prisonnier, s'échappa deux fois des
mains des Prussiens et deux fois fut repris, mais
refusa toujours de se rendre. Une troisième fois,
étant parvenu à s'esquiver de nouveau, il était sur
le point de rejoindre son bataillon qui faisait
bonne contenance, lorsqu'un officier ennemi

(1) Lettre du colonel Canzin, à M. le comte de Vesins, père
d'Antoine.

l'aperçut et fit diriger sur lui un feu de peloton. Il tomba criblé de balles.

Moins prompte, mais non moins belle fut la mort du jeune prince Pierre de Berghes Saint-Winock, sous-lieutenant au 7° chasseurs. Le général Lebrun, sachant combien il était désireux d'affronter le danger et de payer de sa personne, l'avait choisi pour officier d'ordonnance dès le commencement de la guerre. Il accompagnait son chef sous un feu meurtrier, lorsqu'un éclat d'obus lui brisa la jambe droite au-dessus du genou et tua son cheval. Transporté à l'ambulance, avant l'amputation qu'il subit sans sourciller, il avait demandé s'il lui serait possible de revoir sa mère. Elle accourut et, de l'avis des médecins, afin de le soustraire à l'influence des émanations pestilentielles dont le champ de bataille était devenu le foyer, elle l'emmena à Bruxelles.

Là, par ses qualités attachantes, par ses souffrances supportées avec un courage héroïque, il gagna tous les cœurs et devint l'objet d'un intérêt universel, auquel s'associa la reine des Belges. La soumission du noble jeune homme à la volonté de Dieu fut toujours parfaite et la fièvre qui le dévorait ne lui arracha pas un seul murmure. Enfin, le 23 octobre, muni des sacrements de l'Eglise qu'il avait reçus avec une extrême consolation, il s'éteignit doucement entre les bras de sa pieuse mère.

Pendant que Pierre de Berghes, à Sedan, livrait sa jambe au chirurgien, le P. Cosson apprenait tardivement par la *Gazette de France* (numéro du 2 septembre) qu'Auguste de Nyvenheim avait été grièvement blessé à Gravelotte. Or, voici ce qui s'était passé entre lui et ce dernier un mois auparavant. Arrivé à Metz avec son régiment (le 1ᵉʳ lanciers de la garde), Auguste était venu faire la sainte communion au collège Saint-Clément ; puis il s'était cordialement entretenu avec son ancien professeur de la rue des Postes et, entre autres choses, il lui avait dit : « Si je succombe, écrivez à ma mère que j'ai communié avant de mourir. Cela adoucira son chagrin et la consolera. — J'aime à croire, avait répondu le Père, que je n'aurai point une semblable lettre à écrire, et vous-même annoncerez avec vos succès la manière dont vous les avez préparés. »

Le 16 août, après avoir accompagné l'empereur à Conflent, les lanciers de la Garde rentraient à Gravelotte, lorsqu'ils entendirent gronder le canon. Ils se dirigèrent de ce côté pour entrer en ligne. Vers quatre heures, ils eurent à exécuter une charge contre quatre régiments ennemis. A la tête de son peloton, Auguste criait à ses lanciers : « Allons, mes amis, faites comme moi et vous ferez bien, mais ne me *tardez pas*. » Puis il disparut au milieu d'un tourbillon de poussière. La

moitié de son régiment ne revint pas. Auguste
avait été frappé d'un coup de lance à la gorge,
d'un coup de feu à la jambe et désarçonné ; il eut
même plusieurs côtes enfoncées sous les piétine-
ments des chevaux. Le soir on le releva mourant
sur le champ de bataille où son frère Charles venait d'expirer (1).

Recueilli par une excellente famille, il y fut pendant un mois l'objet des soins les plus assidus et
les plus dévoués, mais on ne put arrêter les progrès de la gangrène à laquelle il succomba. En
apprenant cette nouvelle, le P. Cosson comprit
que le jeune officier avait été bien inspiré, et
s'empressa de faire parvenir à madame de Nyvenheim le pieux message qu'avait su lui ménager la
tendre et délicate prévoyance du meilleur des fils.

Quand les Prussiens arrivèrent sous les murs de
Paris, la renommée de tant de belles actions les y
avait précédés. Si l'on donnait des larmes à ces
chers morts, on était fier d'eux, et l'on se prenait
à penser qu'après tout une nation pour laquelle
on se fait tuer de si grand cœur et de si bonne
grâce n'est pas morte, et renferme encore dans son
sein mutilé et meurtri les promesses d'un avenir
digne de son glorieux passé.

(1) Charles de Nyvenheim était tombé glorieusement au moment où il s'efforçait de sauver un camarade entouré de six
cavaliers ennemis.

CHAPITRE XII

Le 4 septembre avait été pour la rue des Postes
un signal de dispersion. Ne fallait-il pas soulager
la maison de ce qui s'appelle dans la langue un
peu brutale des villes assiégées « les bouches inutiles » ? Pendant vingt-quatre heures, au milieu
des préparatifs de départ, on échangea, en se
disant *au revoir*, des adieux qui pour plusieurs
devaient être éternels.

Tel, depuis longues années rivé à sa chaire de
mathématiques ou d'histoire, s'en fut à Laval terminer son cours de théologie et passer un dernier examen à l'âge de quarante-trois, de quarante-cinq ans. Tous ceux qui, n'étant pas encore
prêtres, ne pouvaient être utilement placés au
chevet d'un mourant, reçurent la même destination. Des vieillards, des infirmes, pour lesquels on

redoutait des émotions trop poignantes, furent envoyés en province, loin, bien loin de Paris.

Les vides que ces départs multipliés laissaient dans la maison devaient bientôt être comblés. Ce fut Athis qui s'en chargea. Dès que la tempête de feu et de sang avait éclaté, les professeurs qui s'y trouvaient en fort petit nombre, pris en flagrant délit de villégiature et de vacances, s'étaient promptement repliés sur la montagne Sainte-Geneviève pour se mettre à la disposition du P. recteur.

Cependant les Prussiens avançaient et passaient la Seine ; il n'y avait pas de doute, ils allaient envahir le village qui, placé sur les hauteurs, leur offrait une position fort avantageuse. Dès que les premiers uhlans furent signalés, la population affolée se précipita sur Paris comme une avalanche. Il ne resta, dit-on, pour recevoir ces hôtes incommodes que le bon curé octogénaire et le jardinier du château.

La vie fut rude à ceux qui, s'étant réfugiés à Paris, où ils n'apportaient que la faim et la misère, ne pouvaient s'y réclamer d'un parent ni d'un ami. Touché de leur abandon et se regardant comme leur protecteur né, puisqu'il tenait, à titre bien précaire il est vrai, la place de leurs anciens seigneurs, le P. Ducoudray fit prévenir les plus nécessiteux qu'ils trouveraient à la rue des

Postes un asile et du pain. Ils vinrent au nombre de trente-trois, femmes, enfants, vieillards ; on les traita du mieux qu'on put et personne ne s'avisa de songer que ces braves gens, envoyés par la Providence, dussent être mis au rang des « bouches inutiles ».

Athis était envahi le 17 septembre. Les Prussiens avançaient toujours ; encore quelques heures de marche et Paris était entièrement cerné.

Devaient-ils donc, jusqu'au bout, ne rencontrer aucun obstacle ? Ils semblaient déjà s'apprêter à enjamber sans coup férir le plateau de Châtillon, où l'on voyait pourtant surgir des ouvrages qui, poussés avec vigueur et terminés à temps, auraient pu retarder sensiblement l'investissement et ménager aux assiégés le bénéfice de quelque heureuse diversion. Mais le 4 Septembre avait dispersé en un clin d'œil les cent mille hommes qui travaillaient sous la direction du général de Chabaud Latour à la construction des redoutes, complément indispensable de la défense de Paris, et l'on avait eu beaucoup de peine à les retrouver après huit jours de chômage.

Le général Trochu en faisait l'aveu au général Ducrot, le 15 septembre : « J'ai eu tant à faire au point de vue politique et militaire que je n'ai pu m'occuper de ces travaux. Tout cela est peu avancé. Si, comme je le redoute, l'ennemi arrive d'ici à deux ou trois jours, on ne pourra en tirer grand parti. » Ducrot soutint qu'on ne pouvait pas les abandonner sans combat, et, son avis ayant prévalu, il reçut des ordres en conséquence. Il déploya dans les préparatifs, nécessairement improvisés, aussi bien que sur le champ de bataille, une activité prodigieuse jointe à une indomptable énergie. Mais pouvait-il réparer en quelques heures les fautes que la Révolution avait accumulées depuis qu'elle s'était mise de la partie et faisait si complaisamment le jeu de l'ennemi ?

On connaît la triste affaire de Châtillon, où la panique s'empara de nos jeunes soldats et des zouaves en particulier. Une fois maîtres du plateau où ils pouvaient commodément établir leurs batteries, les Allemands n'attendirent plus que l'arrivée de leurs pièces de gros calibre et « le moment psychologique » pour bombarder Paris tout à leur aise, depuis Montrouge et Vaugirard jusqu'à la Seine.

Ce ne fut pourtant pas l'unique succès dont purent s'applaudir nos vainqueurs à la fin de cette journée mémorable. Rare et glorieux exploit ! ils emmenèrent prisonniers quatre Jésuites. Trois d'entre eux étaient venus de la rue des Postes pour relever les blessés. C'étaient le P. Montazeau, ministre, le P. Rathouis, qui, en sa qualité de docteur médecin, avait été chargé de diriger l'ambulance, et le F. Mautouchet, coadjuteur temporel, qui remplissait par *intérim* les fonctions de procureur.

Le quatrième, le P. Willam Forbes, appartenant également à la rue des Postes, suivait comme aumônier militaire le corps du général Vinoy. Mais celui-là n'était pas de bonne prise. Né en France d'un père Ecossais et d'une mère Française, il ne s'était jamais fait naturaliser. Il était donc placé sous l'égide d'une puissance qui n'a pas coutume de transiger sur le respect qu'elle exige de l'étranger pour la personne et les biens de chacun de ses nationaux. M. Jules Favre, ministre des Affaires étrangères, s'empressa de le réclamer, et dès le lendemain il rentrait à Paris. On sut par lui que les trois autres avaient été mis en liberté à Versailles et accueillis fraternellement par le P. Noury, supérieur de la résidence de cette ville.

Après le triste échec de Châtillon, la bataille de Chevilly nous relève. Il y eut quelques jours donnés à l'effarement et à la stupeur. Mais le 30 septembre, déjà rentrés en possession de Villejuif et des Hautes-Bruyères, les assiégés déployèrent en rase campagne, sous la conduite de trois généraux, un effectif de plus de vingt mille hommes, et par une vigoureuse offensive, mirent les assiégeants en demeure d'engager la lutte corps à corps.

Dans cette journée, qui ne fut pas sans honneur

pour nos armes et que les Prussiens ont nommée
« la première grande sortie des Parisiens », l'école
Sainte-Geneviève perdit l'un de ses plus chers enfants, Henri Aubert, sous-lieutenant au 90° de ligne.

Il n'avait pas encore vingt et un ans sonnés et
terminait tout juste sa première année d'école,
lorsque la guerre vint le prendre à Saint-Cyr.
Elevé très chrétiennement, la foi candide de son
premier âge s'était encore fortifiée par l'exercice
des vertus dont elle avait déposé les germes dans
son cœur. Il était de ceux qu'on voyait, le dimanche, arriver à la rue des Postes, entre une et
deux heures de l'après-midi, uniquement affamés
du pain qui rend les âmes invulnérables au feu
des passions.

Il y vint encore le 29 septembre et entra tout
joyeux chez un de ses maîtres. Il parla de la bataille de Châtillon, où il avait reçu le baptême du
feu, puis des nouveaux combats auxquels il croyait
devoir se préparer en demandant à son confes-
seur l'absolution de toutes ses fautes, comme s'il
eût touché à sa dernière heure. Le lendemain, il
tombait frappé d'une balle à la tête. « Quel courageux soldat ! écrivait un de ses compagnons
d'armes. Il n'a pas une seule fois baissé la tête
pour saluer les balles, il avait conservé dans la
mort toute sa sérénité, il était souriant, aussi beau
qu'un saint. »

M. Aubert, le père du jeune et vaillant officier, n'était pas à Paris. Le P. Ducoudray ne put lui adresser que quatre mois plus tard, quand l'investissement eut cessé, la lettre suivante, encore toute palpitante de l'émotion du premier jour :

« Monsieur,

« On m'assure que cette lettre parviendra jusqu'à vous. Serait-elle la première à vous apprend e une si triste nouvelle ? Votre cher et charmant enfant n'est plus. Combien votre cœur a dû souffrir, lorsque vous avez appris le sort de cet aimable et si bon fils, qui avait fait jusqu'à ce jour votre honneur et votre joie ! Pouvait-il ne pas être aimé, ce cher Henri ? Ici Pères et élèves lui étaient profondément attachés. Il avait conquis toutes nos affections et toute notre estime. Il était si bon, si chrétien ! Ah ! soyez sans inquiétude sur son avenir éternel. Je le connaissais intimement et je suis bien rassuré sur son éternité. Il est au ciel, ce cher enfant.

« Il est tombé en héros, chargeant l'ennemi, entraînant sa compagnie dont il était si aimé, sous les murs crénelés des premières maisons de Chevilly. Voici dans quels termes un officier du régiment m'écrivit la mort de ce cher enfant lorsqu'il nous fut possible d'obtenir des détails : — « Quel « cœur valeureux nous avons perdu ! M. Aubert

« était toujours au premier rang de la compagnie
« que je commandais. Trois fois nous étions déjà
« parvenus à enlever les premiers retranchements
« de l'ennemi ; nous possédions cette position,
« lorsque l'artillerie prussienne a commencé un
« feu terrible. Une balle, échappée d'une boîte à
« mitraille, vint mettre fin aux jours si bien com-
« mencés de notre pauvre Aubert. Nous le pleu-
« rons tous. »

« Je n'ai pas eu de peine à m'unir à votre douleur. J'aimais Henri comme un de nos meilleurs
élèves et comme un enfant qui ne nous avait jamais donné que des consolations, tant qu'il a ha-
bité parmi nous. Nous le regrettons pour vous
dont il était l'honneur et la joie, pour nous dont il
était l'ami après avoir été l'élève, pour l'armée
dont il eût été une des gloires et où il est mort en
héros, pour la société française et chrétienne qu'il
représentait si bien dans les rangs de nos plus
jeunes officiers.

« Nos prières n'ont pas fait défaut à ce cher
Henri. Il vit dans notre souvenir ; il y demeurera
toujours comme un enfant de douce et précieuse
mémoire. »

Nous sommes au onzième jour de l'investissement, et combien de deuils nous attendent encore !
Par ses professeurs devenus aumôniers militaires

et par les jeunes officiers ses anciens élèves, l'école Sainte-Geneviève était en perpétuelle communication avec les avant-postes, avec le champ de bataille de la veille ou du lendemain, et il ne se livrait pas un combat sous les murs de Paris, où elle ne fût représentée par quelqu'un des siens, soldat ou prêtre.

Lorsqu'après leurs expéditions apostoliques, toujours plus ou moins hasardeuses, les aumôniers venaient se retremper dans le calme et le recueillement de la vie commune, le Père Ducoudray leur faisait raconter en famille les exploits dont ils avaient été les témoins, ou mieux encore ces victoires invisibles qui font au ciel la joie des Bienheureux et des anges. Pour lui, attaché par l'obéissance au poste dont il était si digne à tous égards, il n'avait pas à choisir. C'était de lui qu'émanait toute direction, vers lui que remontaient des responsabilités sans nombre, dont quelques-unes très lourdes à porter.

Resté seul au timon des affaires depuis la disparition du P. Montazeau et du Frère Mautouchet, le Père Ducoudray prouva une fois de plus qu'il excellait à se multiplier; il fut à lui-même son ministre et son procureur, autant dire l'unique pourvoyeur d'une maison dont les charges s'étaient sensiblement accrues, en même temps que les ressources ordinaires faisaient défaut. Ces

ressources, on l'a déjà compris, c'étaient celles
que peut réaliser un grand établissement scolaire
en pleine activité, et elles avaient disparu avec les
trois cent cinquante élèves que la guerre venait
de disperser.

« Nous avons soixante-dix blessés. Quelle bénédiction! » L'âme du Père Ducoudray est tout
entière dans ces mots qui terminent une lettre au
Père de Ponlevoy, à la date du 17 septembre 1870.
L'installation des blessés ne fut pas l'affaire d'un
jour. Ils avaient trouvé la maison à moitié pleine,
et les élèves les plus obstinés à passer un examen
qui dut être infiniment ajourné, ne s'éloignèrent
qu'à la veille de l'investissement. Dès que l'on put
songer à régulariser et à mettre sur un pied définitif le service de l'ambulance, on appropria, pour
cette nouvelle destination, d'abord les études,
dont chacune pouvait recevoir de vingt à trente
lits, et ensuite les classes (à l'exception de celles
qui formaient amphithéâtre), — en tout huit
grandes salles bien éclairées, bien aérées. Le
résultat fut très satisfaisant. On eut ainsi une
infirmerie militaire largement aménagée et d'une
irréprochable salubrité. Des chambres furent
données aux officiers, et, par surcroît, on dressa
un ou deux lits dans chacune des petites salles
d'examen.

Nous avons dit que les vainqueurs de Châtillon

avaient enlevé le Père Rathouis aux malades
auprès desquels une compétence médicale bien
avérée avait si naturellement marqué sa place.
Heureusement qu'il avait un collègue, le Père
Bellanger. Déjà suffisamment initié au fonctionne-
ment de l'ambulance, celui-ci en resta seul
directeur. Il fut puissamment secondé par le zèle
et la bonne volonté de tous, religieux et amis de
la maison. Ce dernier titre appartenait à bon
droit, depuis longues années, aux docteurs
Moissenet et Maisonneuve, qui le méritèrent alors
encore davantage. M. Moissenet, assisté de
MM. Lenac et Fiquet, dirigeait le service de la
médecine, tandis que M. Maisonneuve, ayant pour
aides le docteur Colombel et M. Blanchard, faisait
office de chirurgien major. Tous ces messieurs se
dépensaient sans mesure. Lorsqu'un des hôtes de
l'ambulance était dans un danger pressant ou tra-
versait une crise décisive, on les voyait multiplier
leurs visites et, tant qu'il restait une lueur d'espoir,
disputer obstinément à la mort le pauvre patient.

Les infirmiers étaient pour la plupart de jeunes
religieux sortant des mains du Maître des novices.
On pense bien qu'ils ne s'épargnaient pas non
plus. Tel d'entre eux, ayant dans sa salle douze ou
quinze malades atteints de la fièvre typhoïde, ne
les quittait ni jour ni nuit, jusqu'à ce qu'enfin,
fortement éprouvé par la contagion, il dut lui-

même s'aliter et se laisser soigner à son tour.

Chaque nuit il fallait à l'ambulance un ou plusieurs veilleurs. Pendant la plus grande partie du siège, cet emploi n'eut point de titulaire. Pères et Frères, tous les membres de la communauté y faisaient généreusement et consciencieusement leur devoir. Le moment vint pourtant où l'on fut averti, par l'ébranlement général des santés, qu'il était temps de mettre un terme à des fatigues excessives. Alors seulement on fit venir du dehors de braves gens à la fidélité desquels on pût en toute sûreté confier ce service.

Ces détails circonstanciés sont empruntés à une note du Père Bellanger, qui se termine comme il suit : « Le Père Ducoudray ne manquait pas de prendre sa part de toutes ces corvées. Quand arrivait une bande de blessés ou de malades, à quelque heure du jour ou de la nuit que ce fût, il était là pour les recevoir avec une affection toute paternelle et aider lui-même à les installer. Il les veillait la nuit, et quand celui des nôtres qui faisait les fonctions d'aumônier s'éloigna pour être attaché au même titre à un bataillon de mobiles, il prit immédiatement sa place à l'ambulance. »

Les jours de bataille, tous les aumôniers étaient sur pied, allant où les appelait le drapeau. Resté seul, le Père Ducoudray adressait à Dieu de fer-

ventes prières et lui demandait de les lui ramener
tous sains et saufs, après qu'ils auraient fait beaucoup de bien. « Ne pouvant affronter les balles,
nous dit le Père Cosson, il se dédommageait en
consacrant toute sa journée à ses chers blessés.
Tous ceux qui ont passé par la maison sont prêts,
je n'en doute pas, à attester sa sollicitude, sa tendresse et son ingénieuse charité à subvenir à tous
eurs besoins. »

Encore un souvenir pieusement recueilli par le
même Père : « Pendant le siège il disait : « L'année
prochaine et la suivante, il est probable que nous
aurons moins d'élèves. Le numéro 10 restera
inoccupé (1). J'installe des Frères et je fonde une
école pour les enfants pauvres des victimes de la
guerre. Je les nourrirai facilement et, en même
temps que la nourriture corporelle, ils pourront
recevoir celle de l'âme ». Et voilà, ajoute le Père
Cosson, quel était le dernier projet de celui qu'on
a assassiné ; nourrir les pauvres et leur apprendre
à vivre chrétiennement. »

Du 18 septembre 1870 aux premiers jours de
février 1871, il ne nous est resté aucune lettre du
Père Ducoudray. Cependant les souvenirs de
famille ne manquent pas et ils sont d'un puissant

_____

(1) Ce sont les bâtiments qui confinent à la rue d'Ulm et
peuvent très bien former une division à part, tout à fait indé-
pendante du reste de l'établissement.

intérêt. La plupart ont été recueillis dans un beau livre, auquel nous n'hésitons pas à les emprunter (1). Nous allons donc les faire passer rapidement sous les yeux du lecteur dans leur ordre chronologique. Cela s'appellera, si l'on veut, la *chronique de l'école Sainte-Geneviève pendant le siège*.

22 septembre. Éclairage électrique des remparts. — Le P. Ducoudray ne s'était pas contenté de transformer son collège en ambulance, et d'envoyer des aumôniers aux divers chefs de corps qui en avaient fait la demande, il avait aussi mis ses professeurs à la disposition du ministère de la Guerre. A la suite de cette proposition, le colonel du génie Delagrèverie, directeur du service de l'éclairage électrique, écrivit au général chef d'état-major :

« Mon général,

« Je suis très honoré de la proposition que vous me transmettez d'employer, pour le service de la défense, MM. les Pères Jésuites de la rue des Postes, au nombre de quatre.

« Les plus grands services que pourraient nous

(1) *Souvenirs de l'École Sainte-Geneviève*, par le R. P. Chanveau, S. J. Notices sur les élèves tués à l'ennemi. Trois in-12. Paris, Albanel, 1873.

rendre les très honorables Pères consisteraient, en raison de la spécialité de leurs connaissances, à diriger des appareils d'éclairage électrique sur les remparts.

« En ce moment, le personnel recruté pour ce genre d'opération est au complet ; mais, selon toute probabilité, pour une cause ou pour une autre, des vacances se produiront, auquel cas nous serions heureux d'accepter les offres généreuses des Révérends Pères. Ne pourriez-vous, en attendant, nous envoyer les noms des quatre Pères qui se sont offerts, pour que nous n'ayons qu'à faire un appel au moment du besoin ? »

21 octobre. Combat de la Malmaison. — Vigoureuse sortie, qui fit beaucoup d'honneur à nos jeunes troupes. Les Prussiens furent délogés d'une position avantageuse qu'ils n'avaient pas choisie sans dessein. L'école Sainte-Geneviève y perdit deux des siens, Raoul de Kreuzenach et René de Boysson.

Reçu à Saint-Cyr au moment où la guerre éclatait, Raoul, qui voulait avant tout se battre, s'enrôla dans un bataillon de francs-tireurs de la Seine. Le 21 octobre, il accompagnait dans une reconnaissance périlleuse le brave commandant Jacquot, qui lui survécut juste assez pour recommander à ceux qui recueillirent son dernier soupir de faire porter à l'ordre du jour le jeune et intrépide franc-tireur.

Celui-ci allait franchir, à la faveur d'une brèche, le mur de clôture du parc de Bougival, lorsqu'il tomba mortellement blessé. Une demi-heure après, quand le feu eut cessé, baigné dans son sang et sentant qu'il n'avait plus que peu d'instants à vivre, il aperçut un aumônier militaire qui parcourait le théâtre de l'action pour assister les mourants et les blessés. Raoul l'appelle et lui demande pour toute grâce de vouloir bien le réconcilier une dernière fois avec Dieu, pendant qu'il en est encore temps. Sa confession est bientôt faite, car il a communié deux jours auparavant à Notre-Dame-des-Victoires. Ayant reçu l'absolution, son premier soin est d'accomplir la pénitence que le prêtre vient de lui imposer et il meurt en faisant le signe de la croix.

René de Boysson, qui avait cinq frères sous les drapeaux, était capitaine adjudant-major au 36ᵉ de marche. Il entraînait ses hommes à l'attaque du parc de la Malmaison, lorsqu'une balle vint le frapper au front et l'étendre raide mort. « Vous avez tout appris, écrit le P. Ducoudray à madame de Boysson, après le siège de Paris. Pour moi, j'avais cru qu'une seule seule blessure, déjà trop sensible, avait été faite à votre cœur. Tout à coup, j'apprends que la plaie s'est rouverte et

que Dieu vous demandait pour la seconde fois,
dans cette terrible guerre, le plus rude sacrifice
qui soit imposé au cœur d'une mère. Ah! si
j'avais connu René! — bien intimement, je vous
l'assure, bon et noble cœur! digne fils, ami de
tout ce qui est grand, noble, élevé, comme tous les
cœurs que vous avez formés dans votre famille.
René avait communié la veille du combat. « On ne
sait jamais ce qui peut arriver, écrivait-il deux
ou trois jours avant sa mort. J'ai fait une visite de
précaution à la rue des Postes. »

Enfin, dans cette même journée, le P. Taillhan,
aumônier des mobiles du faubourg Saint-Germain,
reçut à la tête une blessure, non pas mortelle,
mais assez grave pour inspirer à ses frères des inquiétudes que, seul, il se refusa toujours à partager. « La plaie du P. Taillhan, lisons-nous dans
une dépêche du 1ᵉʳ novembre, envoyée par ballon
monté au R. P. provincial, s'est rouverte, l'in-
flammation s'est déclarée, nous avons eu quelque
temps des craintes sérieuses qui sont évanouies
maintenant. » Quand il mourut, en 1891, son ancien commandant se fit un devoir de rappeler sur
la tombe du vaillant aumônier son intrépide dévouement dont il avait conservé le plus reconnaissant souvenir.

(1) Ch. xii, p. 31.

30 novembre. Bataille de Champigny. — Le plus grand effort des assiégés pour rompre la ligne d'investissement et tenter ensuite quelque chose de plus avec ou sans l'armée de la Loire, sur les forces et les opérations de laquelle on n'était nullement fixé.

Le passage de la Marne s'effectua sous un feu meurtrier, et nos troupes campèrent le soir sur une partie des positions qu'elles avaient enlevées le matin, mais elles durent ensuite rebrousser chemin, non sans avoir fait beaucoup de mal à l'ennemi. Ce fut donc un échec, mais un échec héroïque et dans lequel on trouve, en y regardant de près, l'équivalent de plusieurs belles victoires.

Sur plus d'un point de l'immense champ de bataille qui, traversant la Marne et la Seine, s'étendait depuis Saint-Denis jusqu'à Choisy-le-Roi, l'école Sainte-Geneviève paya l'honneur de cette journée du sang de ses enfants. Dans la matinée, la division Susbielle s'était emparée — entre la Marne et la Seine — du plateau de Montmesly, d'où elle dominait les communications de l'ennemi avec Choisy-le-Roy. Comme on devait s'y attendre, les Prussiens firent un retour offensif pour reprendre cette importante position.

Dans la lutte meurtrière qui s'ensuivit, Lionel Lepot, lieutenant du 17ᵉ de marche, ramena plusieurs fois au feu ses soldats qui fléchissaient. Blessé au genou gauche, il refusa de quitter le champ de bataille. Mais on a sonné la retraite ; deux soldats l'aident à suivre le régiment. Les Prussiens, dont il n'est éloigné que de cinquante mètres, s'acharnent à tirer sur lui et une balle l'atteint à la hanche gauche. « Laissez-moi, dit Lionel à ses hommes, n'exposez pas inutilement votre vie. » Mais ceux-ci refusent de l'abandonner. Transporté sur un brancard, il est reconnu par son commandant, qui s'approche, examine sa plaie, puis, se précipitant dans ses bras, lui exprime son regret de le voir en si triste état. « Bah ! fait Lionel, ce ne serait rien si nous étions vainqueurs, mais nous sommes encore vaincus ! »

Après quinze jours d'atroces souffrances, il mourut des suites de ses blessures à l'âge de vingt-trois ans, le 16 décembre 1870. La veille, des mains amies avaient attaché sur sa poitrine la croix de la Légion d'honneur qui venait de lui être décernée. Heureusement qu'il avait sû mériter par sa fidélité aux devoirs de la vie chrétienne une récompense moins éphémère. A Saint-Cyr, sans ostentation comme sans respect humain, il faisait sa communion pascale au su et au vu de tous ses camarades. Tel il se montrait alors, tel il fut à sa dernière heure.

Mais revenons à Montmesly. Sur la rive gauche

de la Seine, au sud, le général Vinoy suivait de l'œil toutes les péripéties de la lutte qui venait de s'engager. Il s'aperçut bientôt que les Prussiens cherchaient à se glisser entre Montmesly et Choisy-le-Roy, ce qui mettait la division Susbielle en grand danger d'être tournée et peut-être enlevée. Aussitôt il dirigea deux colonnes d'attaque, l'une sur Thiais, l'autre sur Choisy-le-Roy.

Joseph Bernardeau, sous-lieutenant au 1er bataillon des mobiles de l'Indre, faisait partie de cette dernière. Il touchait à la Maison-Blanche, un peu avant Choisy-le-Roy, lorsqu'une balle vint le frapper à la colonne vertébrale et atteignit le poumon.

Joseph, en s'enrôlant sous les drapeaux, avait fait preuve d'une abnégation magnanime. Un ami qui désirait l'attacher comme sous-officier à sa compagnie, lui ayant écrit en toute franchise : « Tu passeras plus facilement officier si tu restes au dépôt que si tu viens me rejoindre à Paris, » Bernardeau avait opté pour Paris, où la mort l'attendait sur le point le plus obscur de l'immense champ de bataille de Champigny. Transporté à l'ambulance du Val-de-Grâce, il y succomba le 3 décembre, dans les meilleurs sentiments et avec tous les secours de la religion.

Voici un troisième soldat, sorti comme les deux premiers de la rue des Postes. Celui-ci porte la soutane et s'appelle le P. Tanguy. J'ai dit soldat, jugez-en plutôt.

Au commencement du siège, il est aumônier de l'ambulance de la maison, un digne théâtre pour l'activité d'un zèle qui ne connaît pas de limites. Mais il apprend qu'il y a quelque part sous les murs de Paris un bataillon de mobiles du Morbihan. Il est lui-même enfant du Morbihan; il faut qu'il soit avec ses chers compatriotes, dont la foi lui est connue, dont il sait parler la langue. Mais qui le remplacera à la rue des Postes? Le P. Ducoudray qui, par le privilège de sa charge, cumule, ainsi que nous l'avons vu plus haut, tous les emplois dont le titulaire vient à manquer et qui ne sont rien moins que des sinécures. Et voilà le P. Tanguy incorporé au bataillon des mobiles du Morbihan, dont il ne se séparera qu'à la fin du siège, après l'épuisement complet de ses forces.

Très frugal et dur à la peine, en vrai Bas-Breton qu'il était, il se contentait de la ration du soldat quand il ne mangeait pas le pain de l'aumône, et dormait à l'occasion côte à côte avec les hommes de son bataillon, sur une planche ou sur la terre nue. Ces braves gens apprenaient de lui à tout sacrifier au devoir : leurs aises, leur santé, leur vie. Officiers et soldats admiraient sa belle contenance sur le champ de bataille. Combien n'a-t-il pas dû contribuer à inspirer à tous le respect de la disci-

pline et à réveiller aux avant-postes la vigilance
endormie ! On racontait de lui un trait assez caractéristique. Six Prussiens qui s'étaient glissés
furtivement dans une maison abandonnée de Bry-
sur-Marne, furent aperçus de lui seul, par lui recommandés à qui de droit et finalement faits prisonniers.

A Champigny, blessé au pied, le P. Tanguy se
vit littéralement hors de combat. Force lui fut
d'aller se faire soigner à la rue des Postes, mais il
n'y resta que le moins qu'il put. Il n'était pas
encore guéri lorsqu'il reparut au milieu de ceux
qu'il devait bientôt accompagner sur de nouveaux champs de bataille.

21 décembre. Bataille du Bourget. — Encore un
échec, bien autrement grave que le précédent,
parce qu'il fait toucher du doigt l'impossibilité
absolue de forcer les lignes ennemies et de tendre
la main à une armée de secours, dont l'existence
est d'ailleurs purement hypothétique.

Le soir, le thermomètre marque quatorze degrés
au-dessous de zéro. Point d'abri : la terre est tellement durcie qu'on renonce à enfoncer les piquets
de tente. Le P. Tanguy a été blessé de nouveau,
d'une balle à la main cette fois, — heureux de
pouvoir se faire panser sur place et de n'avoir point
à se séparer de ses chers compatriotes, qui bi-

vouaquent çà et là groupés autour de maigres feux
de bois vert. Le lendemain, on compte dans les
camps plus de neuf cents cas de congélation.

Après la guerre, le vaillant aumônier des mobiles du Morbihan reprit ses humbles fonctions
de surveillant à l'école Sainte-Geneviève. Cependant ses blessures ayant éveillé la curiosité, on
l'accablait de questions sur ses exploits militaires.
Malgré la réserve dont il s'entourait et grâce peut-
être à l'innocente indiscrétion de quelques-uns de
ses anciens compagnons d'armes, on lui composa
toute une légende héroïque dont sa simplicité
bretonne se serait fort bien passée.

En 1873, cédant à ses vives et pressantes instances, les supérieurs l'avaient désigné pour la
mission de Chine. Les médecins, qu'on avait cru
devoir consulter, s'opposèrent formellement à son
départ et l'événement prouva, trois ans plus tard,
qu'ils avaient eu parfaitement raison. Au printemps de 1876, le mal qui le minait sourdement et
qui, selon toute apparence, datait de la nuit gla-
ciale du Bourget et de tant d'autres nuits passées
à la belle étoile, éclata tout d'un coup avec une
extrême violence, lui infligea pendant quinze jours
les plus cruelles tortures, puis se jeta sur sa poitrine. Epuisé, mais non vaincu et supportant
jusqu'au bout ce rude combat avec une constance
héroïque, il expira doucement et pieusement le

mardi 23 mai, deux ou trois heures avant que commençât, avec la journée du mercredi, la vigile de l'Ascension.

Ses funérailles eurent lieu dans la chapelle des élèves le jeudi 25, à l'issue des vêpres solennelles de la fête. C'était jour de sortie pour les saint-cyriens, qui vinrent en grand nombre. Après l'absoute, une cinquantaine d'entre eux, en grande tenue, accompagnèrent jusqu'au cimetière du Mont-Parnasse celui qu'ils croyaient devoir honorer comme un brave et qu'à si juste titre ils vénéraient comme un saint (1).

27 décembre. Le bombardement. — Quatre-vingts pièces de gros calibre avaient ouvert le feu contre les forts de l'Est, mais les projectiles tombaient sur les faubourgs sans atteindre la ville. L'ennemi s'en étant aperçu attaqua alors les forts du sud et écrasa celui d'Issy, puis il tira à toute volée sur Paris.

« Notre quartier, écrivait plus tard le P. Ducoudray, a été sérieusement éprouvé. Pendant plus de vingt nuits, d'énormes obus de cinquante centimètres de hauteur et de vingt-deux centimètres de largeur ne cessèrent de tomber autour de nous,

____

(1) *Litteræ annuæ Provinciæ Franciæ* S. J. ab octobri 1874 ad septembrem 1879. Pars altera. Necrologium, p. 123. (in-4°, ex typ. Firm. Didot, Mesnil ad Sratam 1884.)

avec un sifflement sinistre et des détonations
effrayantes, qui produisaient un effet terrible,
répercuté par les échos des maisons. On en comptait jusqu'à cinq et six par minute. En une seule
nuit le Val-de-Grâce en reçut plus de soixante, et
trois hommes furent tués. Le collège Rollin et
l'École normale ont beaucoup souffert.

« Pour nous, nous avons été bien ménagés par la
divine Providence. Dix obus seulement sont tom-
bés sur la maison. L'un a effondré la toiture de
l'infirmerie, traversé le plafond d'une chambre,
puis, après avoir éclaté à travers le plafond du
dortoir, il s'en est allé briser l'autel de la chapelle
de l'infirmerie, une alcôve, des fenêtres, etc. Un
second est tombé sur la *porterie* ; un autre, sur le
bâtiment de la troisième division. Sept ont fait des
ravages dans le jardin et dans les cours, envoyant
leurs éclats jusque dans les salles des malades.
Toutes les personnes ont été préservées. N'est-ce
pas bien le cas de s'écrier : *Cadent a latere tuo
mille et decem millia a dextris tuis, ad te autem
non appropinquabit ?*

16 janvier 1871. Défense du fort de Montrouge. —
C'est, comme chacun sait, le théâtre d'une lutte
héroïque. Placés sous le feu de quatre batteries
prussiennes qui faisaient rage du matin au soir,
rendant coup pour coup et réparant la nuit le mal

que l'ennemi avait fait à leurs abris, le capitaine de vaisseau Amet et ses marins se couvrirent de gloire. L'un de ces braves gens, horriblement maltraité par les obus, ayant demandé à son chef : « Ai-je fait mon devoir ? » et celui-ci ayant répondu : « Oui, certes ! — Alors je puis mourir ! » s'écria tout heureux le pauvre blessé. (Voyez Mazade, *La guerre de France*. T. II, page 284.)

Edgard de Saisset, lieutenant de vaisseau, fils de l'amiral de Saisset qui s'était distingué par sa belle défense du plateau d'Avron (bataille de Champigny), avait demandé à Dieu d'avancer le terme de ses jours, plutôt que de le condamner à voir la France avilie et déchue de sa grandeur. Sa prière fut exaucée ; il tomba glorieusement, âgé de vingt-cinq ans, à la défense du fort de Montrouge.

L'abbé Deguerry, qui présidait aux funérailles d'Edgard en qualité de curé de la Madeleine, a fait en termes éloquents l'éloge de ses vertus religieuses et militaires. Sur sa tombe, le vice-amiral Touchard a prononcé ces paroles, où les fermes convictions de la foi s'allient à l'irrésistible élan du plus pur patriotisme :

« Adieu, jeune et généreuse victime d'une cause juste et sainte ! Dieu a des miséricordes infinies pour les défenseurs du pays qui tombent sur le champ de bataille. Déjà il vous a recueilli dans son sein. Implorez-le à l'heure présente. Implorez sa

bonté et sa justice pour le triomphe de la cause
que vous avez vaillamment défendue. Messieurs,
en présence du cercueil qui renferme tant de jeunesse et d'espérances anéanties d'un seul coup,
mon cœur est saisi d'une indicible tristesse ; mais
il s'en dégage en même temps ce cri d'énergique
espoir et d'ardent patriotisme : Dieu sauve la
France ! »

19 janvier. Bataille de Buzenval. — Cette journée ne fut pas sans gloire pour notre armée, restée
maîtresse des positions conquises sur l'ennemi
jusqu'au moment où le général Trochu fit sonner
la retraite. Mais Paris, réduit à la dernière extrémité, ne pouvait plus reculer devant la nécessité
d'un armistice, autant dire d'une capitulation.
Dieu nous garde de récriminer sans aucun profit
contre ceux qui avaient pris à leur charge la défense d'une ville de trois millions d'âmes, empri-
sonnée dans un cercle de fer et de feu. Allons
droit à nos chers morts. L'école Sainte-Geneviève
perdit ce jour-là deux des siens, Maurice de Lau-
mière et Gaston de Murat.

« Maurice a été admirable pendant toute la campagne », a dit le P. Ducoudray. Qu'on en juge par
ce qui suit. Le 22 septembre, — trois jours après
la triste affaire de Châtillon, — il pénètre avec sa
compagnie dans le village de Villejuif, abandonné

momentanément par les Prussiens. Averti par lui, le capitaine d'état-major de Malglaive envoie tout un bataillon qui se disperse dans les jardins ; vers une heure du matin les Prussiens reviennent ; nos troupes, postées derrière les murs crénelés, les accueillent par un feu terrible qui les met en pleine déroute. La reprise de Villejuif amènera l'abandon par l'ennemi des redoutes du Moulin-Saquet et des Hautes-Bruyères. A tout ceci, Maurice a pris une part principale et peut-être décisive, et il voit le feu pour la première fois ! Nommé coup sur coup lieutenant et capitaine, deux fois porté à l'ordre du jour de l'armée et proposé pour la croix, il est l'orgueil et l'espérance de ses chefs, qui tous, oubliant qu'il n'a pas encore vingt et un ans sonnés, ne désirent rien tant que de le voir passer le plus tôt possible au rang d'officier supérieur.

Quelques semaines avant la bataille de Buzenval, il avait eu le pressentiment de sa fin prochaine et s'y était préparé en chrétien. Dans une sorte de testament qui fut remis à ses parents avec sa dépouille mortelle par les soins d'un vieux serviteur, il leur demandait pardon des chagrins qu'il leur avait causés dans la première effervescence de son exubérante jeunesse.

Lieutenant, puis capitaine au 4ᵉ bataillon des mobiles du Loiret, Gaston de Murat unissait à la foi du chrétien et aux vertus qu'elle engendre les qualités les plus attachantes de l'esprit et du cœur. Soldat improvisé, mais devenu bientôt excellent officier, il s'était vu, lui aussi, porté, une fois du moins, à l'ordre du jour de l'armée.

Le 19 janvier, vers midi, les mobiles du Loiret, sur lesquels commençaient à pleuvoir les obus, s'élançaient par une brèche dans le parc de Buzenval. Gaston s'avançait à la tête de sa compagnie, lorsqu'il eut l'épaule traversée par une balle. Six hommes forment aussitôt un brancard avec leurs fusils et l'emportent à l'ambulance de Rueil. Quand il eut reçu les premiers soins, on le conduisit à Paris, chez son oncle, M. Fourcade.

La blessure était grave, mais non pas mortelle ; il n'en voulut pas moins se préparer à la mort et témoigna le désir de voir le P. Ducoudray. Celui-ci accourut et lui prodigua les secours de son ministère, après quoi il alla se jeter en son nom aux pieds de Notre-Dame-des-Victoires, et demander pour lui les prières de l'Archiconfrérie. Pendant la nuit du 8 au 9 février, ses blessures se rouvrirent, et, quand on s'aperçut du danger, il était déjà trop tard pour qu'on pût espérer de le conjurer. Il s'endormit sur le cœur de celui auquel il avait voué, dès sa plus tendre enfance, toutes les saintes énergies de son âme.

La veille de sa mort, le baron Fraissinet, colonel

de son régiment, était venu le visiter sur son lit
de douleur. Il ne s'éloigna qu'après avoir déposé
la croix de la Légion d'honneur sur la poitrine du
blessé de Buzenval.

La sanglante bataille de Buzenval devait être la
dernière du siège. Les héroïques efforts de
l'armée, des mobiles et de la garde nationale
étaient venus encore une fois se briser contre le
cercle de fer que de Moltke avait su rendre infran-
chissable. Le lendemain, la ration de pain noir,
indigeste et dégoûtant mélange de son, de riz,
d'amidon et de paille, à laquelle se trouvait con-
damnée, depuis quelque temps, la population parisienne, fut réduite de onze onces à trois cents
grammes par jour pour chaque personne. Il n'y
avait plus qu'à se rendre ou à mourir de faim. Les
articles de la capitulation, arrêtés le 27 janvier,
furent signés le 28 par Jules Favre et le comte de
Bismarck.

Dès qu'il en eut connaissance, un professeur de
l'école Sainte-Geneviève, qui étudiait alors la théologie au scolasticat provisoire de Roehampton en
Angleterre, s'empressa de se mettre en communication avec son ancien recteur dont il avait conservé le plus filial souvenir.

« Oh ! la bonne lettre ! lui répondit le P. Ducoudray, quel accueil nous lui avons fait ! Privés abso-

lument de toute nouvelle, vous devinez si nous avions hâte de connaître les plus petits détails sur nos maisons de province. Le croiriez-vous ? C'est votre lettre qui est arrivée la première à Paris, depuis le 14 septembre. Aussi a-t-elle été reçue comme la colombe rapportant dans l'arche de Noé le rameau d'olivier, et nous nous sommes ravitaillé le cœur, en entendant parler de nos Pères et Frères pour la première fois depuis cinq mois.

« Que vous dire de nous, de Paris, de la France ? Nous avons traversé sans trop souffrir cette horrible crise et le bon Dieu nous a singulièrement ménagés. Mais si les souffrances physiques ont été peu de chose, il n'en a pas été de même des souffrances morales. Être en contact de si près avec une immense population qui perd de plus en plus le sens moral et s'anime de la haine de Dieu qu'elle veut chasser de la société ; voir sous nos yeux des défaillances, des découragements, une désorganisation effrayante dans les administrations civiles et militaires, des efforts inutilement tentés, et tant de sang répandu en pure perte : voilà le spectacle qui brisait nos âmes et nous plongeait dans la tristesse. Il fallait cependant la secouer et se surmonter soi-même pour travailler avec énergie au milieu de tant de ruines et de tant de désastres... »

Et quelques jours après, dans une lettre adressée au P. Gazeau à Laval, le P. Ducoudray ajoutait : « Que de tristesses au dedans et au dehors ! et qui n'a pas à porter son deuil dans cette affreuse guerre ? Ma famille est éprouvée comme tant d'autres ; hier, une lettre m'annonçait la mort d'un de mes neveux sous les murs du Mans. Le suprême malheur, pour le moment, c'est que l'immense majorité de la population ne songe pas à lever son regard vers Dieu, tandis qu'une minorité haineuse devient de plus en plus audacieuse contre Dieu. Que faire d'une nation qui ne voit pas de châtiments dans ces effroyables malheurs? » Ces tristes pressentiments ne devaient pas tarder à se réaliser ; on allait bientôt voir de quelle barbarie est capable une population qui ne veut plus de Dieu.

L'armistice arrivait à propos pour les Pères de l'école Sainte-Geneviève, qui avaient beaucoup souffert des fatigues et des privations du siège ; l'un deux, le P. Danet, venait même de succomber à la peine. Dès le 30 janvier, le P. Montazeau put accourir de Versailles à Paris et entreprendre, non sans difficultés, le ravitaillement de la maison. « Nos pauvres Parisiens, écrit-il au commencement de janvier, avaient bien besoin des secours que je leur ai procurés. J'ai pu abréger de dix jours les souffrances de nos chers Pères et Frères, qui tous avaient été plus ou moins éprouvés. »

Hélas ! tout n'était pas fini, et comme le disait alors le P. Ducoudray dans une lettre au P. de Ponlevoy, « nous n'avions écrit que le premier volume de notre lamentable histoire... Que Dieu, ajoutait-il, nous donne la grâce de supporter les épreuves qu'il nous réserve encore ! »

CHAPITRE XIII

LA COMMUNE — INVASION DE L'ÉCOLE SAINTE GENEVIÈVE
PRISONS DU DÉPOT ET DE MAZAS

Dès le lendemain du jour où Paris, pressé par la faim, rendit les armes, un avenir redoutable s'était ouvert pour la France. Elle se trouvait en face d'une question de vie ou de mort : question de paix ou de guerre avec l'Allemagne, de tranquillité intérieure ou de révolution sociale. Afin de régler cette terrible liquidation, il n'y avait qu'un moyen pratique : recourir à une assemblée qui serait pour tous l'expression vivante de la souveraineté nationale.

Les élections se firent partout, le 8 février, sans donner lieu à aucun incident. Toutefois le dépouillement du scrutin de la Seine n'était pas de nature à rassurer les esprits. La liste des partis extrêmes avait triomphé avec une forte majorité : trente et un radicaux sur quarante-trois députés.

16

Heureusement que le vote de la province ne ressemblait point à celui de la capitale, autrement les intérêts de la France auraient été gravement compromis. Quand la nouvelle assemblée se réunit le 12, à Bordeaux, loin de l'occupation prussienne, on put constater qu'elle était surtout une protestation contre la politique de guerre à outrance et d'agitation révolutionnaire. Pour lui laisser le temps de se prononcer sur la paix, l'armistice fut d'abord prolongé du 19 au 26 février, puis jusqu'au 12 mars 1871.

En se rendant à Bordeaux après la signature des préliminaires de paix, M. Thiers n'était pas sans inquiétude sur la situation de la capitale, dévorée d'amertume dans sa défaite, en proie aux excitations des menées anarchiques, et on l'entendit s'écrier : « Que va-t-il arriver à Paris? » Paris en armes ne pouvait plus rien contre l'ennemi, il pouvait tout contre lui-même.

Au milieu de nos désastres, le P. Ducoudray, nous l'avons vu, n'avait cessé d'indiquer les signes avant-coureurs d'une prochaine catastrophe. A l'époque de l'armistice, il avait exprimé de nouveau, en les motivant, les plus sinistres appréhensions. Les déplorables élections de la capitale ne firent que le confirmer dans cette pensée qu'on se précipitait aveuglément à l'abîme. « Mon cher Edmond, écrivit-il alors à M. de la Broise, son ami, tu n'as pas idée de l'état de Paris. Une immense majorité professe l'oubli de Dieu, une minorité effrayante, et qui fait chaque jour des conquêtes, professe la haine de Dieu. Tu peux le juger par ses élections. Que veux-tu espérer d'une ville qui prétend être la capitale, tête et cœur de la France, et qui érige comme principe la négation de tout principe religieux? Plus de Dieu! C'est le mot d'ordre de la science universitaire et des coryphées de l'académie des sciences. Plus de Dieu! répond en délire notre population des faubourgs. Y a-t-il une société possible avec la négation de la première vérité? »

Cependant le P. Ducoudray n'était pas homme à reculer devant le danger. « Espérant contre toute espérance, » il résolut, malgré les pronostics les plus menaçants, de rouvrir dans le plus bref délai l'école Sainte-Geneviève, dont les annales venaient de s'enrichir de pages si glorieuses. « Je me hâte, écrit-il le 6 mars à M. le marquis de Beaumont, de préparer notre rentrée; elle sera peu nombreuse; je ne m'en plains pas. J'aurai plus de temps à consacrer au cœur et à l'âme de mes chers enfants. La formation de leur intelligence est beaucoup; celle du caractère demande une constance et une attention qui agissent avec d'autant plus fruit qu'elles se portent sur un petit nombre. »

Mais il fallait du temps pour réparer les dégats causés par le siège et assainir les salles qui avaient été transformées en ambulances. La rentrée des élèves ne put être fixée avant le 21 mars. Déjà tout était prêt pour les recevoir, quand éclata la violente insurrection du 18 mars, et l'on apprit avec stupeur le lâche assassinat des généraux Lecomte et Clément Thomas, prélude des atrocités dont les fauteurs de révolution allaient bientôt se rendre coupables. Un contre-ordre fut immédiatement expédié dans toutes les directions, pour avertir les familles d'attendre un avis ultérieur.

Le lendemain, c'était la fête de Saint-Joseph, que Pie IX venait de proclamer patron de l'Eglise universelle. En ce jour, le P. Ducoudray reçut les derniers vœux d'un des professeurs de l'école, le P. Alexis Clerc, le vaillant directeur de l'ambulance de Vaugirard; celui-ci était revenu à la rue Lhomond se préparer dans la retraite à cette grande action de sa vie de Jésuite. Les pieux amis qui prirent part à cette fête intime eurent quelque peine à regagner leur demeure, à travers les barricades élevées sur les flancs de la montagne Sainte-Geneviève, pour interdire l'accès du Panthéon aux troupes régulières.

Le prince R. de Broglie, venu dans la journée rendre visite au P. Ducoudray, nous a conservé un résumé de son entretien. « Le Révérend Père me prédit tout ce qui est arrivé. Avant peu, me dit-il, nos églises seront fermées, nos maisons dévastées, nos personnes arrêtées, et Dieu sait qui retrouvera sa liberté. Les actes qui vont se produire auront un caractère particulier de haine contre Dieu, et ce qui est bien triste à dire pour un prêtre, il n'y a pas d'autre argument avec les malheureux qui sont maîtres de Paris, que le canon. Voilà sept mois que je vis au milieu de ces hommes, et je n'ai pas encore rencontré un cœur et un esprit honnête. »

Les événements, en se précipitant, ne firent que confirmer ces tristes prévisions. Le 22, une manifestation en faveur de la paix est reçue à coups de fusil sur la place Vendôme ; le 26, le comité central de la garde nationale se hâte de faire légaliser ses usurpations par l'élection de la Commune, qui s'inaugure deux jours après, avec une solennité grotesque. « Hélas! s'écrie le P. Ducoudray, à la vue des saturnales sanglantes qui se préparent, ne sommes-nous nous pas arrivés au temps où il est plus pénible de savoir vivre que de savoir mourir? »

Le 28 mars, avant de s'éloigner de Paris, comme le réclamaient les intérêts de sa province et les devoirs de sa charge, le P. de Ponlevoy se rendit à l'école Sainte-Geneviève, à travers les barricades, les canons et la foule armée. « J'étais seul, raconte-t-il, et en soutane. Je vis défiler sur la place du Panthéon des hordes bruyantes qui s'en allaient, le drapeau rouge déployé, faire une manifestation à la Bastille; il n'y avait plus de croix au sommet de la coupole, pour la troisième fois mutilée. Je passai, et personne ne me dit rien. Je vis pour ne plus les revoir le P. Ducoudray et le P. Clerc, et nous arrêtâmes ensemble des mesures qui devaient rester sans objet » (1).

Il s'agissait probablement de la rentrée des classes qui allait subir de nouveaux retards. Toutes les économies de la maison étaient alors épuisées. Afin de faire face aux nécessités du moment, le P. Ducoudray avait envoyé un Père en Angleterre et en Belgique, pour essayer de négocier un emprunt. En même temps trois autres Pères étaient allés en province, afin de chercher un abri sûr pour l'école en détresse. Aucune de ces démarches ne réussit, et les élèves furent définitivement convoqués pour le 12 avril, à la maison de campagne d'Athis-Mons.

Par le temps rigoureux qu'il faisait alors, l'opération n'était point d'une exécution facile. Le P. recteur confia au P. Montazeau, son ministre, les embarras de l'installation et se réserva à lui-même les ennuis du déménagement. Les rôles

(1) Actes de la captivité et de la mort, etc., 12e édition, p. 23.

ainsi partagés, tout fut prêt beaucoup plus tôt qu'on ne l'avait supposé. Dès le commencement d'avril, une partie de la communauté était transférée dans son nouvel asile, à quelques lieues de la capitale où l'agitation croissait de jour en jour. « La situation, écrit le P. Ducoudray au P. Guénégan, supérieur provisoire de la maison d'Athis, s'est notablement aggravée. Belleville et les agents du Comité central occupent le Panthéon et administrent l'arrondissement. Nous touchons au terme de la crise suprême que je voyais venir depuis si longtemps. Le jour de la colère de Dieu, le *dies iræ*, semble ne pas se faire attendre. Je pense qu'Athis restera parfaitement tranquille; faites-en une maison de prière, *domus orationis.* »

Le P. Ducoudray songeait à se rendre à Athis le 3 avril, quand un événement imprévu arrêta son départ, et le livra avec une partie de ses frères entre les mains de la Commune. « Aux grandes épreuves de la situation, écrivait-il au P. de Ponlevoy, le bon Dieu ajoute l'épreuve plus intime. Le P. de Poulpiquet a rendu ce matin son âme à Dieu. Hier matin, il semblait n'y avoir aucun danger prochain. Hier soir, vers six heures, la situation devenait beaucoup plus alarmante. J'ai administré le cher malade cette nuit à trois heures et demie, et je lui ai appliqué l'indulgence de la bonne mort. J'ai reçu son dernier soupir à huit heures et quart. Ce bon Père est allé au ciel, récompense de sa vie si édifiante. C'est une grande perte pour notre maison. »

Le P. de Poulpiquet, procureur de l'école Sainte-Geneviève, habitait depuis quelques jours la maison de l'Enfant-Jésus, passage des Vignes, rue Lhomond, lorsqu'il tomba gravement malade le 1er avril. C'est sous ce toit hospitalier que le P. Ducoudray, appelé en toute hâte, dit sa dernière messe, le lundi 3 avril. « Après son action de grâces, raconte une des religieuses de la communauté, une de nos sœurs lui ayant demandé s'il voulait prendre quelque chose : — Nous sommes dans la Semaine sainte, ma Sœur, répondit-il. — Mais, mon Père, ajouta-t-elle, après une nuit sans sommeil, vous devez être fatigué — Mais, ma Sœur, répartit-il avec une douce fermeté, qui est-ce qui jeûnera, si je ne jeûne pas? — Elle n'eut plus rien à dire. »

La mort inopinée du P. de Poulpiquet retint le P. Ducoudray à Paris, un jour de plus qu'il n'avait prévu. Elle y ramena même plusieurs des Pères déjà transférés à Athis, pour assister aux obsèques qui devaient avoir lieu le 4 avril. Ils venaient d'arriver après s'être arrêtés pour prier près du corps du cher défunt, quand un commissaire de police se présenta à l'école Sainte-Geneviève. Il signifia au P. recteur le décret de la Commune qui confis-

quait tous les biens meubles et immeubles appartenant aux congrégations religieuses, et donna
l'ordre de ne plus rien laisser sortir de la maison,
devenue propriété nationale. Le P. Chauveau fut
député à la rue de Sèvres, pour demander au
P. Olivaint ce qu'il conviendrait de faire si la
maison était envahie. « Que faire? répondit en
souriant celui-ci, mais il faut tout bonnement
compter sur la grâce de Dieu. — Eh bien, à la
garde de Dieu! » s'écria le P. Ducoudray; en effet,
il n'y avait plus autre chose à faire.

Au point où nous sommes parvenus, nous avons,
pour diriger notre marche à travers les tragiques
et sanglants épisodes de la Commune, un guide
sûr que nous suivrons en quelque sorte pas à pas.
Qui n'a lu les *Actes de la captivité et de la mort des
PP. Olivaint, Ducoudray, Caubert, Clerc, de
Bengy?* Ce titre d'*actes*, consacré dans la langue
de l'Église, est assez justifié par le sujet même du
recueil. On ne peut parcourir ces pages tracées
avec tant d'émotion par le P. Armand de Ponlevoy,
frère et supérieur des victimes, sans songer à l'ère
glorieuse des persécutions et des martyrs. Là se
trouvent plusieurs lettres écrites par le P. Ducoudray, sous les verrous, au Dépôt de la Préfecture
de police et à la prison cellulaire de Mazas; nous
n'aurons qu'à les reproduire. Mais il est d'autres
documents d'un intérêt réel, que l'auteur des Actes

n'a pu consigner dans son récit ; nous recueillerons avec un soin pieux, dans les relations de témoins véridiques, ces précieux témoignages qui nous aideront à compléter l'histoire des derniers jours du P. Ducoudray.

On était dans la semaine sainte, heure propice pour suivre le divin Maître sur le chemin du Calvaire. La journée du 3 avril, commencée par la *sortie torrentielle*, venait de se terminer par une complète déroute. Dans la nuit du lundi au mardi, l'école Sainte-Geneviève est complètement cernée par un bataillon de gardes nationaux, armés jusqu'aux dents. La rue Lhomond, la rue d'Ulm, le passage des Vignes, le chantier au fond du jardin, tout est gardé. On frappe à coups redoublés à la porte du nº 18 de la rue Lhomond. Le F. portier se lève et dit qu'il va chercher les clefs déposées, selon l'usage, dans la chambre du P. recteur. Quelques minutes seulement, et il reviendra pour ouvrir. Ce retard parut trop long à nos braves, et leur impatience se changea en fureur. Trois fois, à de rapides intervalles, le clairon sonne en guise de sommation, et une décharge générale sur toutes les fenêtres jette l'alarme dans le quartier (1). Enfin

(1) Quand le capitaine Journaux se présenta dans la journée du mardi à l'archevêché, il prétexta cette fusillade pour motiver l'arrestation de Mgr Darboy. On avait, disait-il, tiré sur les fédérés d'une fenêtre de l'école Sainte-Geneviève,

les portes s'ouvrent et le P. recteur se présente. En vain essaie-t-il de protester au nom du droit commun et de la liberté individuelle ; pour toute réponse, le commandant, le revolver à la main, lui signifie qu'il le constitue prisonnier.

Au bruit de la fusillade, tout le monde s'était levé dans la maison ; on allait et venait un peu au hasard, ne sachant quel parti prendre. Un prêtre courut à une chapelle intérieure où, par précaution, on avait retiré le Saint-Sacrement, et se hâta de le soustraire aux profanations.

A peine eurent-ils franchi la porte extérieure, que les envoyés de la Commune prirent leurs dispositions pour procéder aux arrestations. Un poste fut établi dans la cour d'entrée, des factionnaires furent placés à toutes les issues, dans les cours et le long des murs du jardin. On mit aussitôt la main sur tout ce qu'on put rencontrer, Pères et Frères coadjuteurs, et même domestiques de l'école. A mesure qu'ils étaient arrêtés, on les amenait au poste, dans la cour d'entrée, où on les faisait asseoir. Ce n'est qu'au bout de deux longues heures qu'il leur fut permis d'entrer dans les parloirs, afin d'attendre qu'on eût statué sur leur sort.

et l'archevêque était mandé à la Préfecture de police pour donner des renseignements sur cet incident. (*Hist. de Mgr Darboy*, par Mgr Foulon.)

Pendant toute la nuit, la maison fut fouillée à fond, et le P. recteur lui-même dut conduire partout le commandant avec son escorte; malgré l'étroite surveillance dont il était l'objet, il trouva pourtant moyen de se confesser au P. Billot dans un corridor. Après une minutieuse perquisition, on ne trouva rien de ce qu'on désirait. On avait prétendu que la maison regorgeait d'armes et de munitions, et on n'en rencontra nulle part (1). Au fond, on en voulait surtout à la caisse; à la suite des dépenses du siège, elle était à peu près vide. Le P. Ducoudray, sans se démentir un seul instant, répondait à ces misérables avec sang-froid et politesse. Son attitude pleine de dignité arracha même à ses gardiens étonnés ce cri d'admiration : « Quel homme! et quelle énergie de caractère! » Enfin, après trois pénibles heures, on le ramena dans la cour d'entrée; mais, dès ce moment, on le sépara de ses frères, et on le mit à part dans un petit vestibule de la chapelle, en face des parloirs.

Le pillage de la maison, commencé presque immédiatement, fut complété le lendemain et les jours suivants par des bandes de femmes et d'enfants accourues de toutes parts, comme des

(1) Ce qui n'empêcha pas l'*Affranchi* de Paschal Grousset d'affirmer que « des amas d'armes considérables et de munitions de tout genre avaient été trouvés dans le repaire de la *rue des Postes*. »

chiens affamés à la curée. Par un bonheur providentiel, la bibliothèque et le cabinet de physique furent à peu près respectés.

A cinq heures du matin, le mardi 4 avril, le clairon sonne le rappel ; c'est le signal du départ pour la Préfecture de police, et les captifs défilent entre deux haies de gardes nationaux. En tête, à une petite distance de tous les autres, s'avance le P. recteur ; derrière lui marchent les PP. Ferdinand Billot, Emile Chauveau, Alexis Clerc, Anatole de Bengy, Jean Bellanger, Théodore de Régnon et Jean Tanguy, les FF. Benoît Darras, Gabriel Dédébat, René Piton, Pierre le Falher et sept domestiques (1).

A la hauteur du pont Saint-Michel, vers l'entrée de la Cité, le P. Ducoudray se retourne, et d'un air radieux dit au P. Chauveau qui se trouvait plus près de lui : « Eh bien! *Ibant gaudentes,* n'est-ce pas? — Que vous a-t-il dit? » demandent

(1) Un Père et un Frère coadjuteur avaient trouvé le moyen d'échapper aux perquisitions de la nuit. Quand le clairon sonna le rappel et qu'ils n'entendirent plus aucun bruit dans la maison, ils se rendirent à la chambre du F. Merlin, depuis longtemps malade et complètement alité, et s'installèrent à son chevet comme gardes-malades. Or, par une exception étrange, le fait posé fut comme un droit acquis; les trois derniers hôtes de l'école Sainte-Geneviève furent sans doute déclarés en état d'arrestation et gardés à vue; cependant la chambre d'un malade put leur paraître durant deux mois une prison comparativement mitigée.

à ce dernier les gardiens inquiets. Celui-ci répète la phrase suspecte. Dieu sait ce qu'ils pouvaient y comprendre! C'était un mot d'ordre donné à la troupe vaillante qui le suivait en prison. Oui, vrais imitateurs des apôtres, tous « s'en allaient joyeux d'avoir été jugés dignes d'être outragés pour le nom de Jésus-Christ. » Ce n'est pas du bout des lèvres, mais du fond du cœur, comme nous le verrons, que le P. Ducoudray avait prononcé cette grande parole des apôtres martyrs : *Ibant gaudentes*! Depuis son arrestation jusqu'à sa mort, cette joie de souffrir pour Jésus-Christ ne se démentit jamais.

En arrivant à la Préfecture de police, les clairons sonnent aux champs pour annoncer le succès de la nocturne expédition. Les captifs traversent des groupes nombreux de gardes nationaux, au milieu des huées générales et des plus grossières injures. A leur entrée, le directeur du Dépôt, le serrurier Garreau (1), les accueille par ces paroles de colère : « Pourquoi donc m'amenez-vous ces coquins-là? Que ne les avez-vous fusillés sur

---

(1) Garreau, âgé de vingt-quatre ans, connaissait les prisons pour y avoir séjourné, un peu malgré lui, pendant quatre années. « C'était, dit Maxime du Camp, un homme dur, menaçant, haineux et sombre, qui ne fut doux ni aux surveillants, ni aux détenus, ni aux otages. » A la fin d'avril, Garreau fut envoyé à la direction de Mazas.

place. — Doucement, répartit un garde national, il faut procéder avec calme, autrement vous pourriez y passer avant les autres. »

Pendant dix minutes, le P. Ducoudray put causer familièrement avec ses frères. Tout plein d'une intime allégresse, il leur faisait part de son bonheur de souffrir pour Notre-Seigneur. Quand on fut entré dans le cabinet du citoyen Garreau, celui-ci demanda d'abord le directeur. Le P. Ducoudray s'avance en disant : « Me voici. » Alors Garreau, le revolver à la main, lui fait subir un interrogatoire sommaire :

« Vous avez des armes dans votre maison, je le sais.

— Non, monsieur.

— Je le sais de source certaine.

— S'il y en a, c'est à mon insu.

— Vous avez une volonté de fer. Nous irons voir cela tous deux, et si nous n'en trouvons pas, vous ne reviendrez pas ici. Du reste vous avez commis bien des crimes... » Et il énuméra toute une suite de forfaits : perversion de la jeunesse, empoisonnement des malades et des blessés à l'ambulance, complicité avec l'*infâme* gouvernement de Versailles.

Le P. Ducoudray se souvint que Jésus injustement accusé se taisait, *Jesus autem tacebat*, et comme son divin Maître, il resta silencieux et impassible devant l'outrage. Alors le citoyen Garreau, passant de la violence à l'ironie, se tourne vers ses satellites : « Ces messieurs s'en donnaient pendant que nous mourions de faim ! Aujourd'hui les rôles sont changés. Et d'abord, ces messieurs doivent être fatigués, nous avons dérangé leur sommeil ; vous allez leur donner des sommiers élastiques. — Oui, oui, rembourrés de noyaux de pêche, » s'écrie un garde national, pour faire chorus avec son chef. — « Quant à vous, ajouta ce dernier en s'adressant au P. Ducoudray, je vais vous donner un écrou serré. »

La liste des captifs est dressée, et sans autres formalités ils sont conduits sous bonne escorte par le citoyen Garreau. Le P. recteur est enfermé seul, au secret, dans une cellule du Dépôt, vaste prison attenante au Palais de Justice ; les autres sont entassés, avec une trentaine de détenus, dans une salle commune, destinée jusque-là aux femmes sans aveu, que la police ramasse la nuit dans les ruisseaux de la capitale (1). Quand il se vit séparé de tous les siens, le P. Ducoudray demanda, par

(1) On confond souvent la Conciergerie avec le Dépôt. « La plupart des otages survivants, observe Maxime du Camp, qui ont écrit le récit des faits dont ils ont été les témoins, ont presque tous raconté qu'ils avaient été préalablement incarcérés à la Conciergerie, où cependant ils n'ont jamais mis le pied. » La Conciergerie, la vieille geôle du Palais, dresse sur le quai de l'Horloge ses deux tours bien connues du peuple parisien.

esprit religieux et amour de la vie commune,
d'avoir au moins un de ses frères pour compagnon. Il désigna même nommément le P. Alexis
Clerc, homme excellent et saint religieux, d'un
caractère charmant et d'un grand cœur. Celui-ci
répondit avec allégresse à cette consigne qui l'appelait à la mort. Dès qu'ils furent réunis, ils organisèrent un petit service de ravitaillement en
faveur de leurs frères privés, comme eux, des
objets de première nécessité, et chacun d'eux ex-
pédia au dehors des billets qui arrivèrent à destination, et qui portent encore le timbre et le visa
de l'état-major de la place. Le jeudi saint, 6 avril,
il y eut une soudaine éclaircie de joie dans la salle
commune, quand on reçut de la part du P. Ducoudray, comme un dernier souvenir de sa charité, une copieuse provision de linge et de comes-
tibles.

Le P. Ducoudray avait un jour exprimé ce vœu
à un de ses plus intimes confidents : « Ah ! si nous
pouvions aller tous deux sur une montagne avec
notre crucifix, comme nous prierions bien le bon
Dieu ! » Ce souhait se trouvait exaucé dans les
murs d'une prison. Un geôlier du Dépôt, chargé de
visiter les deux reclus dans leur cellule commune,
donnait ces détails sur leur vie : « Ils ne manquent
de rien, sont gais, paraissent très heureux et
prient ensemble presque continuellement. »

Mais cette prison était trop douce pour nos chers détenus, qui savaient y trouver encore l'image de la vie religieuse et y respirer le parfum de la charité fraternelle. Aussi ne firent-ils qu'y passer. Le soir du jeudi saint, une voiture cellulaire les emporta du Dépôt à Mazas, avec Mgr l'archevêque de Paris, M. le président Bonjean et le P. de Bengy. Dans le trajet, le P. Ducoudray méditait de bon cœur ces paroles d'Isaïe : « Il a été mis au rang des criminels. » Plus tard, le 13 avril, la même prison reçut le P. Olivaint et le P. Caubert, arrêtés à la résidence de la rue de Sèvres, dans la soirée du 4 avril. Quant aux seize habitants de l'école Sainte-Geneviève restés dans la salle commune, leur sort demeura quelque temps incertain ; mais, grâce à un intervalle d'indulgence qui prévalut un moment à l'Hôtel-de-Ville, ils furent relâchés, le 12 avril, après neuf jours d'emprisonnement.

La prison cellulaire de Mazas occupe, à l'est de Paris, un vaste espace entre la place de la Bastille et la gare du chemin de fer de Lyon. A la porte de l'odieux séjour, le mouvement s'arrête et la vie elle-même s'éteint. L'isolement y est complet, et les malheureux détenus sont en quelque sorte enterrés vivants. Les otages y furent traités plus durement que des malfaiteurs ; les prêtres, en particulier, eurent beaucoup à souffrir, surtout quand ils se trouvèrent un peu plus tard à la merci du

directeur Garreau, animé d'une haine furieuse
contre la religion. Cet homme, confident de Ferré
et de Raoul Rigault, proférait les plus atroces me-
naces : « Si les troupes de Versailles entrent dans
Paris, s'écriait-il, la capitale sera incendiée, tous
les prêtres que nous avons ici seront fusillés :
Paris deviendra un monceau de ruines et de ca-
davres. »

J'ai visité, avant d'écrire ces lignes, les étroites
cellules de Mazas, en faisant un pélerinage fraternel aux lieux de souffrance des martyrs. Certes le
logis n'est pas gai : en face de l'entrée, la lucarne
qui mesure l'air et le jour; dans un angle, le
hamac; vis-à-vis, la petite table, avec l'espace
suffisant pour la chaise de paille; au-dessus de
la porte, une planche en guise d'armoire; un balai
et quelques pièces de grossière faïence complètent
le mobilier.

A raison de ce total isolement, le récit du séjour
à Mazas contient peu de faits, mais de nombreuses
lettres qui forment comme un journal de la captivité. Nous laisserons donc, autant que possible,
le P. Ducoudray parler lui-même, et nous révéler
son âme en racontant sa vie.

Enfermé depuis le 6 avril, dans son étroite
cellule, le P. Ducoudray resta plusieurs jours sans
aucune communication au dehors; mais bientôt des
amis dévoués organisèrent un petit service de cor-

respondance et de ravitaillement dont une lettre du P. Ducoudray nous révèle le secret. « Au milieu de nos malheurs, écrit-il au P. de Ponlevoy, voici une bonne fortune... Ce *brave homme* quitte notre service, mais il pourra me rapporter votre réponse et nous revoir plusieurs fois la semaine. Gardez bien le secret, et arrangez-vous avec lui. »

Trois fois par semaine, on apportait aux Pères quelques provisions que, grâce à la charitable complicité des gardiens, ils partageaient avec leurs compagnons de captivité. Mais leur âme, privée du pain eucharistique, souffrait d'une faim qu'il semblait humainement impossible d'apaiser. On avait bien tenté une démarche auprès de Raoul Rigault, pour obtenir aux prêtres la liberté de célébrer la sainte messe. Le procureur de la Commune avait brutalement répondu : « Bah! ils ont bien autre chose à faire. »

Malgré l'isolement et les privations, le P. Ducoudray ne perdait pas la paix du cœur, comme on peut le voir par une lettre du 13 avril, dans laquelle il rendait compte au P. de Ponlevoy de la situation et de ses dispositions personnelles.

« Mon révérend et bien-aimé Père provincial.

« *Pax Christi*.

« J'essaie de pénétrer jusqu'à vous... et si ce

n'est pour vous parler *os ad os*, du moins pour vous donner signe de vie, et vous dire combien j'ai hâte de me rapprocher de vous.

« Vous connaissez notre histoire et ses tristesses... Ici, je passe beaucoup de temps à prier, et un peu à souffrir. L'isolement, la séparation, les incertitudes, et surtout la privation de célébrer la sainte messe, même d'y assister, c'est bien cruel.

« Nulle communication possible *cum captivis meis*. Ils sont là près de moi, dans le même corridor ; c'est tout ce que je sais.

« Voilà la part que la volonté de Dieu nous a faite. Pour nous, nous n'avons qu'à suivre le conseil de l'Apôtre : *In omnibus exhibeamus nosmetipsos, sicut Dei ministros, in multa patientia, in tribulationibus... in carceribus, in seditionibus... per gloriam et ignobilitatem, per infamiam et bonam famam* (1).

« Sentir de très près l'*improperium Christi*, n'est-ce pas une grande grâce ?

« Priez et faites beaucoup prier... Une petite place, s'il vous plaît, à chaque *memento* de vos messes, et alors *per orationes vestras spero me donari vobis.*

(1) « Montrons-nous en toutes choses des ministres de Dieu, par une grande patience dans les tribulations... dans les prisons, dans les séditions... dans la gloire et dans l'ignominie, dans la mauvaise et la bonne réputation. » (II Cor., vi, 4, 8).

« Sera-ce bientôt ? Comme il plaira à Dieu.

« En union de vos saints sacrifices.
« *R^æ V^æ humillimus servus in X^m et addictis-simus filius.*

« L. DUCOUDRAY. »

Au 23 avril se rapporte un incident notable, au moins par sa rareté, dans l'histoire de Mazas. Le rigoureux secret de la prison fut soudain allégé pour le P. Ducoudray : voici à quelle occasion. Sous la tyrannie de la Commune il y avait anarchie complète. Les systèmes se supplantaient et les décrets se détruisaient, à mesure que les personnages se dévoraient les uns les autres ; tantôt prévalait un parti plus violent, et tantôt un parti relativement modéré l'emportait.

Une personne courageuse, madame d'O***, reconnaissante de l'éducation donnée à ses fils, résolut de profiter d'un moment de détente. Elle va trouver un membre de la Commune, auquel elle avait eu occasion de rendre service, et lui demande en retour une seule grâce, un permis de visiter le P. Ducoudray au parloir de Mazas, avec cette clause expresse qu'elle pourra se faire accompagner pour pénétrer dans la sombre demeure. Le cavalier qui devait accompagner l'obligeante visiteuse n'était autre qu'un des Pères restés à Paris ; mais il était parfaitement déguisé, et les geôliers ne conçurent aucun soupçon.

« J'ai eu, écrivait le P. Sommervogel quelques jours après la première entrevue, le bonheur de voir le bon P. Ducoudray, à Mazas. Il ne nous attendait pas et crut qu'on l'appelait pour l'interroger ; aussi fut-il bien surpris et tout ému. Nous étions séparés de lui par une grille dont les barreaux étaient assez espacés pour permettre de lui serrer la main. Cette visite ne dura que vingt minutes. Je lui donnai des nouvelles des nôtres. Il était préoccupé de son sort, mais parfaitement résigné à tout ce que Dieu voudrait de lui. Il nous disait qu'il était bon que la Compagnie eût sa part de souffrances. Il me demanda des prières et me chargea de le recommander à nos amis. Ce qui lui pesait le plus, c'était l'inaction.

« A la seconde visite qui dura une heure et quart, je l'ai confessé en latin. Il me demanda des livres. Il espérait encore, mais sans se faire illusion pourtant. Enfin j'ai toujours trouvé le P. Ducoudray tel que je l'ai connu : un homme, et surtout un homme de Dieu. »

Cette seconde visite avait eu lieu le 27 avril ; d'autres se succédèrent le 30 avril, le 1er et le 4 mai. Au-delà, toutes les tentatives restèrent inutiles ; on entrait dans la période de la Terreur.

A ces visites autorisées à Mazas, se rattache un

fait d'une date postérieure, qui montre combien le cœur du prêtre est miséricordieux et surtout combien Notre-Seigneur est bon. C'est Vermorel qui avait donné les permis. Le P. Ducoudray se prit de reconnaissance pour ce personnage d'un jour qu'il n'avait d'ailleurs ni vu ni connu, et dans la prison il récitait le chapelet pour obtenir la grâce de sa conversion. Encore un peu, et l'humble prière du prisonnier de Mazas deviendra la voix puissante du sang d'un martyr. Blessé aux barricades de Paris et prisonnier à son tour, Vermorel agonisait dans un hôpital de Versailles. Un des frères du martyr, le P. Henri de Régnon, pénètre à grand'peine auprès du mourant, longtemps inabordable et inflexible. « Le P. Ducoudray a prié pour vous dans sa prison, lui dit-il, et c'est encore lui qui m'envoie près de vous. » A ces paroles, Vermorel pleure, se rend et meurt, une médaille de la Sainte Vierge au cou et le crucifix à la main.

La journée du 5 mai vit introduire dans le régime cellulaire de Mazas un adoucissement, probablement dû à la même influence qui avait facilité les visites au parloir ; on permit aux prisonniers la lecture de quelques journaux autorisés par la Commune. Le P. Ducoudray écrivait ce même jour :

« Oh ! la bonne prière que nous lisons dans l'oraison du quatrième dimanche après Pâques... *ut inter mundanas varietales, ibi nostra fixa sint corda, ubi vera sunt gaudia* (1). Elle m'a nourri spirituellement, avec douceur, pendant toute cette semaine.

« Je suis encore plus pessimiste, paraît-il, que les plus pessimistes : ceux-ci, me disiez-vous, posaient la date du 20 comme dernier terme de la guerre civile. Je crains bien qu'il ne faille prolonger jusqu'au 30. Les opérations militaires vont lentement. La guerre au-delà des remparts offre des difficultés ; la guerre des rues aura les siennes, bien sanglantes, hélas ! D'après le *Siècle* et la *Vérité* que je lisais ce matin, tout semble en désarroi et en tiraillements ; changements de personnages, arrestations, etc. Il paraît que le citoyen Miot a proposé, dans une séance de la Commune, d'abolir les prisons cellulaires et le secret. Je réponds : *appuyé*.

« Je n'ai point été interrogé. Convenons de ceci : si je devais être interrogé, ou plutôt dès que je l'aurai été, si je prévois que je doive être traduit en jugement, j'écrirai par commissionnaire de m'envoyer immédiatement M. X..., que je prendrai pour avocat. Les choses en viendront-elles là ? Non, si les événements militaires se précipitent.

« Combien je suis touché et reconnaissant ! La charité pense à tout. Remerciez et faites prier.

(1) « Qu'au milieu des vicissitudes de la vie, nos cœurs soient fixés là où sont les véritables joies. »

Ah ! si nous pouvions bientôt remonter à l'autel !
Voilà la privation à laquelle je ne pourrai jamais
m'habituer !

« Nous touchons à la semaine des grands événements, ou du moins au commencement des grands
événements... Quel châtiment ! Il était attendu.
Le voici.

« Faites-moi toujours l'aumône d'un *memento*.

« A vingt-cinq pas de distance, j'ai pu deux fois
saluer Alexis (P. Clerc). J'ai aperçu Anatole (P. de
Bengy), *a longe*.

« Si nous pouvions dire la sainte messe le jour
de la Pentecôte ! »

A cette époque, le P. Ducoudray aura consommé
son sacrifice.

Il écrivait encore à la date du 7 mai : « Je passe
mon temps à beaucoup prier, un peu à souffrir ;
car la privation de la sainte messe, l'isolement, la
séparation sont choses cruelles ; puis je ne vois
pas la fin. Nous sommes ici en qualité d'otages,
nom qui laisse peser sur notre situation un vague
indéfini et des attentes indéterminées. Bref, nous
sommes entre des mains qui feront de nous ce
qu'elles voudront, d'après les circonstances. Priez
et faites beaucoup prier. D'après mon appréciation, il me semble que la situation peut se prolonger encore trois, quatre semaines, et que les
choses ne sont pas en train de s'améliorer. C'est

une vraie guerre civile avec toutes ses horreurs.

« Vous savez comme j'estime vos appréciations; donnez-les moi, sans rien dissimuler sur notre situation propre et sur la situation générale. Mille choses à tous, à la ville comme à la campagne. Souvenir bien affectueux au docteur M***. J'espère que, de notre séjour ici, il en sera comme des chaînes de saint Paul : *Ad profectum venerunt Evangelii, ita ut vincula mea manifesta fierent in Christo* (1).

« Vous devinez combien je pense à vous, combien je vis de cœur avec vous. Donnez-moi chaque jour place au *memento* de votre messe. »

Le citoyen Garreau venait d'être nommé directeur de Mazas. Comme don de joyeux avènement, il supprima le parloir pour tous les prêtres otages et le maintint seulement pour les détenus laïques. Cette mesure inopinée fut pour le P. Ducoudray l'occasion du plus grand de tous les sacrifices. On le comprendra sans peine, quand on saura que ce jour-là même il attendait la visite promise de Notre-Seigneur en personne. « Quel sacrifice ! s'écrie-t-il encore sous le coup de cette navrante déception. Hier, madame d'O*** et C*** se sont présentés pour me voir. Ils venaient probablement m'annoncer la sainte visite si désirée; ils n'ont

(1) « Elles ont servi au progrès de l'Évangile, en sorte que mes liens ont été célèbres par Jésus-Christ. » (Philip. I, 12.)

pas été reçus. J'ai offert à Notre-Seigneur cette dure épreuve, hier incomparablement plus pénible que jamais, à raison du précieux gage d'amour du divin Maître. J'essaie de faire de mon pauvre cœur un autel sur lequel je sacrifie. J'ajoutais hier un nouvel aliment au sacrifice. N'est-ce pas le meilleur usage que j'en puisse faire ! »

Ce même jour, le P. Ducoudray tout plein de ses regrets, d'ailleurs sérieux et ferme comme un homme, mais vrai et simple comme un enfant, avait besoin d'épancher son cœur. Il adresse à l'un de ses frères une lettre si intime, qu'il l'appelle « un compte de conscience. » Il nous est bien permis à cette heure de divulguer cette précieuse confidence, qui nous montre combien Dieu est admirable dans ses saints : *Mirabilis Deus in sanctis suis.*

Voici d'abord son petit règlement de chaque jour :

« Cinq heures, lever, puis balayage, nettoyage... Six heures, oraison, que je prolonge d'ordinaire jusqu'à sept heures et demie ou huit heures... Huit heures, matines et laudes, prime et tierce. Huit heures trois quarts, un chapelet. Neuf heures, déjeûner, matines et laudes de l'office de la Sainte Vierge. Dix heures, pendant une demi-heure, j'assiste, en esprit et en union, à la sainte messe qui se célèbre à cette heure, et je fais un quart d'heure d'action de grâces. Onze heures trois quarts, examen. Midi, deuxième chapelet que je récite toujours pour notre chère communauté. Puis, lecture des journaux. Vers deux heures, je lis, ou je travaille en prenant des notes jusqu'à quatre heures. Ajoutez qu'entre neuf heures et quatre heures, d'une manière très variable, vient s'intercaler une heure où l'on nous conduit au promenoir, espace grand comme la moitié de notre salle de récréation, où l'on se meut seul entre deux murs. Quatre heures, j'achève les petites heures, je récite vêpres et complies du grand office et de l'office de la Sainte Vierge. Cinq heures, je dîne et fais mon petit ménage. Six heures, lecture spirituelle et un peu d'exercice dans ma cellule longue de cinq à six mètres et large de deux. Sept heures, un peu de journal. Sept heures et demie, préparation de l'oraison. Sept heures trois quarts, examen. Huit heures, troisième chapelet qui complète le Rosaire. Huit heures un quart, litanies. Huit heures et demie, je dresse mon hamac et je fais mon lit. Huit heures trois quarts, coucher. Voilà la journée. »

Dans cet ordre du jour, on le voit, il y a peu de place laissée à la fantaisie ; c'est la prière en permanence, une prière qui nous rappelle celle des confesseurs de la foi dans les catacombes. Mais voici une autre confidence encore plus intime ; le P. Ducoudray nous introduit jusque dans son cœur.

« Ce pauvre cœur ! écrit-il, il serait bien tenté de s'échapper quelquefois et de bondir. L'imagination se mettrait volontiers de la partie. Tous les deux ne se laissent pas dominer par la raison, autant que je le voudrais. De là, à certaines heures, certains accès ou trépignements d'ennui, des souffrances de l'âme qui la jettent dans la langueur, le découragement, l'inquiétude et le dégoût. *Magnum est et valde magnum, tam humano quam divino posse carere solatio, et pro honore Dei, libenter exilium cordis velle suscipere* (1). Ce sont là des choses qui ne se comprennent que quand elles se sentent. J'avais eu la bonne idée de mettre dans ma poche, en quittant la maison, un petit livre contenant le *Novum testamentum* et l'Imitation. J'ai beaucoup lu saint Paul ; quel grand et admirable cœur ! Sa lecture bien sentie dilate l'âme, puis il a été *in laboribus plurimis, in carceribus abundantius* (2), comme il l'écrit lui-même. Et moi qui ne suis encore qu'à *carcere uno*, je me vanterais de souffrir quelque chose ! Mais si nous sommes de ceux dont il est écrit : *Eritis odio om-*

(1) « C'est une grande, une très grande vertu que de savoir se passer de toute consolation tant humaine que divine, et de soutenir volontiers, pour la gloire de Dieu, l'exil du cœur. » (Imit. lib. II, c. ix.)

(2) « Plus que personne dans les travaux et surtout dans les prisons. » (II Cor. xi, 23.)

nibus propter nomen meum (1), que nos tribulations sont encore mesquines, comparées à celles du grand apôtre ! »

Le P. Ducoudray ne s'en cache pas. Dans son « pauvre cœur », il y avait quelquefois de la souffrance, mais une souffrance qui engendrait la patience, *tribulatio patientiam operatur*. Après tout, le chrétien n'est pas un stoïcien, et le martyr lui-même éprouve les faiblesses de la chair, mais pour les surmonter par la vigueur de l'esprit.

Un arrêté de la Commune avait supprimé le parloir pour les prêtres otages à Mazas. Mais il est un visiteur que la Commune ne pouvait arrêter, c'est Celui qui a dit à ses apôtres : « Je ne vous laisserai pas orphelins, je viendrai à vous » ; et encore : « Si quelqu'un m'aime… mon Père l'aimera, et nous viendrons à lui et nous ferons auprès de lui notre demeure (2). » Tout se prépare pour cette auguste et consolante visite. Quelle scène touchante aux yeux de la foi ! On dirait un drame renouvelé des catacombes, et qui allait se dénouer par le martyre.

Au milieu du mois consacré à Marie se lève enfin un beau jour, jour de grâce et de joie qui en présageait un autre désormais prochain de sacri-

(1) « Vous serez en butte à la haine de tout le monde à cause de mon nom. » (Matth. x, 22.)
(2) Joan. xv, 14, 23.

lice et de gloire. Les captifs de Mazas ne cessaient de redire au ciel et à la terre : *Veni Domine Jesu !* Ah! venez donc, Seigneur Jésus. — Oui, fut-il répondu, voilà que je viens, *etiam venio cito !*

Au temps des persécutions, l'ancienne discipline permettait à de simples fidèles de porter sur eux la sainte Eucharistie, de se communier eux-mêmes, ou de déposer les saintes Espèces entre les mains des confesseurs de la Foi, à l'approche de leur dernier combat. La persécution de la Commune, qui semblait faire reculer l'histoire jusqu'aux premiers siècles de l'Eglise, rendit de nouveau nécessaire l'emploi de ces moyens extraordinaires.

Dans la matinée du jour béni du 15 mai, tout était prêt au dedans comme au dehors, pour faire entrer Jésus dans la prison. Les captifs avaient été prévenus de l'ingénieuse et audacieuse entreprise. Comme toutes les lettres étaient ouvertes et lues, on imagina de glisser les billets dans la pâte de petits pains, avant de les mettre au four. En voici la teneur mystérieuse : « Les circonstances sont fort graves, courage ! Demain, vous recevrez la suprême consolation », et au bas : « Vous recevrez un vase rempli de lait et au fond vous trouverez ce que je vous annonce. »

L'avis fut reçu et compris ; on répondit de Mazas : « Nous serions bien contents d'avoir le petit pot de crème. » On crut alors pouvoir pro-

céder sûrement à la délicate opération. La main
d'un prêtre déposa quatre hosties dans une première boîte garnie à l'intérieur d'un corporal, et
renfermée elle-même dans une seconde boîte,
avec un autre petit corporal et le sachet de soie
muni d'un cordon pour porter au cou; le tout fut
disposé dans le double fond, hermétiquement
fermé, d'un pot de crème rempli jusqu'au bord. Il
y en avait trois seulement, pour les PP. Olivaint,
Ducoudray et Clerc; on n'avait point encore su
lier la partie dans le quartier des PP. Caubert et
de Bengy.

Vers le milieu du jour parvinrent à Mazas les
petits pots et les *petites boîtes* attendus et désirés.
Tout à coup les portes s'ouvrent; les prisonniers
ne sortirent point, mais Jésus entra. Midi et demi
était l'heure propice où tous les captifs se trouvaient dans leurs cellules. Les employés se mon-
traient obligeants et empressés; à la porte de la
prison on les gratifiait d'une bonne aubaine,
et, dans l'intérieur des cellules les invitait le plus
gracieux accueil. Ils étaient eux-mêmes étonnés
de sentir adouci leur triste rôle. A partir de ce moment, le P. Ducoudray eut donc la consolation de
porter sur sa poitrine, comme sur un autel vivant,
le Dieu de son cœur, son partage pour l'éternité.

La sainte opération réussie, il s'empressa d'exprimer sa reconnaissance. « J'ai *tout* reçu, écrit-il.

Mardi, quelle surprise ! quelle joie !... je ne suis plus seul, j'ai Notre-Seigneur pour hôte dans ma petite cellule... Et c'est vrai, *credo!* Mercredi, je me suis cru au jour de ma première communion et je me suis surpris fondant en larmes. Depuis quarante-cinq jours, j'étais privé d'un si riche bien, de mon seul trésor !

« Je me renferme dans le cénacle, et je voudrais bien, après ces dix jours qui nous séparent de la Pentecôte, revoir la lumière du ciel. D'ici là que d'événements peuvent surgir ! Nous touchons au bas-fond de la crise, mais, si elle se prolonge, nous pouvons craindre des abominations. Je ne puis m'empêcher parfois d'être très impressionné de me trouver lié à des circonstances si graves. Mais ici nous faisons une bonne retraite qui nous facilitera l'entrée de l'éternité. Dès le premier jour de mon arrivée, je me suis tenu prêt à tous les sacrifices. Car j'en ai la douce et forte confiance, si Dieu fait de nous, prêtres et religieux, des otages et des victimes, c'est bien *in odium fidei, in odium nominis Christi Jesu* (1).

« Prions, prions beaucoup, disposé à vivre s'il plaît à Dieu, à mourir s'il plaît à Dieu, en bon fils de notre bienheureux Père saint Ignace. »

Telle est la dernière lettre du P. Ducoudray : il

____

(1) « En haine de la foi, en haine du nom de Jésus-Christ. »

finit l'*alleluia* dans le cœur et le *fiat* sur les lèvres. Heureuse la plume qui s'est brisée après ces dernières lignes! Désormais l'histoire du P. Ducoudray se confond avec celle des cinq otages qui subirent la mort en même temps que lui. Nous. raconterons dans le chapitre suivant la lutte suprême où notre généreux combattant cueillit la palme du martyre.

CHAPITRE XIV

A mesure qu'on approchait du dénouement, les violences de la Commune avaient pris contre le clergé un caractère plus acharné. Les arrestations arbitraires avaient continué ; la plupart des églises étaient transformées en clubs. Notre-Dame de Lorette avait été pillée, et des scènes ignobles avaient accompagné la dévastation du vénérable sanctuaire de Notre-Dame des Victoires. On annonçait d'autres expéditions du même genre, et l'on se promettait même d'incendier toutes les églises et de tuer tous les prêtres. Le 19 mai parvinrent à Versailles les décrets de la Commune, ordonnant de juger et de fusiller les otages.

Tout à coup les événements se précipitent : le

20 mai, l'enceinte de Paris est battue en brèche ;
le dimanche 21, les troupes de Versailles entrent
dans Paris. Réduite à l'extrémité, la Commune,
non pour se défendre mais pour se venger, va se
noyer dans des flots de sang et s'ensevelir elle-
même sous des monceaux de ruines.

Le lundi 22 mai, les captifs de Mazas s'aperçurent, à l'agitation inaccoutumée de la prison,
qu'il se passait quelque chose d'extraordinaire :
les gardiens allaient et venaient, échangeaient
entre eux de mystérieuses paroles, répondaient
aux questions des prisonniers par de menaçantes
allusions, ou par un silence affecté, plus signifi-
catif encore. Cependant le bruit du canon et de la
fusillade s'était rapproché, et l'on en concluait
que l'armée gagnait du terrain ; plusieurs y virent
un motif d'espérer que l'émeute serait bientôt
vaincue ; et la Commune vaincue, une exécution
inutile ne pourrait qu'aggraver les représailles.

Telles étaient les pensées dont aimaient à se
bercer les captifs, quand on apporta l'ordre de
procéder sur-le-champ à l'exécution de tous les
otages renfermés à Mazas. A l'instant tout parut
s'assombrir de plus en plus dans la lugubre demeure. Mais le directeur, par un calcul de prudence, osa représenter à l'impérieuse Commune
qu'une exécution dans une maison de simple pré-
vention serait un fait contraire à tous les précé-

dents. En conséquence, on résolut de transférer tous les prévenus de Mazas à la prison des condamnés à mort, à la Roquette.

Quelques heures avant de quitter Mazas, le P. Ducoudray reçut une dernière fois, par une coïncidence providentielle, le viatique du salut et le pain des forts. Le projet de renouveler la sainte expédition du 15 mai avait été fixé d'abord au mardi 23; mais on se ravisa tout à coup. Depuis le dimanche, Paris était devenu un champ de bataille et les feux de l'incendie se mêlaient à ceux de la guerre; dans quelques heures il serait peut-être impossible de passer.

Vers midi, deux femmes faibles et intrépides, mademoiselle Delmas et une personne de confiance, partent de la rue Notre-Dame des Champs munies d'un précieux fardeau, et s'acheminent pendant une heure sous un ciel embrasé, au travers des vastes quartiers déserts que sillonnent seulement les patrouilles de la Commune. Cette fois toutes les mesures avaient été prises, la répartition fut complète; chacun des Pères captifs reçut quatre hosties enveloppées d'un corporal, comme d'un linceul, et dûment renfermées dans une petite boite, avec le sachet de soie muni d'un cordon pour être porté au cou. En venant à pareille heure, le Seigneur Jésus ne semblait-il pas redire à ses serviteurs sa parole d'autrefois : *Iterum ve-*

nio et accipiam vos ad meipsum. « Je reviens, non plus pour demeurer avec vous, mais pour vous emmener avec moi (1). »

Il était environ cinq heures du soir. Le procureur général de la Commune, Raoul Rigault, l'épée au côté et le revolver à la ceinture, entra dans la prison et donna au directeur Garreau communication d'une dépêche, écrite par Gabriel Ranvier, signée des membres du comité de salut public, d'après laquelle l'ordre était intimé « de transférer immédiatement les otages, tels que l'archevêque, les différents curés, Bonjean sénateur, et tous ceux qui pouvaient avoir une importance quelconque, à la prison de la Roquette, dépôt des condamnés. » La liste des otages fut aussitôt dressée, sur les indications de Garreau, par Dacosta et Raoul Rigault ; elle comprenait quarante-quatre noms, et désignait avec Mgr Darboy et le Président Bonjean, trente-huit prêtres, parmi lesquels les PP. Olivaint, Ducoudray, Clerc, Caubert et de Bengy.

On procéda aux formalités d'usage en pareil cas. Chaque prisonnier dut comparaître, d'abord au greffe pour la levée de l'écrou qui se fit en double expédition, puis se rendre dans la cour d'entrée sous la conduite des gardiens. Une triple

____

(1) Joan. XVI, 3.

haie de gardes nationaux bordait l'étroite enceinte,
dans laquelle on avait fait avancer deux fourgons
de factage réquisitionnés au chemin de fer de
Lyon. On ne parvint à y entasser que quarante
prisonniers.

Les otages demeurèrent plus d'une heure sur
ces voitures qui stationnaient dans la cour de la
prison. Au dehors, la foule était immense et im-
patiente. Elle savait qu'on allait transférer les
prêtres à la Roquette ; elle frappait avec violence à
la porte, menaçant de l'enfoncer si l'on n'ouvrait
pas. A neuf heures du soir, les deux charretées,
comme on disait déjà au temps de la Terreur,
s'éloignèrent sous la garde de fédérés armés, conduits par Dacosta et Raoul Rigault.

Ce fut un long et douloureux voyage. Assis sur
de simples banquettes de bois placées en travers,
exposés à toutes les insultes de la populace, aux
injures mêmes des gardes nationaux qui les
escortaient, les prisonniers parcoururent lentement, non la grande voie des boulevards, mais la
rue du faubourg Saint-Antoine et tous les quartiers dévoués à la Commune. « Arrêtez, criait-on,
n'allez pas plus loin ! qu'on les mette en morceaux ! » Le convoi marchait au pas, comme pour
laisser les otages épuiser jusqu'à la lie le calice
d'amertume. Tous montrèrent la plus grande
sérénité d'âme, les prêtres surtout qui rappelaient

par leur courage les premiers maryrs de l'É-
glise (1).

Il était nuit quand on arriva à la Roquette.

La prison de la Roquette est, on le sait, partagée
par la rue du même nom en deux divisions en
face l'une de l'autre, mais complètement distinctes.
Sur la gauche, en allant de la Bastille au cimetière du Père-Lachaise, sont les jeunes détenus ;
et sur la droite, les condamnés. A cette dernière
catégorie appartenaient naturellement les nouveaux venus. A l'entrée de ce domicile de la mort,
on doit vraiment laisser toute espérance. Tout autour à l'extérieur, règne une double chemin de
ronde avec une double enceinte de formidables
murailles ; à l'intérieur, d'interminables corridors, et d'un bout à l'autre de chaque côté, les fa-
tales portes à petits guichets et à gros verrous.

Sur la place de la Roquette, les otages furent
accueillis par les vociférations d'une foule immense qui criait : « A mort les calotins ! » Et
l'on entendit le citoyen François, directeur de la
prison, accouru pour recevoir ses nouveaux hôtes,
prononcer ces paroles significatives : « On pourra
peut-être évincer quelques laïques, mais tous les
prêtres y passeront ; il y a dix-huit siècles que
ces gens-là nous *embêtent*. »

(1) Rapport officiel de M. le général Appert sur les opérat ions
de la justice militaire.

Les voitures pénétrèrent dans la cour de la Grande-Roquette ; les otages descendirent et furent réunis pêle-mêle dans une salle d'attente à gauche de la porte. Le citoyen François, homme violent et féroce, fit deux fois l'appel, avec une affectation ridicule d'importance, dévisageant l'archevêque, regardant avec affectation les Pères, car il voulait voir, disait-il, comment est fait un Jésuite. Puis il procéda sommairement aux formalités de l'écrou et remit au surveillant de Mazas ce billet laconique : « Reçu quarante curés et magistrats. »

Les otages attendirent là plus d'une heure et demie, les uns assis sur des banquettes de bois, les autres debout et cherchant un point d'appui contre la muraille, car le trajet les avait extrêmement fatigués. C'est que rien n'était prêt pour les recevoir ; comme la translation avait été imprévue, l'installation devait être improvisée. Mais le directeur de la prison imagina un dispositif simple et commode. Tout un quartier fut débarrassé de ses anciens hôtes et dévolu exclusivement aux nouveaux ; ainsi les victimes seront mieux sous la main du geôlier et passeront plus vite sous la main des bourreaux.

Pendant ce temps plusieurs prêtres se confessèrent mutuellement ; le P. Ducoudray partagea sa bourse avec un ecclésiastique qui manquait de tout ; et le P. Caubert révéla à un autre que li et ses frères de la Compagnie de Jésus portaient sur leur cœur le Trésor du ciel.

Enfin, c'est l'heure de l'appel nominal. Le brigadier Ramain, une lanterne à la main, s'assure que les surveillants sont bien à leur poste, et après avoir donné le signal : « allons, en route ! » marche le premier et dirige le mouvement. On traverse l'avant-greffe, on gravit le grand escalier et, tournant à gauche, on pénètre dans la quatrième section. A la première cellule du corridor, dont la porte était entr'ouverte, Mgr Darboy entra et on poussa aussitôt le verrou. Tant que dura le défilé dans l'ordre même de l'appel, la porte d'un cachot se referma sur un captif. L'obscurité était profonde : chacun dut palper les murailles de son réduit et chercher sa couchette à tâtons. Mais dans la cellule du P. Ducoudray, au numéro 7, il y avait cette présence réelle de Jésus d'où rayonnent la lumière et la paix.

Dans les étroites cellules de la Roquette, en fait de mobilier, il y a un lit, c'est-à-dire sur des ais grossiers une paillasse et une couverture ; plus rien d'ailleurs, pas de table, pas même une chaise. On le devine au premier coup d'œil, ici on ne demeure pas, on ne fait que passer, le condamné attend son heure. Cependant la Roquette vaut mieux que Mazas ; si on y est enfermé, on n'y est pas enterré. Chaque cellule, d'un côté du moins, n'est séparée de la cellule voisine que par une mince cloison qui partage également en deux la fenêtre commune ; et ce n'est pas, comme à Mazas, une lucarne hors d'atteinte, mais une vraie fenêtre à hauteur d'appui. Là, les deux voisins peuvent se rencontrer tête-à-tête, échanger des confidences et même une confession.

Dès le premier soir, le P. Ducoudray se mit en rapport intime avec son voisin de cellule, M. l'abbé Gard, jeune séminariste de Saint-Sulpice. « Après avoir un peu reconnu dans l'obscurité tout ce qu'il y avait à l'intérieur et à l'entour, raconte ce dernier, nous nous rencontrâmes à la fenêtre commune. Le Père me confia de suite qu'il portait sur lui le Saint-Sacrement, afin de me tenir en sa perpétuelle présence. Il ajouta : faites une oraison fervente, et, mercredi matin, je vous donnerai la communion pour la fête de Notre-Dame-Auxiliatrice... Il m'encourageait encore en disant : nous ne craignons rien ici ; nous avons le sort le plus heureux, et si nous sommes fusillés, ce sera *in odium Christi*. Il parlait ainsi d'un air pénétré, sans passion, avec amour pour les hommes, en déplorant leur aveuglement et leurs excès. Je compris alors pourquoi le P. Ducoudray paraissait toujours recueilli et composé, comme un prêtre à l'autel. » Oui, là était le secret de sa force invincible et de son inaltérable sérénité.

Vers six heures du matin, selon l'usage, on donna le signal du lever ; mais le P. Ducoudray avait devancé cette heure pour lui trop tardive. L'oraison faite, il avait entr'ouvert son petit tabernacle portatif et goûté le pain des forts.

Le règlement de la Roquette admet les récréations communes. De huit à neuf heures du matin eut lieu la première récréation de la journée, pendant que les gens de service faisaient le ménage des pauvres cellules. Un trait général durant ces intervalles de relâche et de fusion, c'était la sérénité d'un commerce intime ; les cœurs sympathisent bien vite dans la communauté de la foi et de l'épreuve. Evidemment il n'était pas question parmi les détenus de discours oiseux et de civilités banales. Les prêtres prédestinés à la mort avaient hâte d'achever leur tâche avant de consommer leur vie. Le zèle du P. Ducoudray et de ses frères, longtemps comprimé à Mazas, jetait sa dernière flamme à la Roquette ; on les voyait exhorter les uns, consoler les autres, édifier tout le monde.

Un témoin caractérisait ainsi la physionomie particulière de chacun de nos martyrs : « J'ai vu tous vos Pères, écrivait-il au P. de Ponlevoy, et je leur ai parlé ; ils étaient calmes et souriants au soir de leur vie comme à l'aurore d'un beau jour. Le P. de Bengy n'avait rien perdu de son sang-froid et de sa gaité; le P. Caubert, de son recueillement suave et modeste; le P. Clerc, de sa généreuse allégresse; le P. Ducoudray, de sa virilité simple et digne; le P. Olivaint, de sa vive énergie et de sa paix radieuse. »

Dans la journée du 23 mai, un geôlier de Mazas fit passer à la courageuse personne qui servait d'intermédiaire pour la correspondance avec les Pères captifs un billet ainsi conçu : « Avec un grand regret je vous remets vos lettres, parce que ces messieurs ne sont plus à Mazas. Ils sont à la Roquette depuis hier soir à neuf heures. A mon arrivée, j'ai eu le grand malheur d'apprendre cette mauvaise nouvelle. Depuis mon enfance, je n'avais pas pleuré, mais j'ai pleuré aujourd'hui. Malgré ça, j'ai été un peu consolé de voir que M. Ducoudray m'avait envoyé un bonjour par un camarade. »

Le premier jour passé à la Roquette faillit être le dernier pour le P. Ducoudray et ses compagnons de captivité. La Commune, en pleine déroute, avait hâte d'en finir avec les victimes. Il fut donc enjoint d'exécuter immédiatement tous les prisonniers arrivés la veille. Mais le délégué chargé de cette atroce commission, assez peu jaloux d'une pareille responsabilité, éluda l'ordre, sous prétexte d'un défaut de formes et gagna du moins quelques heures.

Le soir venu, tous les prisonniers étaient internés dans leurs cellules. Le fracas de la lutte fratricide dans les rues de la capitale devenait de plus en plus formidable. De grosses pièces établies sur les hauteurs du Père-Lachaise, à quelques pas de la Roquette, vomissaient sur tous les quartiers une pluie de fer et de feu. « Tenez, ils bombardent Paris, dit au P. Ducoudray son jeune voisin, et s'élançant aussitôt, il monte sur le bord de la fenêtre. Le prêtre en fait autant, mais en mesurant son mouvement, par respect pour le Saint-Sacrement qu'il porte sur lui. De cet observatoire ils dépassaient d'un pied les hautes murailles des deux chemins de ronde, et pouvaient promener leurs regards sur la ville désolée. Mais bientôt laissant là ce hideux spectacle, le religieux se met à converser pieusement avec le séminariste. Il lui parle de la fête de Notre-Dame-Auxiliatrice, qu'on doit célébrer le lendemain, et du saint-office qu'il vient de réciter. Il lui recommande surtout de se bien préparer pour communier après son oraison, à six heures et demie du matin.

Le soleil du 24 mai se leva splendide sur la ville, qu'avait éclairée toute la nuit la flamme de grands incendies ; le ciel paraissait en fête et la terre était en deuil. On entendait le fracas toujours plus proche de la bataille et une épaisse fumée obscurcissait le ciel. Paris était à feu et à sang ! Paris brulait ! Ses palais et ses monuments, inondés de pétrole par la main des insurgés, apprenaient au monde de quoi est capable une civilisation sans Dieu. A mesure que l'armée régulière gagnait du terrain et que le cercle de fer se resserrait autour de la Commune aux abois, la lutte, plus meurtrière et plus violente, se concentrait dans les arrondissement voisins de la Roquette.

Dès le commencement de cette journée, lamentable pour notre infortunée patrie, mais pour lui si glorieuse, le P. Ducoudray se prépara au combat. Ne possédait-il pas dans sa prison celui qui est la force des martyrs ? Il se nourrit de sa chair sacrée, et attentif à ménager le trésor des saintes espèces, il put non seulement prolonger son action de grâces, mais continuer son adoration pendant tout le jour. Dans la même matinée, la Roquette, ce séjour ordinaire du crime et du désespoir, apparut aux yeux de la foi, comme transfigurée. Un silence mystérieux régnait dans les cellules transformées en autant de sanctuaires. Que de saintes et fraternelles agapes ! Le P. Olivaint porta la sainte communion à Mgr l'archevêque de Paris et à Mgr Surat ; le P. de Bengy, à M. Deguerry, curé de la Madeleine ; le P. Ducoudray, au jeune séminariste son voisin. La manne divine se multiplia si bien, que chacun des prêtres enfermés dans le corridor du premier étage en reçut une parcelle.

Les récréations d'usage eurent lieu comme la veille ; elles furent graves sans le moindre doute, mais le cœur trouva encore à s'y dilater, en respirant dans cette réunion qui pouvait être la dernière l'arome de la charité. Quelle douceur éprouvaient à se retrouver, après une si longue séparation, ceux surtout qu'unissaient plus étroitement les liens de la fraternité religieuse ! C'est à la récréation de deux heures de l'après-midi, que M. l'abbé Petit recueillit de la bouche du P. Ducoudray cette parole pleine d'immortelle espérance : « Comme nous allions rentrer de la récréation, raconte-t-il, le Père me dit encore : j'ai grande confiance en la Sainte Vierge ; c'est aujourd'hui la fête de Notre-Dame-Auxiliatrice ! Et puis, si nous sommes fusillés, ajouta-t-il, il est certain pour moi que ce sera en haine de la foi. A ce compte, le purgatoire ne sera pas long. »

Forcés de quitter l'Hôtel-de-Ville, les membres de la Commune s'étaient réfugiés, dès le matin, dans la mairie du XIe arrondissement, sur le boulevard du Prince-Eugène, et avaient fait de cet édifice le siège de leur gouvernement. A ce quartier général de l'insurrection s'étaient donné rendez-vous les combattants chassés des barricades, les bandes de pétroleurs, les bataillons de femmes. Il y avait là entre autres les *Vengeurs de Flourens*, les *Enfants perdus*, les *Fils du Père Duchêne*, hideux

comparses que les premiers rôles de la Commune
employaient de préférence dans leurs expéditions.
Cette foule, ivre de vin et de sang, entourait la
mairie, tumultueuse, menaçante, réclamant l'exécution des mesures les plus sanguinaires. Il
fallait à tout prix lui donner satisfaction. Un ex-
porte-drapeau du 66ᵉ bataillon, Genton, juge d'instruction de la Commune, présida une sorte de
cour martiale dont les juges furent un sergent et
un vieillard sordide restés inconnus. Les membres de la Commune et des comités formaient le
public. Ce fut ce tribunal qui rendit la sentence
de mort, sans entendre personne, sans même connaître le nom des victimes (1).

Un garde national partit donc pour la Roquette,
portant l'ordre de massacrer soixante-huit otages,
surtout les prêtres, « ces hommes qui gênent le
monde depuis dix-huit cents ans. » Et pourquoi?
Parce que, disait-on, les bandits de Versailles
avaient tué quelques officiers de la Commune,
pris sur la barricade de la rue Caumartin. Le
greffier de la prison fut d'abord stupéfait en lisant
l'ordre qu'on lui apportait; mais bientôt retrou-
vant sa présence d'esprit : « Citoyen, dit-il, tu
m'apportes un ordre; c'est fort bien ! On a mis à
mort quelques prisonniers de la Commune : qu'on

(1) Rapport officiel de M. le général Appert sur les opérations de la justice militaire.

les venge, rien de mieux ; mais il doit y avoir ici
une erreur. On ne tue pas soixante-huit personnes
pour en venger deux ou trois ; je suppose que c'est
cinq ou six, au plus, qu'on a voulu mettre, et encore c'est beaucoup. Retourne à la Commune, pour
faire rectifier l'ordre. »

Le garde national revint quelque temps après,
avec un mandat corrigé. On réclamait cette fois
l'exécution de six otages choisis parmi les prêtres.
Sur la liste figurait toutefois le nom de M. Bonjean.
« Ah ! fit le greffier, voilà encore une erreur. Il
faut pourtant que les choses se passent en règle ;
il y a le nom de ce civil à effacer. » Pour le coup,
l'autre se refusa à une seconde démarche.

La liste fut donc remise au directeur de la prison ; trois noms seulement s'y trouvaient inscrits :
Mgr Darboy, M. Bonjean et M. Deguerry. La Commune laissait au hasard la désignation des trois
autres ; mais le directeur ne voulut ni écrire de
sa main, ni choisir lui-même les autres victimes.
On remporta l'ordre pour le faire compléter ; ce
fut la même liste incomplète que rapportèrent le
soir trois délégués de la Commune, et l'un d'eux y
inscrivit les noms du P. Ducoudray, du P. Clerc
et de M. Allard.

Vers sept heures du soir, tous les prisonniers se
trouvaient dans leurs cellules, les portes fermées,
n'ayant plus de conversations qu'avec le ciel. Tout

à coup, on entend dans le lointain un bruit confus ; des voix d'hommes et d'enfants, des clameurs et des rires se mêlent au cliquetis des armes. C'étaient les exécuteurs des hautes-œuvres : pour six victimes, pas moins d'une cinquantaine de bourreaux. Les bataillons ivres qui entouraient la prison — on venait de faire la solde — comprirent que l'exécution allait avoir lieu et poussèrent des cris de joie. Megy, ceint d'une écharpe rouge, accompagnait le peloton, pour faire le coup de feu en amateur.

Quelques instants s'écoulèrent ; on cherchait les clefs jetées dans un coin par le gardien Beaucé qui s'était enfui, comprenant qu'à ce moment il s'agissait d'un crime. Ranvier les réclamait avec imprécations ; on les retrouva, et tous, sous la conduite du brigadier Ramain, s'acheminèrent vers l'escalier conduisant aux cellules.

Le chef du peloton d'exécution, un repris de justice nommé Vérig, envahit avec un détachement de fédérés le corridor de la quatrième division, où se trouvaient les victimes désignées, le parcourt dans toute sa longueur, et va ranger ses hommes au haut du petit escalier tournant qui descend au chemin de ronde. Vérig affectait de laisser traîner avec fracas un grand sabre de cavalerie, et parlait très fort avec des jurons à la bouche : « Oui, s'écriait-il avec des expressions

que nous ne pouvons reproduire ; il faut que tout
cela finisse ! » Un de ceux qui le suivaient, — on
prétend que c'était Ferré, — criait à son tour :
« Ah ! cette fois-ci, nous allons les coucher. » A
l'exemple de leurs chefs, les hommes de l'escorte
lançaient à chaque détenu, par son guichet entr'ouvert, une insulte et une sentence de mort.

Alors l'un des fédérés, d'une voix retentissante,
somme les prisonniers de se tenir prêts : « Attention ! citoyens. Répondez à l'appel de vos noms. »
Cela dit, la liste fatale à la main, où les victimes
étaient marquées d'une croix à l'encre rouge, il
proclame les six condamnés de la Commune.
M. l'abbé Gard nous a conservé un touchant détail
sur l'appel du P. Ducoudray. « Le mercredi soir,
dit-il, j'étais couché quand on vint faire l'appel.
Quand le P. Ducoudray fut nommé, il devait être
en prière, et il n'entendit pas son nom : il resta
du moins une demi-minute et je dus l'avertir. Je
l'entendis se mettre à genoux et sans doute il con-
somma les saintes espèces qu'il portait encore ; je
lui demandai de m'en laisser une part, mais il me
répondit : non, non. D'où je compris que tout
était consommé. »

Quand les six victimes furent réunies, Ramain
se tournant vers François lui dit : « Le compte y
est. » Puis il conduisit les prisonniers par l'escalier de secours ; mais au bas de l'escalier, on trouva

fermée le grille que l'on appelle la grille des
morts. Un gardien essaya en vain de l'ouvrir.
Vérig, impatienté, ébranlait violemment la grille
et criait en blasphémant : « On le fait donc exprès !
on le fait donc toujours exprès ! » Aidé de ses
hommes, il fit sauter la serrure, et les otages descendirent les quelques marches qui conduisent
dans la cour de l'infirmerie. Ce lieu avait été pri-
mitivement désigné pour l'éxécution ; on changea
d'avis parce qu'on y était trop en vue ; il y aurait
eu là, sous les fenêtres mêmes des prisonniers,
trop de témoins pour le crime.

En effet, de toutes les fenêtres, à tous les étages,
l'œil plonge dans le premier chemin de ronde, et
les prisonniers assistaient de leurs cellules à cette
scène de mort. Il fut décidé que l'on passerait
dans le second chemin de ronde, où l'on serait à
l'abri de deux hautes murailles. Le brigadier Ramain ouvre la marche, les mains dans ses poches,
et de l'air insouciant d'un homme qui accomplit
une besogne ordinaire. Derrière lui suivent ceux
qui vont mourir, ainsi groupés : d'abord l'abbé
Allard, puis l'archevêque de Paris donnant le bras
à M. Bonjean, enfin le P. Ducoudray et le P. Clerc
soutenant le vénérable curé de la Madeleine,
chargé de ses quatre-vingts ans. Les fédérés, sans
ordre, entouraient le groupe à côté et par derrière.

Dans ce parcours, à une fenêtre du premier, un

des prisonniers, M. l'abbé de Marsy, agita son mouchoir en signe d'adieu. Le P. Ducoudray l'aperçut et le salua du geste. On le vit ensuite entr'ouvrir sa soutane, et porter la main à sa poitrine, pour indiquer sans doute qu'ils allaient être fusillés.

Après avoir franchi la grille du second chemin de ronde, les victimes disparurent, et il ne resta plus comme témoins que les exécuteurs eux-mêmes. Il fallut remonter ce second chemin de ronde dans toute sa longueur, en sens inverse du premier. Les fédérés ne cessaient d'accabler d'injures leurs victimes ; c'étaient en grande partie des adolescents de quinze à dix-huit ans, ramassés dans la lie des faubourgs, de ces enfants terribles qu'on nomme les gamins de Paris. « A mort ! à mort ! assassins ! canailles ! espions de Versailles ! » hurlaient ces misérables, en proférant d'horribles blasphèmes. Celui qui remplissait le rôle de capitaine se crut obligé d'intervenir : « Vous êtes ici pour faire justice, leur dit-il, et non pour insulter les prisonniers. Taisez-vous ! demain, ce sera peut-être votre tour. »

Arrivé au lieu désigné pour l'exécution, à l'extrémité du second chemin de ronde, G. Ranvier imposa silence : « Il faut, dit-il, que cela finisse. » Les six prisonniers s'agenouillèrent pour faire une courte prière, puis ils se relevèrent à la

voix d'un gardien qui faisait un dernier appel. Ils
se rangèrent debout, dans l'ordre qu'on leur indi-
qua, à une distance d'environ trois mètres du mur.

Cependant, dans les cellules de la prison, quelle
anxieuse attente ! On priait à deux genoux, on
écoutait respirant à peine. Tout à coup, avant que
l'horloge de la prison ne sonnât huit heures,
on entendit un feu de peloton prolongé suivi de
quelques coups isolés, puis des cris de « Vive la
Commune ! » Tout était consommé : il n'y avait
plus de victimes, mais des martyrs !

Le crime accompli, les assassins se retirèrent
par la cour de la Direction et allèrent se vanter de
leur exploit dans les cabarets du voisinage.
« Tenez, disait Vérig en montrant son pistolet à
deux gardiens de la prison, il est encore tout
chaud ; je viens de m'en servir pour donner le
dernier coup au fameux archevêque. » Sur la
place de la Roquette, ces misérables disaient à qui
voulait les entendre : « Nous venons de gagner
cinquante francs. »

Sous le règne de la Commune, le meurtre n'allait
point sans la rapine. Vers onze heures, les otages
de la quatrième section furent réveillés par l'arrivée de plusieurs personnes qui circulaient dans
le corridor. On ouvrait des cellules ; on parlait à
voix basse. C'étaient le directeur François et cinq
de ses affidés qui pénétraient dans les six cellules

vacantes, pour enlever ce que les victimes y avaient
pu laisser. Un geôlier, ayant trouvé dans la cellule
du P. Ducoudray des papiers qui lui paraissaient
sans valeur, vint à l'heure même les remettre
entre les mains du P. Olivaint. Celui-ci, à cette
vue, s'écrie vivement : « Un crime ! — Prenez garde
et taisez-vous », répond l'autre, et il referme
aussitôt la porte à gros verrous. Les otages pen-
saient que leur tour était venu, et ils restèrent
sous le coup d'une poignante émotion jusqu'au
lendemain matin. Pendant ce temps, le brigadier
Ramain, le capitaine Vérig et quelques fédérés se
rendaient au lieu du crime pour enlever les cada-
vres. Ils commencèrent par fouiller les vêtements,
déchirant les étoffes et arrachant les boutons.
Quand cette besogne fut terminée, on jeta les corps
sur une petite voiture à bras, et l'on partit pour
le cimetière du Père-Lachaise. Ils furent enfouis
pêle-mêle, sans suaires et sans cercueils, à l'extrémité d'une tranchée ouverte à l'angle sud-est du
cimetière, tout à fait contre le mur d'enceinte.

Les six cellules vacantes avaient été dévalisées
pendant la nuit. Un gardien vint encore le matin
faire la ronde pour prendre tout ce qui pouvait
y rester. M. l'abbé Gard ne craignit point de lui
demander quelques petits objets ayant servi au
P. Ducoudray ; il obtint son *ordo*, une soucoupe et
une cuiller. On trouva dans la cellule du P. Clerc

un billet écrit de sa main et daté du jour même
de sa mort, dans lequel il témoignait de sa parfaite assurance et de sa joyeuse résignation.

Deux jours après, le vendredi 26, soixante nouvelles victimes, parmi lesquelles les PP. Olivaint,
Caubert et de Bengy, furent immolées dans la cour
de la Cité-Vincennes, rue Haxo. Le lendemain, la
Commune se promettait de vider enfin la prison en
triplant l'holocauste de la veille, mais il se fit
soudain une éclaircie dans le ciel et un apaisement
sur la terre. La victoire, déjà assurée à nos troupes
le 27, était consommée le 28. Le dimanche, fête de
la Pentecôte, il n'y avait plus de Commune; Paris
se voyait rendu à lui-même et à la France. Les
cent soixante-neuf otages qui étaient restés à la
Roquette retrouvèrent en ce même jour la liberté
et la vie.

Après avoir sauvé les vivants, on s'occupa de
retrouver les morts. Des fouilles furent faites au
cimetière du Père-Lachaise, et on ne tarda pas à
découvrir les corps des victimes. Ils étaient ense-
velis sous un mètre cinquante de terre détrempée
par les pluies récentes, souillés d'une boue sanglante, mais parfaitement reconnaissables. On les
mit aussitôt dans des cercueils provisoires. M. Bonjean et M. Allard furent laissés dans la chapelle
du cimetière; une escorte d'honneur accompagna
Mgr Darboy et M. Deguerry jusqu'au palais de l'ar-

chevêché, et les PP. Ducoudray et Clerc à notre
maison de la rue de Sèvres. Ces derniers, déposés
à l'église dans la chapelle dédiée aux saints Martyrs japonais, y furent rejoints le lundi par les
PP. Olivaint, Caubert et de Bengy.

La journée du mardi fut tout entière consacrée
à divers préparatifs. Enfin, le mercredi 31 mai,
l'église du Jésus, fermée depuis deux mois, se rou-
vrit pour la suprême cérémonie de ceux que la
voix publique saluait déjà du nom de martyrs.
Elle se remplit d'une foule nombreuse, et les
larmes des assistants attestèrent que les victimes
comptaient beaucoup d'amis. Le cercueil du P. Olivaint avait été placé sur un catafalque dans la nef ;
les quatre autres étaient rangés sur des estrades
dans la partie basse du chœur. La couronne d'im-
mortelles qui surmontait chacun d'eux n'était pas
un vain ornement, mais l'emblème d'une impé-
rissable mémoire. L'église tout entière était remplie de prêtres et de religieux qui semblaient
sortir des catacombes, de députés venus exprès
de Versailles, et d'officiers qui se disaient encore
les enfants du P. Olivaint et du P. Ducoudray (1).
Avant l'absoute, le vénérable curé de Saint-Sulpice, M. Hamon, voulut bien adresser à l'assistance

(1) Une souscription spontanée fut ouverte parmi les anciens
élèves de l'école Sainte-Geneviève et du collège de Vaugirard,
pour élever au P. Ducoudray et au P. Olivaint un monumen
de leur filiale reconnaissance.

une vive et pieuse allocution, dans laquelle ses lèvres tremblantes laissèrent échapper le mot de *martyrs*. Tous les cœurs battaient d'une indicible émotion, au souvenir de ces cinq religieux dont la mort avait été encore plus généreuse que la vie.

C'est Dieu lui-même qui choisit ses martyrs, comme c'est lui seul qui glorifie ses élus. Cette vérité ne tarda pas à se réaliser pour les chères victimes de la Commune. On vit se produire sur leur tombe au cimetière du Mont-Parnasse « un courant de vénération publique, de reconnaissance et de confiance, large, profond et permanent. » Il fut dès lors évident qu'on ne venait point là pleurer sur des victimes, mais se recommander à des martyrs. Sous la pression de l'opinion publique, il fallut songer à transférer les cercueils dans l'église du Jésus. La chapelle dédiée aux martyrs du Japon parut être la vraie place pour leurs émules de Paris. Le corps du P. Léon Ducoudray fut donc déposé au pied de l'autel, avec ceux de ses quatre compagnons, et sur la pierre de marbre blanc qui le recouvre, on grava cette inscription :

LOCVS LEONIS DVCOVDRAY

Presbyteri societatis Iesu

Et rectoris scholæ Genovefianæ

Natus Lavalii prid. non. Maias A. D. MDCCCXXVII

Vitam sanctam sanctiore morte coronavit

Odio Christi nominis impie trucidatus

IX *kal. Jun. A. D.* MDCCCLXXI

LIEU OU REPOSE LÉON DUCOUDRAY

Prêtre de la Compagnie de Jésus
Et recteur de l'école Sainte-Geneviève
Né à Laval, la veille des nones de mai, l'an du S. MDCCCXXVII
Massacré par impiété en haine du nom du Christ
Le 24 mai, l'an du Seigneur MDCCCLXXI.

Vraiment l'auteur de cette inscription, le Père Victor de Buck, le savant bollandiste, a été bien inspiré. Comme il a saisi en quelques mots le trait distinctif du Père Ducoudray : *Vitam sanctam sanctiore morte coronavit;* sa vie fut sainte, il l'a couronnée par une mort plus sainte encore !

Un noble anglais, ayant lu dans les *Actes* le récit des communions de Mazas et de la Roquette, voulut en perpétuer la mémoire par une délicate allusion à cette scène touchante. Tout près des tombeaux il plaça la statue du jeune saint Tarsice, qui fit à Dieu le sacrifice de sa vie en portant aux confesseurs de la foi le pain eucharistique.

Depuis que les dépouilles vénérées ont été déposées dans la chapelle des Martyrs, un mouvement tout spontané n'a cessé d'amener à ce sanctuaire de bénédiction une foule considérable de pieux fidèles. Ce n'est pas le culte extérieur que l'Eglise interdit, tant qu'elle ne l'a pas autorisé; mais c'est comme un instinct de dévotion privée qui commande la confiance et la prière.

Toutes les précautions sont prises pour contenir

la dévotion privée dans les limites posées par l'Eglise. « On interdit absolument tout ce qui pourrait sembler un signe de culte religieux : point de lampes, ni de cierges ; pas d'*ex-voto*, ni de plaques et d'inscriptions. On permet seulement des fleurs et des couronnes ; il y en a bien dans les cimetières. Mais la piété intelligente a imaginé de ne déposer sur les tombeaux des martyrs que des couronnes rouge et or, emblème de la céleste auréole. Les cinq dalles blanches en sont encadrées, tout le pavé à l'entour en est parsemé ; on en fait des guirlandes le long des murs, et souvent on doit enlever les anciennes pour faire place aux nouvelles (1). »

Après avoir prié à la chapelle des Martyrs, la plupart des pèlerins demandent à visiter le musée où l'on a réuni différents objets ayant appartenu aux cinq victimes de la Commune. Tout ce qu'on y voit parle de captivité et de mort, même ce pavé couleur de sang et ces murs tapissés de rouge, avec les photographies de la Cité-Vincennes et de la Roquette, les portraits et les autographes des cinq martyrs. On y trouve le triste mobilier des cellules occupées par les otages à Mazas ; les hamacs et les chaises de paille rivées chacune à une petite table par une grosse chaîne de fer, les bi-

(1) *Actes de la captivité et de la mort*, etc. par le P. A. de Ponlevoy.

dons de fer-blanc, les gobelets d'étain et cuillers
de bois, rien n'y manque. Une armoire vitrée renferme ce qu'on a pu recueillir de reliques : les
crucifix et les instruments de pénitence, les vêtements percés de balles et troués par les baïon-
nettes, le bréviaire à demi-brûlé du P. Olivaint, et
le mystérieux tabernacle portatif, une petite boîte
posée sur un sachet de soie rouge. Sur une table,
à l'écart, on aperçoit des plaques de marbre dont
les inscriptions attestent les vœux adressés aux
victimes et les faveurs obtenues par leur intercession.

Le 26 mai 1872, il était de toute convenance de
célébrer l'anniversaire du massacre par un service funèbre. Une circonstance providentielle
sembla confirmer l'adage antique : « C'est faire
injure à un martyr que de prier pour un martyr. »
La date de la cérémonie tombait un dimanche où
l'on célébrait la fête majeure de la Sainte-Trinité.
A raison de cette coïncidence, la couleur blanche
devenait de nécessité liturgique ; l'église était
d'ailleurs splendidement décorée pour l'adoration
solennelle du Saint-Sacrement. Après la messe,
M. l'abbé Bayle, vicaire général de Paris, le compagnon des martyrs au Dépôt, à Mazas et à la Roquette, prononça, devant une foule émue et toute
en larmes, une oraison funèbre qui devint presque
un panégyrique.

Voici ce qu'il a déclaré lui-même à ce sujet : « Invité à prêcher l'oraison funèbre, mon discours a eu précisément pour but de montrer à une assemblée très nombreuse que les cinq Pères avaient été persécutés et mis à mort en haine du nom de Jésus, qu'ils portaient avec tant de gloire. Cette opinion, je la trouve partagée par les hommes les plus éminents, puisque j'en ai parlé avec l'archevêque de Paris (1) devant son entourage, et que personne ne m'a fait la moindre observation sur cette opinion que j'avais avancée publiquement. »

Dès le lendemain du massacre, de graves et pieux personnages avaient émis la même opinion : nous citerons de Mgr Fillion, évêque du Mans, cette parole empruntée à la liturgie : *Hic est vere martyr qui pro Christo sanguinem fudit* ; « celui-ci est vraiment martyr, qui a répandu son sang pour le Christ ». A Rome même, le vénérable et glorieux Pie IX voulut donner à l'opinion des fidèles une sorte de consécration provisoire, en attendant le jugement définitif de l'Eglise. Dans une audience privée, le 3 décembre 1872, raconte le P. de Ponlevoy, le Souverain-Pontife a daigné me parler dans ce même sens. Plus tard un éditeur de Paris lui ayant fait hommage des *Actes* et des

(1) C'était alors Mgr Guibert.

photographies de nos cinq martyrs, en retour
Pie IX lui fit adresser une réponse où ils étaient
expressément désignés comme mis à mort en
haine de la foi.

Vox populi, vox Dei : Nous avons énoncé les
hommages des hommes, ajoutons le suffrage de
Dieu lui-même. Nous avons sous la main tout un
dossier de rapports originaux accompagnés d'at-
testations officielles, qui nous inclinent à penser
que Dieu a voulu glorifier par la voix des prodiges
le P. Ducoudray et ses quatre compagnons. Ce
sont le plus souvent des guérisons inattendues,
des conversions inespérées et d'heureuses solutions
d'affaires, en un mot des faveurs spirituelles et
temporelles de toute nature, obtenues dans les
circonstances les plus diverses, et qui laissent entrevoir une action supérieure. On remarque dans
ces relations que tantôt un martyr est invoqué
seul, et que tantôt on les invoque tous ensemble.
Nous n'en citerons aucune, car leur place n'est pas
dans une notice biographique : d'une part, un récit
circonstancié paraîtrait excessif ; de l'autre, une
simple nomenclature serait insuffisante et fasti-
dieuse.

On peut lire dans la dernière édition des *Actes*,
par le Père de Ponlevoy, le récit circonstancié de
plusieurs guérisons dont il faut bien faire honneur à l'entremise des cinq martyrs, puisque la

science se montre impuissante à les expliquer.
Sur cinq de ces faits, d'un caractère plus extraordinaire, un procès a été instruit selon toutes les
formes canoniques, au sein d'une commission
instituée le 16 octobre 1872 par S. E. Mgr le cardinal Guibert, archevêque de Paris. Le dossier de la
cause est aujourd'hui en cour de Rome, et la décision de l'autorité compétente est attendue avec
confiance.

Mais, sans rien préjuger, ne peut-on pas déjà
sourire à cet espoir qu'un jour viendra où l'Eglise
placera sur les autels, avec ses quatre compagnons,
Léon Ducoudray, Jésuite et otage de la Commune,
mis à mort par les impies, comme le dit l'épitaphe
gravée sur sa tombe, en haine du nom de Jésus-
Christ?

Odio Christi nominis impie trucidatus.

FIN

TABLE DES MATIÈRES

Émile Colin. — Imprimerie de Lagny.